Christiane Funken · Alexander Stoll · Sinje Hörlin

Die Projektdarsteller: Karriere als Inszenierung

AF155103

Christiane Funken
Alexander Stoll · Sinje Hörlin

Die Projektdarsteller: Karriere als Inszenierung

Paradoxien und Geschlechterfallen
in der Wissensökonomie

VS VERLAG

Bibliografische Information der Deutschen Nationalbibliothek
Die Deutsche Nationalbibliothek verzeichnet diese Publikation in der
Deutschen Nationalbibliografie; detaillierte bibliografische Daten sind im Internet über
<http://dnb.d-nb.de> abrufbar.

1. Auflage 2011

Alle Rechte vorbehalten
© VS Verlag für Sozialwissenschaften | Springer Fachmedien Wiesbaden GmbH 2011

Lektorat: Cori Mackrodt

VS Verlag für Sozialwissenschaften ist eine Marke von Springer Fachmedien.
Springer Fachmedien ist Teil der Fachverlagsgruppe Springer Science+Business Media.
www.vs-verlag.de

Umschlaggestaltung: KünkelLopka Medienentwicklung, Heidelberg
Gedruckt auf säurefreiem und chlorfrei gebleichtem Papier
Printed in Germany

ISBN 978-3-531-18257-5

Inhalt

Vorwort 7

1   **Einleitung** 9
2   **Wandel von Arbeit** 15
    2.1   Wissensarbeit 15
    2.2   Kommunikation 23
        2.2.1   Interpersonale Kommunikation 23
        2.2.2   Organisationale Kommunikation als Sonderfall
               von Kommunikation 30
        2.2.3   Wandel durch Mediatisierung 44
    2.3   Projektifizierung 63
        2.3.1   Das Projekt – eine Organisationsform
               kollektiver Intelligenz 63
        2.3.2   Das Projekt – im doppelten Fokus der Organisation 68
        2.3.3   Im Fokus des Akteurs: Subjektivierung von Arbeit –
               Subjektwerdung durch Arbeit 70
3   **Karriere** 87
    3.1   Karrieresteuerung seitens des Unternehmens 89
        3.1.1   Humankapitallogik 89
        3.1.2   Diversifizierung von Laufbahnmodellen 91
        3.1.3   Mentoring-Programme und Netzwerke 101
        3.1.4   Kompetenzen und Kompetenzmodelle 110
    3.2   Subjektivierung von Karriere 130
4   **Bewährungsproben** 139
    4.1   Bewährungsprobe „Projekt" 143
        4.1.1   Bewährungsprobe „Kick-off-Meeting" 151
        4.1.2   Bewährungsprobe „Telefonkonferenz" 157
        4.1.3   Bewährungsprobe „Videokonferenz" 163
    4.2   Bewährungsprobe „Personalgespräch" 166
5   **Illusion der Gleichheit** 177
6   **Anhang: Forschungshistorie und angewandte Methoden** 193

Literatur 211

Vorwort

Mit der vorliegenden Studie setzen wir eine Forschungsreihe fort, die sich der Beschreibung und Analyse von (weiblichen und männlichen) Karrierestrategien und -chancen in unterschiedlichen Wirtschaftskontexten[1] widmet. Dabei stellen die neuen Unternehmensstrukturen und -kulturen der Wissensökonomie – so unsere Annahme – für die Karrieresubjekte eine gänzlich neue Herausforderung dar.

Die Strukturmerkmale solch post-tayloristischer bzw. post-bürokratischer Organisationen, die sich in einem ersten Zugriff treffsicher mit Begriffen wie „Virtualisierung", „Mediatisierung", „Projektifizierung", „Entgrenzung" und „Subjektivierung" kennzeichnen lassen, schaffen ein Klima, in dem sich eine Kultur der selbstverantworteten, gleichwohl kollektiv gebündelten Kreativität und der ökonomischen Innovation gegenseitig verstärken. Die dabei neue Kunst des Karrieremanagements ist es u. a., die jeweils karriererelevanten Orte und Situationen der Bewährung zu erkennen, die günstigen, auch geschlechtlich codierten ‚Subjektanteile' für die entsprechende Situation zu erfassen und diese zum eigenen Vorteil und mit der bestmöglichen Performanz auszuspielen.

Ziel der vorliegenden empirischen Studie war es, danach zu fragen,

1. *wie* genau die posttayloristischen Rahmenbedingungen auf die Führungskräfte wirken und wodurch sie deren Karriereambitionen und -chancen beeinflussen

und

---

[1] Christiane Funken, *Geld statt Macht. Weibliche und männliche Karrieren im Vertrieb – eine organisationstheoretische Studie*. Campus, Frankfurt a. M. 2004; Christiane Funken/Cosima Ingenschay/Aline Oloff, *careers@communication – Digitalisierte Kommunikation in Unternehmen – Karrierehindernis oder Karrierechance für Frauen?* Eine Studie von fForte academic und w-fForte – Wirtschaftsimpulse von Frauen in Forschung und Technologie, Berlin 2008. Download: http://www.w-fforte.at sowie Christiane Funken *„Managerinnen 50plus" – Karrierekorrekturen beruflich erfolgreicher Frauen in der Lebensmitte*. Hg.: BMFSFJ, Berlin 2011.

2. ob diese organisationalen und karrierestrategischen Kontexte in ihren
– möglicherweise divergierenden – Chancen und Restriktionen für Frauen
und Männer je gleich sind.

Die Studie war als methodische Triangulation angelegt. Hierzu wurden unterschiedliche Verfahren der qualitativen Sozialforschung (Experteninterviews und fokussierte Interviews) und der quantitativen Sozialforschung (Online-Fragebogen) aufeinander bezogen.

An dieser Stelle sei den Führungskräften sowie den Personalverantwortlichen der Unternehmen für ihre bereitwillige und kooperative Mitarbeit gedankt. Danken möchten wir auch dem Bundesministerium für Bildung und Forschung (BMBF), das dieses Projekt über insgesamt zweieinhalb Jahre gefördert hat.

Wir danken auch Katja Rothe, die durch ihre engagierte Arbeit bei Beginn der Studie zum Gelingen des Projektes beigetragen hat. Sie hat eingangs an der Konzeptionierung der Studie und an der Entwicklung der Instrumente mitgewirkt und in der ersten Phase die aufwendige Untersuchung „vor Ort" mit durchgeführt. Ebenfalls danken wir Heidemarie Bennent-Vahle, die nicht zuletzt durch äußerst kenntnisreiche und konstruktive Diskussionen der Studie den letzten Schliff gab. Darüber hinaus sei Christian Göldner, Elisa Grabas und Anika Hägner für die mühevolle redaktionelle Arbeit gedankt.

Christiane Funken
Berlin, April 2011

1   Einleitung[2]

Noch immer sind Frauen in Führungspositionen der deutschen Wirtschaft deutlich unterrepräsentiert. Dies ist kein oberflächlicher Augenschein, sondern ein gut dokumentierter, aktuell wiederholter und nicht mehr von der Hand zu weisender empirischer Befund. An dieser Situation hat auch die Tatsache nichts geändert, dass Frauen in Hinblick auf Hochschulabschlüsse und Promotionen mittlerweile eine Marge von 50 % und mehr erreichen, dass eine kontinuierlich weiter anwachsende Zahl von *High Potentials* weiblich ist und dass seit einigen Jahren in vielen deutschen Unternehmen ein gezieltes *Diversity Management* eingeführt wurde, das aktiv und konstruktiv soziale Vielfalt ökonomisch zu nutzen sucht.

Ein derart erstaunlich anmutender Befund erscheint noch einmal in einem gänzlich neuen und zugleich höchst fragwürdigen Licht, wenn er systematisch mit den veränderten Gegebenheiten der modernen Arbeits- und Lebenswelt in Zusammenhang gebracht wird. Lässt sich zum einen sagen, dass die Unterrepräsentanz von hochqualifizierten Frauen in den Schlüssel- und Führungspositionen der deutschen Wirtschaft angesichts einer generellen, nicht zuletzt demographisch bedingten Verknappung von *Knowledge Workers* als ökonomisch nachteilig einzustufen ist, so ergeben sich auf der anderen Seite sehr grundsätzliche Fragen im Blick auf die in der Literatur unterstellte bzw. proklamierte Geschlechtergerechtigkeit. Nach unserem Ermessen zeigt sich hier, u. a. zum Nachteil der Frauen, eine markante Diskrepanz zwischen den innovatorischen Idealen einer gewandelten, auf Wissensarbeit basierenden Produktionsweise und den tatsächlichen Abläufen in der unternehmerischen Praxis. In diesem Punkt lässt sich grundsätzlich feststellen: Der Wandel der Arbeitswelt hin zur projektifizierten Wissensökonomie sowie die damit verknüpften veränderten Tätigkeitsprofile und Karriereanforderungen verlangen neue Spielarten unternehmerischer Subjektivität, die – wie darzustellen sein wird – teilweise an paradoxen Imperativen orientiert sind und die einzelnen Akteure deshalb vor enorme Herausforderungen stellen. Dabei lässt eine ge-

---

[2] Die Publikation verwendet in der Regel geschlechtsneutrale Formulierungen. Aus Gründen der Lesbarkeit haben wir in Ausnahmefällen darauf verzichtet. Sämtliche Bezeichnungen gelten im Sinne der Gleichbehandlung grundsätzlich für beide Geschlechter.

naue Analyse der Leistungsprofile unmissverständlich deutlich werden, dass die Erfolgsbedingungen für Männer und Frauen sehr unterschiedlich zu gewichten sind.

Etwas genauer ausgeführt, stellt sich uns die aktuelle Situation folgendermaßen dar: Wie unsere Studie belegt, lassen sich in der spätmodernen Organisation der Wissensökonomie noch durchgängig geschlechtliche Ungleichheiten beobachten – und zwar zu Ungunsten der Frauen –, obgleich hier:

a) Geschlecht weitestgehend *de*thematisiert wird, indem das Gerechtigkeitsideal der „Projektpolis" (Boltanski/Chiapello 2003) hochgehalten und eine Angleichung der Geschlechterrollen (habitus) im Zuge neuer Konzepte einer experimentellen Subjektivation propagiert wird,

und/oder

b) Geschlecht damit als ‚starker' Faktor der Exklusion entschärft wird, indem Geschlechterthemen zum Teilbereich des *Diversity Management*s erklärt werden, indem *Mentoring* und Netzwerkangebote verfahrensmäßig in den geschlechter-egalisierenden Dienst gestellt und obendrein auf Kompetenz umgestellte Personalpolitik betrieben wird.

Die auch für uns zunächst erstaunliche Tatsache der dennoch anhaltenden bzw. teilweise sogar reaktivierten Geschlechterungleichheit legt die Vermutung nahe, dass die post-bürokratischen und post-tayloristischen Strukturmerkmale der Wissensökonomie spezifische Arbeitspraktiken und Karrierestrategien hervorrufen,

1. die zwar immer noch auf traditional geschlechtlich attribuierte Qualitäten bezogen bleiben, diese aber durch eine geschlechterübergreifende Handhabung neutralisieren und somit (scheinbar) zur individuellen Disposition stellen.
2. die auf diese Weise die in den wissenschaftlichen und öffentlichen Diskurs zur Erklärung und Überwindung geschlechtsspezifischer Ungleichheiten angeführten strukturellen Begründungen ausblenden bzw. konterkarieren. Denn: sind Geschlechtsattribuierungen disponible Größen, so obliegt es den einzelnen Akteuren selbst, sie zum persönlichen Vorteil angemessen ins Spiel zu bringen und so ihre Egalitätsansprüche autonom durchzusetzen.

3. in denen verstärkt mit technischen Medien kommuniziert wird, die maßgeblich – und von Geschlecht zu Geschlecht differierend – Einfluss auf
Karrierechancen und -strategien der Beschäftigten haben.

Die leitende These unserer Studie ist demnach, dass die Ausblendung des
Politikums „Geschlecht" bei gleichzeitiger Aufrechterhaltung geschlechtlich
konnotierter Kompetenz-Kategorien letztlich einer Persistenz der Geschlechterungleichheit zuarbeitet. Zum Beispiel scheinen sich vordergründig für
Frauen durch die enorme Aufwertung der sogenannten Soft Skills, die tradi-
tionell eher als weiblich angesehen werden, vielfältige neue Erfolgschancen zu
ergeben. Betrachtet man aber die komplexen Anforderungen und Strategien
sowie die mediatisierten Rahmenbedingungen der modernen Arbeitsverhält-
nisse en Detail, so relativieren sich solche vermeintlichen profeministischen
Zugewinne erheblich. Es wird sich zeigen, dass vor allem die hier geltenden
gegenläufigen, oftmals widersprüchlichen Profilierungsstrategien zum Fall-
strick erfolgsorientierter Frauen werden können. Gerade die progressiven
Umstrukturierungsmaßnahmen, Bewertungs- und Beurteilungsmaßstäbe
im Rahmen innovativer Unternehmen unterminieren in der Praxis oft auf
subtile Weise den propagierten Anspruch einer geschlechtergerechten Arbeitswirklichkeit. Unser Verdacht lautet also: Während eine glänzende Riege
neuartiger Kompetenzen, welche für alle offen gehalten werden, die unternehmerischen Wunschkonzepte schmückt, belagern hinterrücks altbekannte
dunkle Vorurteilsgestalten die realen Räume und blockieren auf subtile Weise
den Aufstieg vieler Frauen in die Führungsspitzen – eine oftmals unbemerkte
Ausgrenzung, da sie als überwunden und irrelevant abgetan wird.

Diesem Verdacht sind wir in der vorliegenden empirischen Studie aus
organisations-, karriere- *und* kommunikations- sowie mediensoziologischer
Perspektive nachgegangen. Denn: Im Zuge der funktionalen Differenzierung,
Modularisierung und Virtualisierung von Arbeitsorganisationen, wodurch
eigenständige Bereiche mit gesonderten Aufgaben und neuen Beobachtungs-
weisen geschaffen werden, scheint es zu einer veränderten Wechselwirkung
zwischen organisationalen Strukturen und Akteuren zu kommen, bei denen
Medien eine neue, strukturierende Rolle einnehmen. Durch diese gewandelten Arbeitsprozesse und -organisationen setzen sich alternative Karrieremuster als Erweiterung und Erneuerung des klassischen Wegs nach oben
durch. Gleichzeitig werden unternehmerische Karrieren nicht nur gefördert,
sondern auch ‚gemacht'. Indem der Anspruch gilt, dass der berufliche Aufstieg heutzutage von den Beschäftigten selbst aktiv und bewusst hergestellt

werden muss, geraten auch die Mittel der Karrierestrategien ins Blickfeld, d. h. insbesondere die (mediatisierte) Kommunikation und die speziellen Taktiken des *Impression Managements* (Goffman 1983).
Hierbei interessierten uns die beiden folgenden Frageperspektiven:

1. Sind bei der Zusammenarbeit in flexibleren und möglicherweise räumlich verteilten Strukturen neue Kommunikationsstrategien gefordert, um sich und die eigenen Leistungen für eine Karriere sichtbar zu machen?
2. Ergeben sich vor diesem Hintergrund maßgebliche Unterschiede in den kommunikativen Karrierestrategien von Frauen und Männern?

Die Zusammenführung dieser beiden erkenntnisleitenden Fragen, die die zentrale Bedeutung des Strukturwandels der Wissensökonomie einerseits und den Einfluss der Medien andererseits auf die Karrierestrategien und -chancen bestimmter Nutzungsgruppen erfassen will, macht deutlich, dass die (medientechnologische) Innovation nicht in jeder Hinsicht als innovativ zu werten ist, sondern sehr wohl auch Voraussetzungen dafür schafft, Ausgrenzungs- und Selektionsmechanismen zu reaktivieren, die üblicherweise aufgrund von Geschlecht, Alter oder auch Herkunft greifen.

Für die empirischen Fallstudien konnten wir insgesamt 12 Unternehmen gewinnen. Vorbereitend führten wir 16 Experteninterviews mit Beschäftigten aus dem Personalbereich und mit ausgewählten Führungskräften in 11 Unternehmen, um als Grundlage neben der einschlägigen Literatur auch auf aktuelle und ‚unverfälschte' Selbstbeschreibungen des Feldes zurückgreifen zu können.

Aufbauend auf diesem Interviewmaterial wurde ein Fragebogen für die quantitative Online-Erhebung entwickelt, der Fragen zu folgenden Themenbereichen enthält: Arbeitsorganisation, Virtualisierung und Projektifizierung, persönliches Kommunikationsverhalten, eigene Karrierestrategien, Einschätzung der Folgen medienvermittelter Kommunikation, Anforderungen an Mitarbeiter und Führungskräfte, Unternehmenskultur, Personalentwicklung und -bewertung, Karriere sowie soziodemografische Daten. Die Fragebogenerhebung lieferte eine Stichprobe aus 8 Unternehmen, bestehend aus den Antworten von 253 Personen, davon 140 Männer und 112 Frauen.[3]

Zusätzlich konnten in 5 Unternehmen 12 fokussierte Interviews geführt werden, die sich gemäß der bis dato gewonnenen Erkenntnisse maßgeblich auf die von uns als karrierewichtig identifizierten Bewährungsproben konzen-

---

[3] Ein Fragebogen enthält keine Geschlechtsangabe.

trierten, nämlich: Projekt, Kick-off, medial vermittelte Kommunikationssituationen wie Telefon- und Videokonferenzen, Personalgespräch.

Wie durch die empirischen Ergebnisse deutlich wird, zeigen sich insbesondere in den wissensökonomischen Kommunikationsstrategien bzw. den Mustern des *Impression Managements* signifikante Geschlechterdifferenzen. Sie gehen mit einer divergierenden Bewertung der projektifizierten Arbeitswelt und den verdeckt handlungsleitenden Faktoren für Personalbeurteilungen einher und modellieren in der Konsequenz deutlich unterschiedliche Karrierewege. Die geschlechtsbezogene Bedeutung der differierenden Karrieremuster erschließt sich allerdings erst dann genauer, wenn organisations- und kommunikationstheoretische Ansätze für die Analyse fruchtbar gemacht werden.

Deshalb erfolgt im *zweiten* Kapitel, das den Wandel von Arbeit im Kontext organisations- und kommunikationswissenschaftlicher Theorie ausleuchtet, zunächst eine Beschreibung von Wissensarbeit in projektifizierten Unternehmen und der hierfür notwendigen organisatorischen Kommunikation.

Im *dritten* Kapitel wiederum wird – darauf Bezug nehmend – die gewandelte unternehmerische Karrieresteuerung analysiert und hinsichtlich ihrer unterschiedlichen Implikationen für die verschiedenen Akteure beleuchtet. Während die betriebswirtschaftliche Literatur die Funktion der Wissensarbeit und die daran geknüpften Vorstellungen eines subjektivierten „Arbeitskraftunternehmers" jedoch allein aus einer normativen Perspektive erfasst und dabei festlegt, *was* die Beschäftigten tun (sollten), gilt unser soziologisches Interesse der Frage, wie die dort Tätigen projektifizierte Wissensarbeit mit Blick auf die eigenen Karrieremöglichkeiten interpretieren.

Dieser Frage gehen wir vertiefend insbesondere im *vierten* Kapitel nach, in dem wir spezifische karriererelevante Bewährungsproben herausgreifen und auf ihre strukturrelevanten Aktivitäts- und Karrierestrategien hin untersuchen. Hierbei interessiert uns besonders, wie die Agierenden nicht nur die formellen, sondern auch die informellen Strukturen nutzen und welches *Impression Management* sie dabei verfolgen.

Dieser doppelt gefasste soziologische Zugang zur Organisiertheit und Rationalität der Wissensökonomie – einmal von der einschlägigen Literatur und einmal von der Empirie her – wird für unsere Fragestellung erst dann erklärungsrelevant, wenn der empirisch ermittelte Zusammenhang von Aufgabendefinitionen, Verfahrensweisen und Führungsverhalten in (standortverteilten) Projekten mit der Bedeutung von Geschlecht in Organisationen verknüpft wird. Durchgängig und insbesondere im Blick auf das geforderte Kommunikationsverhalten im *Impression Management* sowie bezogen auf die darin sichtbar werdenden Karrierestrategien der Beschäftigten reflektieren wir die

vergeschlechtlichten und vergeschlechtlichenden Dimensionen der Arbeits-
und Organisationspraxis innerhalb der Wissensökonomie. Die feministische
Perspektive dieser Organisations- und Handlungsanalyse fokussiert auf die
organisatorischen Strukturprämissen, Interpretationen und Nutzungen, die
für Frauen nachhaltige Chancen oder auch Hemmnisse zur gleichberechtigten
und Status fördernden Teilhabe an der Wertschöpfungskette darstellen. Auf
diese Weise erhalten wir Antworten auf die Frage, welche Barrieren für weibliche Wissensarbeiterinnen existieren bzw. welche Karrierehindernisse weibliche Beschäftigte durch ihre Selbstdeutungen und Kommunikationsstrategien
errichten. Mit diesem Zugang bieten wir ein geschlechtersensibles theoreti-
sches Fundament für die Analyse und Interpretation der empirischen Befunde.

Im Anhang beschreiben wir unser methodisches Vorgehen bei den empirischen Fallstudien und die Forschungshistorie, außerdem beinhaltet der
Anhang den Fragebogen der quantitativen Erhebung.

2 Wandel von Arbeit

2.1 Wissensarbeit

Der Übergang von der Industrie- zur „Wissensgesellschaft" (Drucker 1969: 224) ist ein viel diskutierter Gegenstand sozialwissenschaftlicher Forschungen.[4] Ein Indiz, das ein Gros der Autoren diesbezüglich zu erkennen meint und das daher immer wieder ins Feld geführt wird, ist die Bedeutungszunahme von Wissen als Wertschöpfungsfaktor bzw. als „konstitutivem Mechanismus" (Stehr 1994: 28f.) dieser Gesellschaftsform überhaupt. So sehr die Positionen im Einzelnen auch voneinander abweichen, als gemeinsamer Nenner der Debatte zeichnet sich ab, dass in den Ökonomien moderner Gesellschaften Umstrukturierungsprozesse im Gange sind, die eine Schwerpunktverlagerung von materieller zu immaterieller Wertschöpfung nach sich ziehen.

Dabei stellt die Immaterialisierung der Wertschöpfungskette eine fundamentale Herausforderung dar, von der wettbewerbsorientierte Unternehmungen genauso betroffen sind wie karrierewillige Akteure. Denn der Wert von Produkten und Dienstleistungen wird nicht mehr in erster Linie durch ihre manifesten materiellen Bestandteile bestimmt, sondern durch die kaum fassbare Qualität der zu Grunde liegenden Information, d. h. durch ihre „eingebaute Intelligenz" (Willke 1998a: 164). Solch wissensintensive Güter können nicht wie herkömmliche Produkte en masse am Fließband der fordistischen Fabrik industriell gefertigt werden, sondern entstehen in den Köpfen der „intelligenten Organisation" (Quinn 1992). Damit setzt sich in den Volkswirtschaften moderner Gesellschaften ein Arbeitstypus als Standard durch, der mit neuartigen Tätigkeitsprofilen und Arbeitsweisen verbunden ist und nicht

---

[4] Um die so genannte Informations- und Wissensgesellschaft werden seit den 1960er Jahren Debatten geführt. Ausgangspunkte waren zum einen Arbeiten von japanischen und US-amerikanischen Ökonomen, in denen Produktion, Distribution und Konsum von Information als volkswirtschaftlich relevante Größen gekennzeichnet und der Wert von Wissen als primärer Wertschöpfungsfaktor betont werden. Zum anderen gingen von Daniel Bells Entwurf einer „postindustriellen Gesellschaft" (Bell 1973), in dem ebenfalls die Bedeutung theoretischen Wissens hervorgehoben wird, wichtige Impulse aus. Autoren wie Castells, Drucker, Stehr und Willke prägen die gegenwärtigen Debatten (vgl. u. a. Castells 2001, 2002a, 2002b, Drucker 1993, 2001, Stehr 2001, Willke 1998a, 1998b, 1998c).

mehr nach tayloristisch-fordistischen Maßstäben durchorganisiert und in feste Formen gegossen werden kann: Wissensarbeit.[5]

Der Typ „Wissensarbeit", von dem hier die Rede ist, ist nicht im Sinne einer wissensbasierten fachlichen Profession zu verstehen, sondern bezieht sich auf Tätigkeiten, die nicht einfach durch Erfahrung, Praxis, Lehre oder Professionalisierung erlernt und dann wiederholt angewendet oder umgesetzt werden können. Denn Wissensarbeit ist nicht durch das Abrufen von Routinen gekennzeichnet, sondern vielmehr durch Modifizierung, Variabilität und Ausnahmen geprägt (vgl. Davenport/Jarvenpaa/Beers 1996). Wissensarbeit, wie sie hier in Anlehnung an Willke (vgl. Willke 1998a: 161) verstanden werden will, meint Aktivitäten, bei denen Wissen keine absolute Größe darstellt, sondern gleichsam selbst ein Rohstoff ist, den es zu modellieren, gegebenenfalls zu transformieren und zu konservieren gilt. Dies impliziert, dass „das relevante Wissen (1) kontinuierlich revidiert, (2) permanent als verbesserungswürdig angesehen, (3) prinzipiell nicht als Wahrheit, sondern als Ressource betrachtet wird und (4) untrennbar mit Nichtwissen gekoppelt ist, so dass mit Wissensarbeit spezifische Risiken verbunden sind." (Willke 1998a: 161) Gilt Wissen jetzt nicht länger als ein Bestand, der sich (ggf. nach erheblichen Anstrengungen) auffinden und dann lediglich anwenden lässt, sondern als etwas, das im je konkreten Problemfeld prozessual (empirisch) hergestellt, ostentativ ausgeflaggt und gegebenenfalls auch wieder systematisch revidiert werden muss, so gelangt damit sein eigentümlich ‚performativer' Charakter[6] in den Blick. Gegenstand eines performativ konstituierten Wissens sind demnach nicht angehäufte Fakten oder detektierbare Wahrheiten. Der entscheidende Akzent liegt nun vielmehr auf der *Art und Weise*, in der neues Wissen als Teil der operativen Zusammenhänge, die für seine Bewährung relevant sind, überhaupt erst *entsteht*. Wissensarbeit zielt folglich explizit auf das Hervorbringen von Neuem, z. B. auf die Generierung von kreativen Lösungen für vormals unbekannte, möglicherweise einmalige Problemlagen – und damit auf *Innovation*.[7]

Entscheidend hierbei ist die *kooperative Produktion* des neuartigen, innovativen Wissens, an der ExpertInnen der unterschiedlichsten Funktionsbereiche mit je spezifischen Qualifikationsprofilen und Persönlichkeitsmerkmalen be-

---

[5] Die Entwicklung zu einer immateriellen Wertschöpfungskette lässt sich am deutlichsten an international operierenden und forschungsintensiven Organisationen verfolgen (vgl. hierzu u. a. Abelshauser 2002: 634, Abelshauser 2004: 44–53, Schonert 2008).
[6] Zum Konzept des Performativen, das im Bereich der neueren Kulturwissenschaften zu aufschlussreichen Befunden geführt hat, vgl. Wirth (2002).
[7] Zum Begriff der Innovation vgl. Degele (2002), Rammert (1993), Willke (1998b), Braun-Thürmann (2005), Pavitt (2005).

teiligt sind. Dabei lässt sich die Produktivkraft solch einer *kollektiven Intelligenz* nur als Resultat eines emergenten Prozesses (vgl. Ellrich/Funken 1998, Willke 2006: 122–138) begreifen, dessen Qualität aus den isolierten Merkmalen der einzelnen Systembestandteile nicht erklärbar ist.

Für wissensbasierte Unternehmen ist Erneuerungsfähigkeit – die durch die kontinuierliche technikdynamische Umstellung von Rationalisierung auf Innovation gewährleistet wird – ein alles entscheidendes Erfolgskriterium, wobei die Expertise[8] ihrer hoch spezialisierten Wissensträger – so die Einschätzung unserer Befragten – ihr „intellektuelles Kapital" darstellt.

Die neue Kategorie „Wissensarbeit" basiert indessen nicht auf personaler Expertise allein. Eine tragende Rolle für die unternehmerische Wertschöpfung spielt neben dem individuellen auch das *organisationale Wissen*, das heißt die unternehmensspezifischen Wissensbestände, die aus impliziten wie expliziten organisationalen Regeln und Verfahrensweisen bestehen. Dazu gehören sowohl die formal definierten und schriftlich verfassten Regeln wie „Standardverfahren (*,standing operating procedures'*), Leitlinien, Kodifizierungen, Arbeitsprozeß-Beschreibungen" (Willke 1998a: 166; Hervorh. i. O.), aber eben auch die ungeschriebenen Gesetze, die eingespielten Routinen und stillschweigenden Traditionen sowie die spezifischen organisationskulturellen Merkmale – und nicht zuletzt die implementierte Informations- und Kommunikationstechnik (IuK) wie z. B. Groupware, Wissensportale und Web-2.0-Angebote, Decision Support Systeme (DSS), Datenbanken, Workflow-Management-Systeme und vieles mehr.

Das effiziente Zusammenspiel zwischen der organisationalen Formalstruktur und dem wissensbasierten Handeln der Akteure wiederum verkörpert die sogenannte *organisationale Intelligenz* und ist gleichzeitig Grundvoraussetzung für die *organisationale Lernfähigkeit*, also die Fähigkeit zur Integration neuer Wissensbestände – einem für die langfristige unternehmerische Innovations- und Wettbewerbsfähigkeit zentralen Kriterium. Der Aufbau einer organisationalen Intelligenz im Sinne einer „collective mind" (Weick/Roberts 1993) – das heißt einer von spezifischen Personen unabhängigen Wissensgenerierung – ist deswegen so bedeutsam, weil die rationale Problemlösungskompetenz von Einzelpersonen der Komplexität der heutigen, wissensbasiert operierenden Organisationen nicht mehr gerecht werden kann. Und mehr noch: Die traditionellen „Innovationsregimes" (Rammert 2000 [1993]) können der Dynamik

---

[8] „Expertise" soll hier verstanden werden als die Anwendung eines umfangreichen Wissens auf konkrete Entscheidungssituationen zur Lösung komplexer Probleme (vgl. Chi/Feltovich/ Glaser 1981, vgl. Willke 1998a).

nicht mehr gerecht werden, weil die Wissens(ver)teilung zunehmend komplex ist und die Träger der einzelnen Wissensbestände zu spezialisiert sind. Die systematische Herausbildung einer organisationalen Intelligenz ist deshalb Teil vieler Unternehmensvisionen.

Aus dieser Perspektive zeichnet sich organisationale Intelligenz dadurch aus, dass sie in der Lage ist, einen ggf. global verteilten Bestand an fluidem Wissen, der sich kontextabhängig und flexibel auf Veränderungen reagierend stets neu konstituiert, zu managen und dabei auch hochgradig spezialisiertes Wissen einzubinden vermag (vgl. Probst/Raub/Romhardt 1998). Infolgedessen steigt für wissensbasierte Unternehmen die Bedeutung von Experten sowie die Notwendigkeit, dieselben im Bedarfsfall schnell identifizieren und organisatorisch bündeln zu können. Die Zusammenführung dieser Akteure/Wissensarbeiter ist innerhalb tayloristischer Organisationsstrukturen nur schwerlich zu realisieren, denn Wissensarbeit ist ein maßgeblich problemlösender[9], das heißt innovativer und kreativer Prozess mit offenem Ergebnis – also ein Arbeitsprozess, der sich auf der Ebene der Tätigkeit nicht formalisieren lässt. Lediglich über allgemeine Zielvereinbarungen kann für die einzelnen Arbeitsaufgaben und -ziele ein Rahmen abgesteckt werden, so dass sich von hierher gegebenenfalls Kontrollmöglichkeiten ergeben. In Abgrenzung zu den traditionellen Produktivkräften zeichnet sich vor diesem Hintergrund das zentrale arbeitsorganisatorische Charakteristikum von Wissensarbeit ab: ihre nur begrenzte Planbarkeit. Das bedeutet, dass sie nicht mit den für die Industriearbeit charakteristischen hierarchisch-bürokratischen Mechanismen kompatibel ist, sondern vom Arbeitenden ein hohes Maß an Selbststeuerung, Eigenverantwortlichkeit und „Problemlösungskompetenz" (Funken/Schulz-Schaeffer 2008a: 21) fordert – Eigenschaften, wie sie in der idealtypischen Figur des „autonomen Wissensarbeiters" (zit. nach Funken/ Schulz-Schaeffer 2008b: 20) als einem neuen Beschäftigtentypus zum Ausdruck kommen. Demnach verlangt das Prinzip „Selbstorganisation"[10] Struk-

---

[9] Die Typisierung von Wissensarbeit anhand des Gegenstandes – Problem versus Aufgabe – geht auf Resch (1988) zurück. Während bei Tätigkeiten, deren Gegenstand eine Aufgabe ist, die Durchführungsmethodik von Anfang an bekannt ist, liegt bei Problemen der zielführende Algorithmus eingangs nicht vor. In ähnlicher Weise sprechen Kleemann und Matuschek von Formalisierungen alter – das heißt via Tätigkeitsparameter – und neuer – via Zielparameter – Art (vgl. Kleemann/Matuschek 2008: 48).

[10] Beim Modus der ‚Selbstorganisation' handelt es sich um einen indirekten Kontrollmechanismus, wie er für den Bereich immaterieller Arbeit typisch ist und der in verschiedenartigster Weise in Erscheinung tritt: Zielvereinbarungen, flexibilisierte Arbeitszeiten bzw. Vertrauensarbeitszeit sind genauso Ausdrucksformen davon wie Outsourcing-Prozesse,

turen dezentraler Problemlösung und Entscheidungsfindung, die die (teil-) autonome Handlungsfähigkeit der Akteure gewährleisten sollen. Mit anderen Worten: Es setzt den Umbau der organisationalen Architektur voraus.

Wissensarbeit ist somit der Motor eines betrieblichen Transformationsprozesses, der mit massiven Eingriffen in die Unternehmens- und Arbeitsorganisation verbunden ist. Zentrale Bezugspunkte betrieblicher Dezentralisierungsstrategien sind die Verlagerung von Verantwortung in den operativen Bereich, der Abbau formaler Hierarchien sowie eine prozessorientierte Herangehensweise. Zeitgemäß ist dieser Logik zufolge ein modularisiertes[11] Unternehmens-Design, wie es Quinn (1992) paradigmatisch mit der „intelligent enterprise" beschreibt. Den stabilen Rotationspunkt bilden darin sogenannte firmenspezifische Kernkompetenzen – das heißt, Prozesse und Felder, in denen das Unternehmen wettbewerbsführend ist. Bereiche, in denen die Rolle des „best in class" (Quinn 1992: 57) nicht gelingt, werden dagegen ausgelagert (Stichwort: *Outsourcing*[12]). Als dominanter Typus eines derartigen modularen Organisationsdesigns hat sich mittlerweile die Matrixorganisation durchgesetzt,[13] ein Mehrliniensystem, das eine sogenannte Verrichtungsmatrix (z. B. Produktion) mit einer Objektmatrix verbindet (z. B. Produktgruppe). Ein Projektleiter aus einem Unternehmen der Finanzdienstleistungsbranche beschreibt die Art und Weise des kooperativen Problemlösens innerhalb einer projektifizierten Matrix-Struktur, wie sie oben beschrieben ist, beispielhaft:

> „[ich bin] darauf abgestellt, dass ich einen klaren Prozessschritt verfolge und dafür bin ich verantwortlich […]. Wir haben hier noch eine Produktorganisation in der

---

virtualisierte Organisationsformen oder eben vermehrt auftretende Gruppen-, Team- und Projektarbeit (vgl. Pongratz/Voß 2001: 43).

[11] „Modularisierung bedeutet eine Restrukturierung der Unternehmensorganisation auf der Basis integrierter, kundenorientierter Prozesse in relativ kleine, überschaubare Einheiten (Module). Diese zeichnen sich durch dezentrale Entscheidungskompetenz und Ergebnisverantwortung aus, wobei die Koordination zwischen den Modulen verstärkt durch nicht-hierarchische Koordinationsformen erfolgt." (Reichwald/Möslein 1997: 15) Zu Projektifizierung als Form der Modularisierung siehe Kapitel 2.3.

[12] Der Begriff „Outsourcing" bezeichnet ursprünglich die Beschaffung einer Leistung von einem externen Unternehmen, die einmal innerhalb eines Unternehmens erbracht wurde. Dies trifft auf moderne Varianten des Outsourcing nicht mehr zwangsläufig zu, so dass eine Leistung auch von vornherein ausgelagert werden kann. Vgl. zur Nomenklatur und zum Stand der Outsourcing-Forschung Holger von Jouanne-Diedrich (2004).

[13] In Bezug auf die formale Struktur eines Unternehmens haben sich verschiedene Strukturmodelle etabliert, in der Regel wird von folgenden sechs Strukturtypen gesprochen: Einlinien-Organisation, Mehrlinien-Organisation, Stab-Linien-Organisation, funktionale, divisionale und Matrixorganisation (vgl. Müller-Jentsch 2003: 88f.).

[Name] Bank und sind in […] der [Name übergeordnete] Bank in einer Matrix aufgestellt und diesen Unterschied hier zu beobachten, ist projektseitig extrem span-
nend, weil diese Matrix so viel Intelligenz transportiert und entfalten lässt durch
das nicht mehr rein hierarchische Aufgestellte, […] sondern im heterarchischen
Kommunikationsprozess eher, der am Ende natürlich immer mit der hierarchischen Intervention lebt, aber von vornherein erst mal alle Baustellen, wenn wir
ein Problem haben, wird das angesehen und wir finden gemeinsam eine Lösung
mit 16 Blickwinkeln. Das ist zwar mal relativ intensiv […] und nicht jedes Problem
lohnt sich, diskutiert zu werden auf diese Art und Weise, aber dadurch glaube ich,
haben Sie eine sehr gute Vernetzung und […] Tiefe in der Lösung von Themen."
(männlich)

Folglich sind die MitarbeiterInnen mehreren Vorgesetzten gleichzeitig unterstellt, z. B. ProjektleiterInnen und AbteilungsleiterInnen. Zum einen ist die Arbeit in zeitlich relativ stabilen Modulen wie (teilautonomen) Arbeitsgruppen
oder Teams organisiert und zum anderen erfolgt die temporäre Bündelung
von MitarbeiterInnen zu (virtuellen) Projekt-Teams, deren Mitglieder über den
ganzen Erdball verstreut sein können.

„In Deutschland, ja, weil hier nicht nur Standortfunktionen zusammenkommen,
sondern auch Funktionen aus globalen Organisationen […] sodass Mitarbeiter ein,
zwei, drei Chefs haben, dann auch in ihrem Projekt arbeiten – also dieser Trend
nimmt immer mehr zu und wir haben […] eine […] ganz starke Matrixorganisation
mit unterschiedlichen Zuordnungen." (männlich)

Das Arbeiten in räumlich verteilten Projektteams scheint in der untersuchten Stichprobe der Normalfall zu sein, denn dies taten immerhin drei Viertel (75 %) der Befragten (n = 252) in den letzten drei Jahren häufig oder sogar
ständig, wobei Männer (80 %; n = 139) hier entschieden häufiger anzutreffen
sind als Frauen (69 %; n = 112). Wie die Daten illustrieren, hat das Projekt sich
demnach auf der arbeitsorganisatorischen Ebene als das geeignete Setting
für eben jene kollektiven Intelligenz bewährt, in dem sich innovative Wissensarbeit entfalten kann. Offenbar bietet sich die Arbeitsform „Projekt" als
geeignete Alternative immer dann an, wenn innovative Problemlösungen
aufgrund der Komplexität oder Spezifität der Aufgabenstellung innerhalb
der starr und träge arbeitenden bürokratischen Strukturen nicht zielführend
entwickelt werden können – und es folglich einer neuen Organisation der
Problemlösung bedarf:

„Wir machen nur Projektarbeit als solches und da [...] werden Teams teilweise genauso zusammengestrickt, wo wir einfach sagen, das passt zu diesem Kundenauftrag, [...] und da sind teilweise dann Experten halt erforderlich und diese Experten
treffen sich dann via NetMeeting und Telefonkonferenzen sozusagen, schalten die
sich zusammen." (weiblich)

In Projekten kann sich die kollektive Intelligenz der Wissensarbeiter optimal
entfalten. Das betrifft vor allem Aufgaben, zu deren Bearbeitung eine interdisziplinäre Kooperation von Nöten ist und die darüber hinaus ein schnelles
und flexibles Agieren erfordern. Diese Ausrichtung auf hochgradige Flexibilität zeichnet – so die von uns Befragten – maßgeblich die Organisationskultur moderner Unternehmen aus.[14] Der gegenwärtige Projekt-Boom wurzelt
folglich in dem Bedarf von Unternehmen nach „Systemen, die einer anderen
Rationalität verpflichtet sind als sie selbst" (Schwarzbach 2005: 57).

Aus dem Einzug, den wissensintensive Arbeitsformen wie das Projekt
in Organisationen halten, resultiert nicht nur ein anderer Arbeitsmodus mit
den entsprechenden organisatorischen Strukturen – darüber hinaus kenn-
zeichnet Wissensarbeit eine Arbeitsweise, die sich maßgeblich durch ihren
„kommunikativen Charakter" (Knoblauch 1996: 360) auszeichnet. Denn: Zum
einen ist die Ressource „Wissen" nicht alleine auf einen kognitiven Vorgang
zu reduzieren, sondern stellt an sich schon eine „auf Erfahrung begründete,
kommunikativ konstruierte und konfirmierte Praxis" (Willke 2002: 14) dar,
d. h. die Generierung und Vermittlung von Wissen setzt Kommunikation voraus. Darüber hinaus ist die Steuerung und Koordination von Wissensarbeit
in erster Linie diskursiv zu leisten, da Anweisungen per Standardprogramm
bei Innovationsvorhaben nicht mehr greifen. Vor allem die in Bezug auf Vorgehensweise und Entscheidungsfindung herrschende Unsicherheit muss
kommunikativ bewältigt werden, und zwar sowohl in den projektinternen
als auch in den projektexternen Beziehungen. Außerdem muss zeitnah und
kontinuierlich zwischen der Primärorganisation und dem Subsystem „Projekt" vermittelt werden, so dass die Entscheidungsträger der Hierarchie durch
ständige Unterrichtung der Projektexperten auf dem Laufenden gehalten
werden (vgl. auch Schwarzbach 2005). Vor diesem Hintergrund erfahren in
der wissensbasierten Organisation kommunikative Prozesse durch ihren in-
tensivierenden, beschleunigenden und verdichtenden Effekt einen enormen

---

[14] „Flexibilität" landete bei einem Mehrfachantwortenset von 21 Items (4 Kreuze möglich), die
die „real gelebte Kultur im Unternehmen" beschreiben sollten, auf Platz 3 nach „Leistungs-
bereitschaft" und „Zielorientierung", siehe Fragebogen im Anhang, Frage 33.

Bedeutungszuwachs. Damit ist Kommunikation in Arbeitsorganisationen zum „anerkannten, sozial gebilligten und wirtschaftlich bezahlten Handeln" (Knoblauch 2005: 350) geworden, das für das Arbeits- und – wie wir zeigen werden – auch für das karriererelevante Handeln der Akteure maßgeblich ist. Da den Rahmen für Wissensarbeit zumeist virtualisierte Organisationsformen[15], also über Grenzen hinweg agierende und an verteilten Standorten aufgestellte Konzerne mit teilweise internationalen Teams bilden, erfolgt Kommunikation in der Konsequenz hauptsächlich mediatisiert, das heißt unter Vermittlung elektronischer bzw. digitaler Medien (siehe hierzu Kapitel 2.2.3).

Fazit

Resümierend ist festzuhalten, dass die Neuausrichtung globaler wirtschaftlicher Wertschöpfungsprozesse zu einer Aufwertung von wissensbasierten Tätigkeiten als wirtschaftlicher Größe führt. Der damit verbundene veränderte Charakter von Arbeit sowie die Anforderung, flexibel auf globale Marktdynamiken reagieren zu können, schlägt sich in einer radikalen Umstrukturierung der tayloristischen Arbeitsorganisationen nieder, die nicht zuletzt für das strategische Karrierehandeln der Arbeitenden Konsequenzen hat. Wissensarbeit in flexiblen Strukturen setzt auf die Selbstorganisation und Kreativität der Arbeitenden. Die Umstellung des Arbeitsregimes von Fremdsteuerung auf Selbstregulierung ist daher eine einschneidende arbeitsorganisatorische Neuerung. Die hierfür notwendigen unternehmerischen Rahmenbedingungen zeichnen sich unter anderem durch flachere, dezentralisierte Strukturen sowie die Projektifizierung von Arbeit aus. Nicht nur aufgrund seines Flexibilisierungspotentials ist das Projekt derzeit das am weitesten verbreitete arbeitsorganisatorische Leitbild. Angesichts des wachsenden Stellenwerts von Expertenwissen, das Unternehmen einbinden bzw. produzieren müssen, erweist es sich als *der* zeitgemäße Modus der Wissensintegration. Hieraus ergibt sich ein weiteres wesentliches mit Wissensarbeit verbundenes Kriterium: Diese stellt Organisationen vor die Aufgabe, zur Erarbeitung innovativer Lösungen interdisziplinäre (Projekt-)Teams zu bilden. Das bedeutet, dass Wis-

---

[15] „Virtualisierung" beschreibt den Umstand, dass Arbeit aufgrund vorhandener Informations- und Kommunikations-Technologien, globalisierter Märkte und den daraus resultierenden Anforderungen der Flexibilität und Kundenorientierung heute in ortsübergreifenden Zusammenhängen organisiert werden kann und wird (vgl. u. a. Hirschfelder/Huber 2004, Picot/Neuburger 2008, Picot/Reichwald/Wigand 2003 [1996]). Zu „virtuellen Teams" siehe überblicksartig (Bell/Kozlowski 2002).

sensarbeit ein Prozess ist, der sich maßgeblich kollektiv konstituiert und damit im Wesentlichen auf Kooperation und Kommunikation beruht. Vielmehr noch: Das Arbeitshandeln in der wissensbasierten Projektorganisation *ist* in erster Linie kommunikatives Handeln. Die durch Wissensarbeit in Gang gesetzten Restrukturierungen von Unternehmen und Arbeitsorganisation bewirken im Hinblick auf die an die Arbeitenden gestellten Anforderungen – so das an dieser Stelle abschließende Fazit – einen umfassenden qualifikatorischen Wandel, was sich wiederum in veränderten Karrierevoraussetzungen und -möglichkeiten widerspiegelt. Bevor im Kapitel 2.3 projektförmige Strukturen als zentrale Entwicklungslinie betrieblicher Umstrukturierung identifiziert und hinsichtlich ihrer Implikationen für Karrierestrategien reflektiert werden, soll im Folgenden der Bedeutungswandel von Kommunikation für Arbeit und Karriere in modernen Organisationen ausführlich diskutiert werden.

2.2 Kommunikation

2.2.1 Interpersonale Kommunikation

Kommunikative Prozesse sind die Basis des gesellschaftlichen Lebens.[16] Durch kommunikatives Ausdruckshandeln teilen wir uns einander mit, orientieren uns aneinander und wirken mit- oder auch gegeneinander. An jedem kommunikativen Vorgang sind also mindestens zwei Subjekte beteiligt. Erst deren erfolgreiche Mitteilungs- und Verstehensleistung über geteilte Zeichen und wechselseitige Typisierungen[17], die immer auch kulturellen Codifizierungen unterliegen, gewährleistet eine (sinnhafte) Fortsetzung und Erweiterung der Kommunikation. In einem gestuften Kommunikationsprozess konstruieren die Mitglieder einer Gesellschaft die Wirklichkeit, in der sie leben. Persönliche Gewohnheiten werden zu allgemein geteilten öffentlichen Praktiken, die dann eine ausgedehnte Verbreitung und Akzeptanz finden und schließlich von Generation zu Generation weitergetragen werden können, so als hätte es sie immer schon gegeben. Damit sind etablierte Kommunikationsstrukturen, die selbst als Ergebnis gelungener Kooperationsprozesse anzusehen sind, zu-

---

[16] Nach Berger/Luckmann erfolgt die Herstellung einer gesellschaftlichen Wirklichkeit durch Kommunikation (vgl. Berger/Luckmann 1969).

[17] Der Erfolg von Kommunikation ist Alfred Schütz (1974) zufolge wesentlich von geteilten Zeichen-, Deutungs-, und Typisierungsschemata abhängig.

gleich eine Art Bürgschaft für jedes weitere Gelingen aufeinander bezogener Handlungsverläufe.

Kommunikatives Handeln besteht dabei aus mehr als dem bloßen Austausch sprachlich gefasster Informationen über Sachverhalte der äußeren Welt oder über innere Zustände – Motive, Wünsche, Affekte – der beteiligten Akteure. Um eine kommunikative Handlung zu verstehen, müssen auch die situativen sinnstiftenden Kontexte (z. B. privater oder beruflicher Art), in die die jeweilige Kommunikation eingebettet ist, deutend einbezogen werden. Diese Kontexte lassen sich mit Erving Goffman (1980) auch als situationsspezifische Rahmen begreifen, die für die an einem Kommunikationsakt Beteiligten erprobte Interpretationsschemata bereitstellen, über die sie ihre kommunikativen Handlungen mit Sinn versehen bzw. klärend einordnen können.[18] Da die jeweiligen Handlungskontexte, d. h. die jeweils vorliegenden Situationen, jedoch trotz aller vorgängigen Deutungsschemata letztlich individuell unterschiedlich definiert und interpretiert werden können, ist es immer auch notwendig, die eigene Sicht auf eine *Situation* und somit die *eigene Person* mit ihren individuellen und situationsspezifischen Wirklichkeitsentwürfen den anderen gegenüber anzuzeigen und auszuweisen.

Dieser Aspekt einer expliziten und gezielten Konturierung des Individuellen erhält in der Interaktionsanalyse Goffmans ein außerordentliches Gewicht und drängt gewissermaßen alle anderen kommunikativen Interessen in den Hintergrund. Gleichsam radikal wird nach Goffmann die Kommunikation von den Selbstdarstellungsimpulsen der Personen beherrscht. Hierfür bedient sich seine Kommunikationsanalyse der Metapher des Schauspiels (Theater). Sie geht davon aus, dass soziale Interaktionen generell als Darstellungen, als *Performances*[19] zu fassen sind, die auf einer Bühne und ausgerichtet auf ein

---

[18] Vor allem der primäre Rahmen eines Ereignisses bestimmt laut Goffman die Reaktion auf dieses Ereignis; primäre Rahmen sind die erste Sinngebung, die ein Wahrnehmender vornimmt, gewissermaßen die elementarste Situationsdefinition. Ein Rahmen ist primär, wenn er nicht „auf eine vorgehende oder ‚ursprüngliche' Deutung zurückgreift". Er liefert die erste Antwort auf die Frage: „Was geht hier eigentlich vor?" Primäre Rahmen werden in der Regel nicht bewusst wahrgenommen aber dennoch wird auf sie Bezug genommen. „Man tendiert dazu, Ereignisse im Sinne primärer Rahmen wahrzunehmen, die bestimmte Beschreibungen der Ereignisse liefern." Goffman unterscheidet natürliche (natürliche Umgebungen, Wetter etc.) und soziale Rahmen. Soziale Rahmen „liefern einen Verständigungshintergrund für Ereignisse, an denen Wille, Ziel und steuerndes Eingreifen einer Intelligenz [...] beteiligt sind" (Goffman 1980: 31 ff.).

[19] Eine Performance kann mit Goffman als „die Gesamttätigkeit eines bestimmten Teilnehmers an einer bestimmten Situation definiert werden, die dazu dient, die anderen Teilnehmer in irgendeiner Weise zu beeinflussen." (Goffman 1983: 18)

Publikum stattfinden (vgl. Goffman 1980). Kommunikatives Handeln wird ihm zufolge also gewissermaßen inszeniert, „indem wir es für uns und andere mit Deutungs- und Regieanweisungen versehen" (Soeffner 2004: 171), die ein Verstehen und darüber hinaus eine Ordnung der Interaktion ermöglichen.

Mit Goffman ist kommunikatives Handeln demnach immer ein „auf Publika bezogenes Eindruckshandeln" (Pranz 2009: 33), in dem es insbesondere auch darum geht, beim Publikum ein bestimmtes – der jeweiligen Rolle[20] und Situation angemessenes – *Image* zu hinterlassen. Mit anderen Worten: Individuen versuchen das Bild, das sich ihr Gegenüber von ihnen macht, so weit wie möglich zu steuern. Diesen Versuch, die Beurteilungen anderer durch subtile Techniken eigeninteressiert zu beeinflussen, nennt Goffman *Impression Management*. Hier findet mit den Worten Goffmanns eine Fokussierung darauf statt, „wie (…) der Einzelne sich selbst und seine Tätigkeit anderen darstellt, mit welchen Mitteln er den Eindruck, den er auf jene macht, kontrolliert und lenkt, welche Dinge er tun oder nicht tun darf, wenn er sich in seiner Selbstdarstellung vor ihnen behaupten will" (Goffman 1983: 3). Die Darstellung des Selbst, die Präsentation der eigenen Identität, entspricht nach Goffman in variablem Maße dem Bild, das man tatsächlich von sich hat. Der Glaube an die verkörperte Rolle kann also unterschiedlich stark ausgeprägt sein und bewegt sich zwischen zwei Extrempunkten: dem einer „zynischen" Haltung, in der ein Darsteller nicht von seiner Darstellung überzeugt ist und ihm auch nicht an der Überzeugung seines Publikums gelegen ist, und einer „aufrichtigen" Haltung, in der die Darsteller „an den Eindruck glauben, die ihre eigene Vorstellung hervorruft." (ebd.: 20) Dabei kann es sein, dass die auf andere gerichtete, zunächst zynisch angelegte Eindrucksmanipulation auf den Akteur selbst verändernd zurückwirkt, indem er sich im Vollzug gleichsam zentrale Anteile einer erfolgstaktisch ausgerichteten Rolle aneignet und so vom „Unglauben zum Glauben" übergeht. Umgekehrt kann es aber auch passieren, dass eine mit Überzeugung wahrgenommene Rolle in Zynismus

---

[20] „Das Verhalten der Interaktionsbeteiligten auf den Bühnen des Sozialen findet in sozialen Rollen statt. Goffman entwickelt eine Theorie des Rollenverhaltens, die das Individuum zwar in möglicher Distanz, nicht aber in Differenz zu seiner Rolle sieht. Rollenverhalten oder Rollenspiel […] ist die körperliche Inszenierung eines Individuums in einem Interaktionszusammenhang. Ist die typische Form der Rolle ihre Statusposition in einem Interaktionssystem, die die an die Rolle gestellten Erwartungen und Verpflichtungen anzeigt (Rollenerwartung), kommt diese Form immer in ihrer habituellen Inszenierung zur Darstellung (Rollenverhalten). Ähnlich wie die Situationsrahmung die theatrale Aktualisierung sinnstiftender Situationsrahmen ist, ist die Rolleninszenierung die meist gewohnheitsmäßige (und theatrale) Gestaltung einer Statusposition." (Bausch 2001: 209f.)

hinüber gleitet, z. B. aus Gründen des Selbstschutzes oder aus eher pragmatischen Erwägungen. (ebd.: 21) Das heißt: Eine Rolle, die anfänglich halbherzig wahrgenommen wird, kann so sehr in Fleisch und Blut übergehen, dass sie zum integralen Bestandteil der Persönlichkeit wird. Ebenso kann sich jemand aber auch gezwungen sehen, eine Rolle, die er zunächst „mit Herzblut" wahrnimmt, in (zynische) Distanz zu rücken, um die Integrität seiner Persönlichkeit zu wahren. Insofern also das *Impression Management* auf diese Weise durch ein Fluktuieren zwischen Aufrichtigkeit und Täuschung gekennzeichnet ist, kommt der Selbstmanipulation in der Rolle ein wesentlicher Anteil an der Ausbildung der eigenen personalen – und wie wir noch sehen werden auch beruflichen – Identität zu (vgl. Goffman 1983: 19 ff., Rosenfeld/Giacalone/Riordan 1995: 7).[21]

Der Vorgang des *Impression Managements* zielt auf die wechselseitige Bindung von Aufmerksamkeit und ist deshalb – dem von kultursoziologischen Studien der spätmodernen Gesellschaft diagnostizierten Körperkult[22] entsprechend – maßgeblich auf die Präsenz, also Sichtbarkeit des Physischen, angewiesen. In einer Zeit, die von einer Krise der herkömmlichen autoritäts- und regelbezogenen Orientierungsmuster geprägt ist, wird Aufmerksamkeit als Produkt ‚glaubwürdiger' körpervermittelter Selbstinszenierungen zum zentralen psychischen Stabilisierungsfaktor – das gilt auch oder gerade für die Arbeitswelt. In fragmentierten[23] Lebensläufen und Berufsbiografien ist der andere nicht mehr primär als Partner in einem Netz moralischer Verbindlichkeiten präsent, sondern als Objekt ästhetisch-aisthetischer Interessen, das Aufmerksamkeit auf sich ziehen muss und von dem man umgekehrt erwartet, wahrgenommen und anerkannt zu werden. Je differenzierter, komplexer, schneller und monetärer die moderne (Arbeits-)Welt wird, desto wichtiger werden Oberflächen. Die herbeigesehnte ‚Oberflächenspannung' wird durch eine Form der ‚Selbst'vermarktung erreicht, die sich offensichtlich in stets wandelbaren Lebensstilen und Präsentationsweisen, in einem permanent aktualisiertem ‚Produktmanagement' und situationsadäquaten Problemlösungsgeschick, kurz: in effektvoller Selbstinszenierung niederschlägt. Ohne die Effekte des Körpers können wir uns in dieser Welt kaum erfolgreich sozial positionieren. Denn der Körper gilt in jeder sozialen Interaktion

---

[21] Siehe hierzu auch die Ausführungen zur „therapeutischen Selbstkontrolle" in Kapitel 3.1.4.

[22] Die gesellschaftlichen Einschreibungsprozesse in unsere Körper entziehen sich zunehmend der Selbstreflexion (vgl. Barlösius 2000).

[23] Der Zerfall des spätmodernen Lebens dokumentiert sich in einer Serie unverbundener, in sich abgeschlossener Episoden (vgl. Baumann 1996).

als unhintergehbares ‚Zeichen', das – beabsichtigt oder unbeabsichtigt – den Kommunikationsprozess beeinflusst.[24] Indem er Zeichen ‚setzt' bzw. Zeichen ‚ist', ruft er aber auch unweigerlich Interpretationen hervor, die mehr oder aber weniger (situations-)angemessen sein können. Zwar können ungewollte soziale Zuschreibungen durch einen selbstkonzeptionellen Gegendruck – also der Art und Weise, wie der eigene Körper dargestellt und eingesetzt wird – relativiert werden. Oft besteht jedoch ein gewichtiger Unterschied zwischen dem Selbst, das man anderen zeigen möchte und dem Selbst, welches man unabsichtlich (z. B. durch Stottern, Erröten, Schweißausbruch, Zittern etc.) oder durch das eigene Erscheinungsbild, aber auch durch die eigenen Handlungen und die Körpersprache preisgibt. Es ist also davon auszugehen, dass auch das perfekteste *Impression Management* immer einen Rest Unbeherrschbarkeit bestehen lässt.

Insbesondere der – über den Körper vermittelte – ‚erste Eindruck', der sich in oftmals ausgefeilten theatralischen Prozessen der Inszenierung und (Selbst-)Darstellung dokumentiert, gewinnt eine zunehmend hohe identifikatorische Relevanz für andere. Körpererscheinung (Ethnie, Alter, Geschlecht etc.), Kleidung oder auch Sprechweisen sind oft die ersten und manchmal einzigen Prämissen setzenden Informationen, über die ein Publikum bei einer mittlerweile unüberschaubaren Anzahl handlungsprägender Kontexte verfügen kann.[25] Vertrauen, sozialer Erfolg und Aufmerksamkeit können nur noch situationsbezogen durch überzeugendes Auftreten und ein damit verbundenes diffiziles Körpermanagement erzielt werden, denn: Der subtile Umgang mit der Haltung und der Stellung des Körpers werden unablässig registriert und sanktioniert (vgl. Giddens 1990), so dass der körperliche Ausdruck als „eingebautes, unverfälschbares Anzeigeinstrument" (Willems 1998: 48) fungiert.

Es geht den Akteuren aber nicht nur (und zumeist auch nicht in erster Linie) darum, dem eigenen Selbst einen authentischen Ausdruck zu verleihen oder einen verborgenen Ich-Kern im Ausdruckverhalten zu finden, sondern darum, wahrnehmbare Beobachter zweckdienlich zu beeindrucken und durch

---

[24] Vor allem das Gesicht wird gemeinhin als „gläserne Haut der Innenwelt, in einem psychologischen Sinne [als] Spiegel der Innenwelt des Subjekts" angesehen. Eine „kategorische" Begrenzung des individuellen Handlungsspielraumes durch das äußere Erscheinungsbild kann im schlimmsten Fall als „Stigma" (Goffman 1973) aufgefasst und zum Beispiel mit sozialer Ausgrenzung sanktioniert werden (vgl. Field 1978, vgl. Goffman 1973, Koch 1995, Schade 1998).

[25] „[…] und durch die man jedenfalls potentiell über das Verstehen eines Publikums verfügen kann" (Willems 1999: 28).

eine überzeugende Darbietung bestimmter äußerlich erkennbarer Merkmale, welche als Indizien für bestimmte individuelle Eigenschaften, Kompetenzen, Einstellungen etc. gelten, für sich einzunehmen.

Die kommunikativen Strategien und Taktiken, die in einer Darstellung angewandt werden, variieren entsprechend der jeweiligen Situation. Diese bestimmt, auf welchem Teil eines komplexen Handlungsvorgangs die primäre Aufmerksamkeit des Publikums liegt. Goffman unterscheidet Hauptvorgänge, die sich innerhalb eines Rahmens abwickeln, von Vorgängen, die im Hintergrund bzw. außerhalb des Rahmens stattfinden. Der Fokus bzw. „Brennpunkt der Aufmerksamkeit" (Goffman 1980: 224) liegt jeweils auf dem Hauptvorgang, während alle weiteren Ereignisse dem untergeordnet werden. Vorgänge, die nicht in den jeweiligen Rahmen gehören bzw. dessen Konventionen entsprechen, werden in der Regel nicht genau beachtet, auch wenn sie faktisch immer mit wahrgenommen werden und gegebenenfalls unmerklichen Einfluss auf den Betrachter nehmen können. Obgleich z. B. in den meisten Face-to-Face-Interaktionen der Gravitationspunkt der Aufmerksamkeit auf der verbalsprachlichen Ebene liegt und körperliche Regungen wie z. B. Räuspern, Kratzen oder Rotwerden vom Publikum rahmenkonform ignoriert werden (sollten) („civil inattention", Goffman 1963, „civil inattention", Goffman 1984), fließen solche unbeabsichtigten und häufig sogar unkontrollierbaren Informationen auf der körpersprachlichen Ebene mitunter maßgeblich in die wahrgenommene Performance ein. Der Kommunikationsprozess kann folglich in eine Schieflage geraten, wenn „das Publikum mehr beobachten und deuten kann, als der Darsteller bewusst vermitteln will." (Krallmann/Ziemann 2001: 235). In einem ‚erfolgreichen‘ und irritationsfrei verlaufenden Kommunikationsvorgang muss der bewusst kommunizierte Ausdruck demzufolge mit dem ihn begleitenden (körperlichen) Verhalten übereinstimmen. Anders ausgedrückt: Damit die Performance im Sinne des intendierten *Impression Management* als gelungen bezeichnet werden kann – damit die inszenierte Rolle glaubhaft ist, dürfen sich die unterschiedlichen, bewusst oder unbewusst vermittelten Informationen nicht widersprechen.

Doch wider alle nachdrücklichen Bemühungen um Kongruenz ist generell zu konstatieren: Nicht nur körperliche Regungen, sondern vor allem auch die physischen Personenmerkmale werden unausweichlich wahrgenommen und fließen, selbst wenn sie außerfunktionale Zuschreibungen hervorbringen und den Hauptvorgang stören, unweigerlich in die Interpretation der *Performance* ein. Allzu häufig werden z. B. stereotype Annahmen über die Darsteller aufgrund ihres Geschlechts, ihres Alters oder auch ihrer Herkunft („Top Three", Fiske 1998) getroffen. Diese Stereotypenaktivierung, die den Beteiligten oft gar nicht bewusst wird, lädt sich – zumindest im ersten Zugriff – reflexartig an askriptiven Merkmalen auf und erfordert entsprechend minimale Aufmerksamkeitsressourcen.[26] Da die individuelle Wahrnehmung also niemals voraussetzungslos ist, da sie nicht nur durch die umrissene Stereotypenaktivierung, sondern zudem noch durch die jeweils eigenen (mitunter gleichermaßen festgefahrenen) Unterstellungen bezüglich der Erwartungen des Gegenübers geprägt ist, können die Interaktionspartner niemals vollständig ihrem Wechselspiel der Mutmaßungen entkommen. Das heißt: sie können letztendlich immer nur Vermutungen darüber anstellen, wie das Geschehene von anderen wahrgenommen und interpretiert wird. Allerdings bietet vor allem die Face-to-Face-Kommunikation, auf die sich Goffman primär bei seinen Analysen bezieht, dennoch im Prinzip die Möglichkeit, durch Nachfrage und Spiegelung die bei den Angesprochenen erzielte Wirkung unmittelbarer absehen[27] und gegebenenfalls korrigieren zu können, so dass Goffman zufolge Kommunikationssituationen prinzipiell auch immer wieder neu ausgehandelt werden (können).

Der über die Physis transportierte Akt der Selbstinszenierung verlangt im Kontext von Arbeitsorganisationen, insbesondere mit Blick auf karrierestrategische Kommunikation, besondere Beachtung, denn geschäftliche Kommunikation – und damit unweigerlich das *Impression Management* – ist in Organisationen immer eingebettet in bzw. gerahmt durch mehr oder weniger geregelte Kontexte und findet in funktionalen Rollen statt, die mit diesen Rahmen direkt verknüpft sind. Die für erfolgreiche kooperative Wissensarbeit und – wie sich zeigen wird – für individuelle Karrieren andererseits so maßgebliche Kommunikation in Organisationen ist also als Sonderfall zu betrachten, wie im folgenden Abschnitt dargelegt wird.

---

[26] Die Stereotypenaktivierung ist nur schwer oder gar nicht kontrollierbar. Ihre Anwendung auf die Urteilsbildung ist allerdings durchaus steuerbar, sofern sich der Akteur seiner stereotypen Wahrnehmung bewusst ist (vgl. Devine 1989).

[27] Face-to-Face-Interaktionen zeichnen sich nach Goffman durch die Existenz eines „rückwärtigen Kanals" (Goffman 1980: 238) aus, der wichtige Signale für die Strukturierung bzw. Rahmung, der Kommunikation transportiert, so z. B. „Erkennungszeichen" (ebd.234), die „Handlungen mit Handelnden in Verbindung bringen" (ebd.), Signale zum Sprecherwechsel oder Signale der Aufmerksamkeit bzw. des Verstehens.

2.2.2 Organisationale Kommunikation als Sonderfall von Kommunikation

Organisationale Kommunikation findet in einem Umfeld statt, das durch hohe Regeldichte bestimmt ist und sich an besonderen Zielvorgaben ausrichtet. Sie ist formalisiert, um Organisationsmitglieder von Interpretationsleistungen zu entbinden, und erfolgt im Prinzip über festgelegte Kommunikationswege und -formen, die Kommunikation berechenbar machen und der Reduktion von Unsicherheiten dienen. Gleichwohl haben sich informelle Kommunikationswege und -stile herausgebildet, um die geforderten Zielvorgaben überhaupt erreichen zu können und gegebenenfalls Subziele zu verfolgen. Im traditionellen bürokratisch strukturierten Unternehmen galten formale und informelle Kommunikationsweisen als je eigenständige und unvermischbare Typen, wobei informelle Strukturen in der Regel als Störfaktoren betrachtet wurden. Demzufolge wurde Kommunikation in Arbeitsorganisationen lange Zeit lediglich in Hinblick auf ihre (aufgabenbezogene) Formalisierung hin diskutiert. Vor allem aus betriebswirtschaftlicher Perspektive (Managementlehre; *Scientific Management*) ging es zunächst ausschließlich um die Verbesserung formaler, sachorientierter Kommunikationsprozesse und deren Steuerung im Sinne der Unternehmensziele. Kommunikation wurde im Wesentlichen als Übermittlung von Anordnungen in hierarchischen Strukturen (top-down) bzw. der Berichterstattung (bottom-up) betrachtet. Dieser Perspektive, die an den ‚klassischen' Ansätzen von Frederick Taylor (1977 [1913]), Henri Fayol (1929 [1916]) und Max Weber (1980) orientiert ist, liegt ein Verständnis von Organisationen als zweckgerichteten und rationalen Gebilden zugrunde, in denen MitarbeiterInnen als „reine Funktionsträger" (Albers/Zottmann 1983: 6) angesehen werden.

Freilich kam es auch hier schon zu Grenzüberschreitungen, die deutlich werden ließen, dass Kommunikation im Arbeitsalltag nur selten trennscharf zu organisieren ist. Dieser Tatsache tragen neuere Managementtheorien Rechnung. Hier hat man zudem den Wert und die Relevanz informeller Kommunikationsgestaltung in Problemlösungsprozessen erkannt und entwickelt, wie sich noch zeigen wird, seit geraumer Zeit gezielte Fördermaßnahmen einer betrieblichen Nutzung des informellen Austausches.

Die zunehmende Differenzierung der Unternehmen in immer mehr Teilsysteme – unter ihnen das Projekt – und die Immaterialisierung der Wertschöpfungsprozesse bewirken nunmehr, dass der Kommunikationsbedarf exponentiell anwächst bzw. dass Arbeit insgesamt kommunikationsintensiver wird (siehe hierzu auch Funken 2008, Funken/Schulz-Schaeffer 2008a). Dabei überschreitet Kommunikation bei weitem die Funktion lediglich arbeitsbegleitender Prozesse, etwa zur Verständigung und Koordination der verschiedenen Bereiche. Entgegen gängiger Zuschreibungen – die die Rolle der Kommunikation auf die Bewältigung dispositiver Aufgaben beschränkt sehen, ihren eminenten Stellenwert für die Durchführung der Arbeit selbst aber nicht erfassen – ist im Rahmen eines neuen organisationstheoretischen Paradigmas[28] davon auszugehen, dass unternehmensrelevantes Wissen nicht unübersetzt, quasi ‚eins zu eins' auf neue Arbeitsziele anrechenbar und übertragbar ist (siehe u. a. auch Ahrens 2004, Kieser 2001). Bedingt durch den Übergang von Industrie- zu Wissensarbeit ist – bezogen auf das jeweilige Unternehmensziel – eine (Teil)Transformation vorhandener Wissensbestände notwendig. Dies wird erst durch die spezifischen Vermittlungsleistungen von Unternehmensmitgliedern ermöglicht, die innerhalb des Unternehmens durch Interaktionen und Aktualisierung im Vollzug kommunikativ erzeugt werden. Wissen ist dabei weder für alle Unternehmenssegmente gleichermaßen relevant, noch ist – ausgehend von der Komplexität der Organisation und seiner Umwelt – der Grad seiner Bedeutung schlicht ohne Weiteres ‚ablesbar'. Vielmehr müssen Organisationsmitglieder zum einen eine aktive Filterleistung erbringen, indem sie relevantes Wissen von irrelevantem trennen und Komplexität reduzieren. Zum anderen übersetzen sie auf diese Weise Wissen in ‚Sinn' für das Unternehmen und führen es einer rationalen sowie effektiven (Weiter)Verarbeitung zu. Im Zuge einer kommunikativen Aufbereitung werden Wissensbestände demnach im Hinblick auf neue Herausforderungen ausgelotet und in den Dienst aktuell anstehender Unternehmensziele gestellt.

Damit ist Kommunikation immanenter Bestandteil der Arbeit, denn auf allen Ebenen der Organisation werden Informationen gefiltert und im Lichte (sub-)systemspezifischer und persönlicher Perspektiven ausgewählt und verdichtet. Auf allen Ebenen werden Unsicherheiten absorbiert, das heißt eindeutige Schlussfolgerungen aus mehrdeutigen Informationen gezogen und kommuniziert (vgl. Kieser 2001: 135). Kurz gesagt: Intensive, auch informelle Kommunikation gilt nicht mehr als Zeichen für schlechte Organisation, sondern Organisation wird nach einem gewandelten Verständnis in und mit den Kommunikationsprozessen regelrecht ‚gemacht'. Kommunikation *ist* (Wissens-)Arbeit.

---

[28] Organisationen werden in der neueren Forschung weder als geschlossene Systeme noch als rein zweckrational agierende Gebilde aufgefasst, sondern offen und prozesshaft (siehe u. a. Bardmann 1994, Crozier/Friedberg 1993 [1979], Kieserling 1994, Tacke 1997, Weick 1985).

Festzuhalten ist also: Die herkömmlichen formal geplanten und eindeutig definierten Kommunikationssituationen, -wege und -formen erfüllen den
permanent steigenden Bedarf an Koordination, Verständigung, Wissensver-
arbeitung, Wissenstransfer und vor allem Wissensproduktion im Arbeitshandeln jedoch nur zu einem geringen Teil. In der Praxis des betrieblichen Alltags
findet daher auch nur ein Bruchteil der Kommunikation in diesen eindeutig
geregelten Bahnen und Formen statt. Der hohe Koordinations- und Kommunikationsbedarf in modernen Unternehmen wird stattdessen vor allem auch
durch informelle Kommunikation abgedeckt, die ungeplant, mitunter spon-
tan und performativ ausgerichtet erfolgt. Solch informelle Kommunikation
erfüllt allerdings bei weitem nicht mehr nur – wie lange Zeit angenommen –
soziale,[29] sondern mehr denn je arbeitsrelevante und aufgabenbezogene Funktionen. Diese müssen situationsgerecht, gegebenenfalls ad hoc und formlos,
auf jeden Fall aber überzeugungsstark und unter Einsatz der ganzen Person
erfüllt werden. Somit stellt informelle und – wie wir noch näher ausführen
werden – performativ ausgeprägte Kommunikation mehr denn je den Regel-
fall im Unternehmen dar.

Unlängst ist daher Informalität auch in der einschlägigen Literatur zu
einer anerkannten Größe avanciert, mit der es professionell umzugehen heißt
(vgl. Böhle/Bolte 2002). Neue Konzepte der Arbeitsorganisation widmen sich
entsprechend mit Nachdruck der Schwierigkeit, informelle Kooperation und
Kommunikation zu institutionalisieren. Der vormals kritisierten, später positiv gewendeten informellen, ungeplanten Kommunikation und Kooperation
soll nunmehr offiziell Raum gegeben werden, um sie im Sinne der Unternehmensziele zu funktionalisieren. Vor allem projektförmige Strukturen stehen
im Mittelpunkt dieses weit verbreiteten Versuchs, informellen Arbeitsopera-

---

[29] Die soziale Dimension von Kommunikation und damit ein Bild vom Mitarbeiter als „sozio-
emotionales Wesen" (Albers/Zottmann 1983: 6) kamen mit der Human-Relations-Bewegung
in den Fokus der (sozialwissenschaftlichen) Betrachtung. Anknüpfend an die Ergebnisse der
Hawthorne-Studien wurden informelle Beziehungen als „Ausdruck des menschlichen Be-
dürfnisses nach sozialen Kontakten und Kommunikation" gesehen. Die Hawthorne-Studien
(vgl. Roethlisberger/Dickson 1939) legten den Grundstein des Human-Relations-Ansatzes. An
die Feststellung, dass die Aufmerksamkeit, welche den Arbeitenden von Seiten der Forscher
zuteil wurde, einen positiven Effekt auf deren Motivation und damit Arbeitsleistung hat
(„Hawthorne-Effekt"), schloss sich eine breitere Thematisierung des „menschlichen Faktors
in der Unternehmung" an. Ein zentrales Ergebnis dieser Auseinandersetzung besteht in der
„Aufdeckung" nicht vorgesehener, informeller Kommunikationsbeziehungen, die im Rahmen des Human-Relations-Ansatzes als Reaktion auf die formalen Regeln der Arbeits- wie
Kommunikationsprozesse interpretiert werden. Die Studien wurden in den 1920er Jahren in
einem Werk der US-amerikanischen Elektroindustrie mit Namen „Hawthorne" durchgeführt.

tionen eine anerkannte und wirksame Form zu geben. Mittlerweile wird hier
Informalität geradezu vorausgesetzt, etwa wenn die Mitglieder, die ihr Wissen
zu Projektzwecken gewinnbringend einsetzen sollen, Routinen des Wissens-
austausches und der Wissensanwendung im Rahmen einer gemeinsamen
„Kultur" auf der Basis geteilter Normen und Werte entwickeln und etablieren.
Projektarbeit erfordert folglich genau die Handlungsweisen und Interaktionsmuster, die in den Begriff von Informalität eingehen. Gemeint ist ein ganzes
Bündel an Merkmalen wie zum Beispiel die Fähigkeit, Kommunikation *erfah-
rungsbasiert* und gleichsam *situativ* zu koordinieren, sowie sich mit anderen
auf der Grundlage geteilter Erfahrungen oder Wissensbestände zielführend
abzustimmen. Weiterhin umschließt der Begriff der Informalität Praktiken
der informellen Kontaktgenerierung sowie die Pflege persönlicher Kontakte jenseits formaler Wege der Arbeitskooperation. Selbst Klatsch und Tratsch
dürfen als eine Art Informationsbörse dienen. Unter der Voraussetzung, dass
die Reziprozität des Gebens und Nehmens gewährleistet ist, sollen Empathie
und Vertrauen die Basis des offenen Austauschs und der erfolgreichen diskur-
siven Aushandlung von Problemlösungsbeiträgen bilden (vgl. Funken/Schulz-
Schaeffer 2008a: 15).

Neben dem Versuch einer Formalisierung des Informellen bleiben auch
formal strukturierte Abläufe auf einen gewissen informellen Umgang angewiesen, um in der nie hundertprozentig planbaren betrieblichen Wirklichkeit
zu funktionieren (vgl. Funken/Schulz-Schaeffer 2008a). Informalität in Kommunikation und Kooperation lässt sich folglich nicht nur als Kompensation
für die Mängel der Formalstruktur ansehen. Man muss vielmehr grundsätzlich von Grenzen der Formalisierbarkeit einerseits und dem gleichzeitigen Bedarf an einer gewissermaßen stabilisierenden Formalstruktur auf der anderen
Seite ausgehen, also immer von dem Zusammenspiel bzw. der Hybridisierung
informeller und formaler Kommunikations- sowie Organisationsstile(weisen).
Also erst das komplexe Wechselverhältnis formaler und informeller Kompo-
nenten (vgl. ebd.12) macht die emergente Organisation aus, deren konstitutiver
Bestandteil Kommunikation ist, denn wir fassen zusammen:

Erstens bewirkt der Typ „Wissensarbeit", der nicht nur maßgeblich auf kooperative Prozesse angewiesen ist, sondern sich überhaupt erst kommunikativ
konstituiert, einen erhöhten Kommunikationsbedarf. Damit erfährt zweitens
vor allem informelle Kommunikation eine Aufwertung, denn formalisierte,
sozusagen eingespurte Kommunikation alleine kann den problemlösenden
Austausch der WissensarbeiterInnen nicht mehr decken.

Indem sich in projektifizierten, wissensbasierten Organisationen zunehmend Räume für informelle Kommunikation eröffnen, die auch als „Steue-

rungslücken" (Neuberger 1995: 190) oder als „Unsicherheitszonen" (Crozier/ Friedberg 1993 [1979], Friedberg 1984)[30] verstanden werden können, ergeben sich gleichsam Spielräume für mikropolitisches Handeln der Akteure. In diesen Spielräumen verfolgen sie im Sinne eines Machtkampfes Eigeninteressen – z. B. Karriereziele –, die nicht deckungsgleich mit den Zielen der Organisation sein müssen.[31] Die kommunikative Praxis des *Impression Managements* spielt im Rahmen dieser mikropolitisch intendierten Handlungsweisen eine zentrale Rolle. Denn um Eigeninteressen wie die Realisierung eigener Karriereziele durchsetzen zu können, sind organisationale Akteure darauf angewiesen, bei karrierewichtigen Entscheidungsträgern ein adäquates *Image* ihrer Person zu erwirken, d. h. performativ hervorzubringen. In diesem Zusammenhang haben u. a. die Studien von Heintz et al. (1997) gezeigt, dass Informalität bzw. das Fehlen formaler Strukturelemente individuellen Akteursstrategien mehr Spielräume und größeres Gewicht verleiht.[32]

Impression Management ist dabei nicht als einheitliches Verhaltensrepertoire zu verstehen, sondern kann verschiedene Formen annehmen, wie Rosenfeld et al. (1995) aus arbeits- bzw. organisationspsychologischer Perspektive herausarbeiten. Sie kategorisieren die verschiedenen Formen des *Impression Managements* danach, ob sie eher positiv bzw. aufwertend („acquisitive") verfahren oder eher defensiv („protective") ausgerichtet sind. Nach Arkin/Shepperd (1989) dienen positive Formen des *Impression Managements* dazu, in einer Organisation weiterzukommen, d. h. Karriereziele zu realisieren und defensive Taktiken dazu, den Status quo zu bewahren.

---

[30] Nach Crozier und Friedberg (Crozier/Friedberg 1993 [1979]: 50, Friedberg 1984: 6) lassen sich vier „große Ungewissheitszonen […], die in jeder Organisation auftreten" unterscheiden: 1. das für Organisationen notwendige Fach- und Spezialwissen, 2. die Kontaktstellen zwischen Organisation und Umwelt, 3. Knotenpunkte der Informations- und Kommunikationsprozesse und 4. die Freiräume innerhalb formaler Strukturen der Organisation.

[31] Mit Burns (1961: 257 nach Ortmann 1998: 3) sind Organisationen als soziale Systeme zu fassen, in denen „die Leute um ihr Fortkommen konkurrieren; dabei benutzen sie andere. Verhalten wird dann als politisch bestimmt, wenn andere als Ressourcen in Konkurrenzsituationen benutzt werden." Hieran anschließend lässt sich Mikropolitik begreifen als die „Bemühungen, die systemeigenen materiellen und menschlichen Ressourcen zur Erreichung persönlicher Ziele, insbesondere des Aufstiegs im System selbst und in anderen Systemen, zu verwenden sowie zur Sicherung und Verbesserung der eigenen Einsatzbedingungen." (Bosetzky 1972: 382, nach Ortmann 1998: 2) Dabei ist Mikropolitik nach Ortmann (ebd.) jedoch nicht zwangsläufig auf die gewissermaßen „selbstsüchtige" Verfolgung von „Eigen- und Karriereinteresse" zu reduzieren, vielmehr kann Mikropolitik auch „weitgehend selbstlos" betrieben werden.

[32] Damit wird *Impression Management* im Rahmen informeller Handlungszusammenhänge ein hoher Stellenwert zugewiesen (vgl. Schraps 2006).

In einer zweiten Dimension lassen sich *Impression Management*-Taktiken danach differenzieren, ob sie sich durch eine direkte Darstellung der eigenen Person und Leistung auf das jeweilige Publikum/die jeweiligen Adressaten beziehen oder ob dritte in die Taktik der Selbstpräsentation einbezogen werden, d. h. ein indirektes *Impression Management* genutzt wird[33], etwa indem man sich explizit gegenüber den Leistungen dritter abgrenzt.

Die Kunst, andere von den eigenen Fähigkeiten und Kompetenzen – und damit von dem eigenen Wert für die Organisation – zu überzeugen, gewinnt mit dem Voranschreiten der Immaterialisierung von Arbeit an enormer Bedeutung. Denn indem Arbeit nicht mehr primär aus dem Umgang mit materiellen Dingen besteht, sondern vielmehr aus dem Umgang mit Informationen bzw. Wissen, werden die hierfür notwendigen Fähigkeiten immer weniger greifbar und müssen daher vom Einzelnen performativ hervorgebracht, d. h. immer auch dargestellt werden (vgl. Rosenfeld et al. 1995, Wexler 1986: 131) – und zwar sowohl um die Anschlussfähigkeit für Prozesse kollektiver Wissensproduktion zu gewährleisten, als auch für den Aufbau der eigenen Karriere.

Die Sonderstellung und Bedeutung performativer Gesichtspunkte innerhalb einer Arbeitskommunikation, die face-to-face *und* virtuell stattfindet, wird weiter unten (vgl. Kapitel 4) Gegenstand eines eigenen Abschnitts sein. Diese näheren Betrachtungen erweisen sich als unverzichtbar, weil, wie dargelegt wurde, die traditionelle Auffassung von unternehmensinterner bzw. organisationaler Kommunikation auf einem Wissensbegriff beruht(e), der allein arbeitsdienliche Kenntnisse und Fertigkeiten umfasst(e), aber die neuen Formen einer performativ grundierten und auf Kompetenz basierten kollektiven Intelligenz noch nicht zu antizipieren vermochte und dafür zumeist auch gar keinen Anlass sah. Wird Wissen jedoch wie beschrieben als ein kollektiv und performativ durch Kommunikation hervorgebrachtes Wissen gefasst, dann lassen sich die kollektive Herstellung und Verarbeitung von Wissen *durch* Kommunikation und ein ggf. karrierestrategisch motiviertes *Impression Management*

---

[33] So lassen sich z. B. Selbstmarketing („self promotion"), das „Verkaufen" eigener Leistungen („acclaiming") oder Einschmeicheln („ingratiation") als positiv/direkt kategorisieren – als defensiv/direkt sind hingegen z. B. Entschuldigungen und Ausflüchte zu werten („apologies and excuses"). Eine defensiv/indirekte Taktik liegt mit Formen der Abgrenzung („dissociation") ggü. anderen vor (z. B. negativ konnotiert sind (z. B. aufgrund mangelnder Leistung) – eine positiv/indirekte Taktik hingegen ist es, die Leistungen anderer als eigene auszugeben („basking in reflected glory") oder den guten Ruf anderer durch strategisches Beziehungsmanagement für sich zu instrumentalisieren. Für eine umfassende Übersicht von *Impression Management*-Taktiken, zu denen aus (arbeits-)psychologischer Perspektive Untersuchungen vorliegen, siehe Bolino et al. (2008: 1082) sowie aus geschlechterdifferenzierender Perspektive Guadagno/Cialdini (2007).

in der Kommunikation nicht voneinander trennen. Kommunikative Kompetenz verstanden als „richtige kommunikative Dramaturgie und Inszenierung" scheint – so lässt sich bereits aus dem bis hierher Skizzierten schließen – in einer hochgradig kommunikativ geprägten Arbeitswelt von enormer (karriere-)strategischer Bedeutung. Über Eloquenz und rhetorisches Vermögen hinaus impliziert diese Begabung in einem umfassenderen Sinne „die Fähigkeit, in anderen Zeichen- und Kommunikationssystemen eine, wie man heutzutage zu sagen pflegt, adäquate Performanz zu bieten." (Schützeichel 2004: 11)

> „Ja. Wer kommunizieren kann, wer klar kommunizieren kann, wer sich kommunizieren kann, also sich präsentieren kann, ist im Vorteil. Also wenn ich/aber da kommt es auf die persönliche Kommunikation an. Also nicht darauf, dass ich gut im E-Mail-Schreiben bin. Ich muss mein Anliegen gegenüber verschiedenen Teilnehmerkreisen bis hin zum Seniormanagement auf Englisch so kommunizieren, dass man mir das abnimmt, was ich haben möchte, was ich präsentieren möchte. Ich muss nicht/nein, ich werde nicht danach gemessen, dass ich einen Aktenordner voll mit Vorschlägen einreiche, ich werde daran gemessen, dass ich ein Purposive schreiben kann, dass sehr klarmacht, das ist mein Vorschlag, den ich aus folgenden Argumenten ableite mit folgendem Backup-Material – das muss max. eine Seite sein." (männlich)

> „Karriere – also dazu gehört schon eine fachliche Basis, ein gesundes Fundament und jetzt – ich glaub – das dreht sich jetzt, wäre auch die Darstellung dieses Fundamentes und der Möglichkeit, sich da zu präsentieren." (männlich)

> „Also ich muss Visibilität für mich nach oben schaffen. Also ohne, dass ich bekannt bin, mach ich keine Karriere. Das ist halt einfach so heute." (männlich)

Die karrierestrategischen Aspekte des *Impression Managements* gelangen darüber hinaus zu besonderer Brisanz, wenn man das bisher Ausgeführte durch die Erkenntnisse neuerer Studien (Bolino et al. 2008, Guadagno/Cialdini 2007, Westphal/Stern 2006) ergänzt, die darauf verweisen, dass Frauen und Männer in professionellen und organisatorischen Interaktionen ein Selbstmarketing betreiben, das jeweils mit den ihnen zugeschriebenen Geschlechterstereotypen assoziiert wird. In der Folge werden Frauen tendenziell eher als teamorientiert, sensibel und moderierend wahrgenommen,[34] Männer hingegen

---

[34] „[…] women are expected to be more communal (e. g., concerned for the welfare of others, interpersonally sensitive, emotionally expressive)." (Guadagno/Cialdini 2007: 485)

eher als dominant, unabhängig und selbstbewusst.[35] Viele Äußerungen unserer Interviewpartner bestätigen diese Auffassung/Beobachtungen.

„[…] bezüglich inszenieren sehe ich stärker das männliche Geschlecht […] Moderieren sehe ich mehr (…) Frauen, ja, also ist eher deren, deren Stärke, […] moderieren unter dem Aspekt ist mehr das, also das/die technisch fachlich Orientierten, die dann eher nachgeben und sagen, okay, dann mache ich es halt, ja. Wo es dann wieder andere gibt, die, die kämpfen um des Kampfes willen." (weiblich)

„Also ich habe den Eindruck, dass Männer manchmal einfach selbstbewusster auftreten und Frauen aufgrund ihrer Leistung eigentlich auch genauso selbstbewusst auftreten könnten, es manchmal aber nicht tun." (weiblich)

Doch werden diese unterschiedlichen Kommunikationsstile offensichtlich nicht als gleichwertig angesehen. Denn weiblich konnotierte Formen des *Impression Managements* erzielen bei Weitem nicht die Erfolge, die Männer erlangen. Auf den ersten Blick könnte dies daran liegen, dass Männer eine größere und professionellere Bandbreite an *Impression Management*-Taktiken bereit halten und diese auch häufiger aktivieren (vgl. Guadagno/Cialdini 2007). Auch unsere Interviewpartner äußerten sich in diese Richtung.

„Prinzipiell sehe ich es auch so, dass äh wir eher mehr Männer haben, die sich verkaufen können, als Frauen." (weiblich)

„Also ich würde schon stärker bei der Frau (…)/also genau – der Frau würde ich schon Vorschläge machen, dass sie sich stärker vermarktet." (weiblich)

Letztlich machen die Untersuchungen unmissverständlich klar, dass sich für Männer der Einsatz ‚maskuliner' Formen des *Impression Managements* als höchst erfolgreich erweist und nachweislich zu besseren *Performance*-Beurteilungen, Gehaltserhöhungen etc. (vgl. weiterhin Guadagno/Cialdini 2007, auch u. a. Hinz/Gartner 2009). Wenn *Frauen* hingegen ein zielsicheres und selbstbewusstes – und damit als ‚männlich' konnotiertes – *Impression Management* an den Tag legen, werden sie zwar als ebenso kompetent wahrgenommen wie Männer, die das gleiche Verhalten zeigen, allerdings werden sie im Gegensatz zu Männern in diesem Fall als ‚sozial defizitär' bzw. wenig *soft skilled*

---

[35] „Men are expected to be more agentic (e. g., assertive, controlling, independent) […]." (Guadagno/Cialdini 2007: 485)

(„socially deficient", Rudman 1998, Rudman/Glick 1999) und als ‚unzureichend feminin' („backlash effect", Glick/Fiske 1999, „backlash effect", Rudman 1998, Rudman/Glick 1999) beschrieben.[36]

Aber selbst dann, wenn Frauen auf Formen des *Impression Managements* zurückgreifen, die nicht unmittelbar Geschlechtsattribuierungen hervorrufen[37], sondern die *sex/gender*-Codizes als variable Angebote zur Gestaltung ihrer individuellen *Employability* auffassen, sind sie weniger erfolgreich. Die hier genannten performativen Stilübungen nämlich, die von Männern durchaus häufig fruchtbringend gegenüber *CEOs* aktiviert werden, um größere Chancen bei der Stellenbesetzung zu erzielen[38], erfordern demgegenüber von Frauen – so Bolino et al. (2008) – zumindest einen weitaus höheren Level zur Zielerreichung, das heißt, Frauen müssen sich nachdrücklicher, ausdauernder und prägnanter ins Spiel bringen, um erfolgreich zu sein. Hiermit wird augenfällig: Für Frauen scheint es einem Drahtseilakt von enormer Schwierigkeit gleichzukommen, ein *Impression Management* zu betreiben, dass einerseits forciert genug ist, um potentiell karrierestrategisch wirksam zu sein, andererseits jedoch nicht in Widerspruch zu tradierten weiblichen Stereotypen steht. Nicht allein, dass ein solcher Versuch einer Vereinbarung gegenläufiger Ansprüche unweigerlich mit großen psychischen Anstrengungen verbunden sein dürfte, es ist zudem davon auszugehen, dass es hier keine Erfolgsgarantien geben kann, weil die Optik des Betrachters letztlich von unwägbaren, oftmals unbewussten und oft genug auch unerschütterlichen Vorurteilen durchsetzt sein kann.

Im Rahmen direkter Formen des *Impression Managements* – seien sie eher offensiv oder auch eher defensiv ausgerichtet, z. B. in Form von Rechtfertigungen und Entschuldigungen – ist, wie dargelegt, augenscheinlich neben der kommunikativen Bedeutung von körperlichen Personenmerkmalen die besondere Bedeutung *nonverbaler Elemente* der Kommunikation herauszustreichen (vgl. Rosenfeld et al. 1995: 61ff.). Denn diese körperlichen Regungen sind oft nicht kontrollierbar, stellen unmittelbare Reaktionen dar, die gegebenenfalls als Ausdruck von Emotionen gelesen werden, und gelten daher

---

[36] Dieser Effekt tritt sogar dann auf, wenn es sich lediglich um verschriftlichte Selbstdarstellungen in Form von Lebensläufen handelt (vgl. Tyler/McCullough 2009).

[37] Wie beispielsweise „favor-doing", „opinion conformity" oder „flattery/compliments" (Guadagno/Cialdini 2007: 486).

[38] Nach Westphal und Stern (Westphal/Stern 2006) gilt dies gilt im oberen Management insbesondere für Manager, denen soziales Kapital fehlt („managers who lack elite social and educational credentials", ebd.: 193) bzw. die keiner sozialen Majorität angehören („e. g. not white caucasian").

als authentisch. Umgekehrt eignen sie sich mitunter besser als Worte, um unterschwellig, aber gezielt komplexe Bedeutungen zu vermitteln und so im Dienste eigener Interessen unbewusste Reaktionsmuster wachzurufen, zumal sie ja im Zweifelsfall schwer zu beweisen bzw. leicht zu leugnen sind. Damit rückt erneut die Face-to-Face-Situation als primäres Setting der *Performance* im Goffmanschen Sinne in den Brennpunkt der Analyse sowohl arbeitsrelevanter als auch karrierestrategischer Kommunikation in Organisationen.

Dies ist deshalb von eminenter Bedeutung, weil im Zuge einer Virtualisierung der Arbeitswelt diese Situationen „von Angesicht zu Angesicht" immer seltener werden und damit zugleich, gerade wegen dieser Rarität, an richtungweisender Bedeutung zunehmen. Inzwischen wird der kommunikative Austausch mehr und mehr medial unterstützt oder ganz auf die mediale Ebene verlagert, was zur Folge hat, dass die mikropolitische Nutzung von Kommunikationssituationen unter grundlegend veränderten Bedingungen stattfinden muss. Wie die folgenden Abbildungen (siehe S. 40f.) verdeutlichen sollen, ist der Ort kommunikativen Handelns längst nicht mehr ausschließlich das Büro oder das Unternehmensgebäude. Vielmehr erfolgt bei gut der Hälfte aller Befragten die Arbeit an verteilten Standorten und ist durch Reisen, Telearbeit und vor allem einem verstärkten Medieneinsatz geprägt.

Die an Hand der Schaubilder sichtbar werdende Abnahme unmittelbarer persönlicher Kontakte im Rahmen einer projektifizierten Arbeitsweise wird durch die Äußerungen unserer Interviewpartner bestätigt. Hier heißt es z. B.:

„Man kann auch von zuhause arbeiten. Ich kenne viele Kollegen, die habe ich jetzt seit Monaten nicht mehr hier im Büro gesehen, weil die ständig von zuhause arbeiten. Viele Leute sind unterwegs, berufsbedingt beim Kunden." (männlich)

Obgleich mit diesem global und medial induzierten Wandel der Arbeit ein Verlust an informellen Gesprächen beklagt wird (66 %), wird die Mediatisierung meistenteils nicht weiter in grundlegender Weise problematisiert. Mehr als die Hälfte der Befragten kann der Abwesenheit vom Arbeitsplatz, wie folgende Statistik belegt, sogar positive Seiten abgewinnen, da man nun ungestörter arbeiten kann (Frauen 68 %, Männer 46 %).[39]

---

[39] Diese Differenz ist signifikant nach Cramers V: Näherungsweise Signifikanz 0,027, Stärke 0,235.

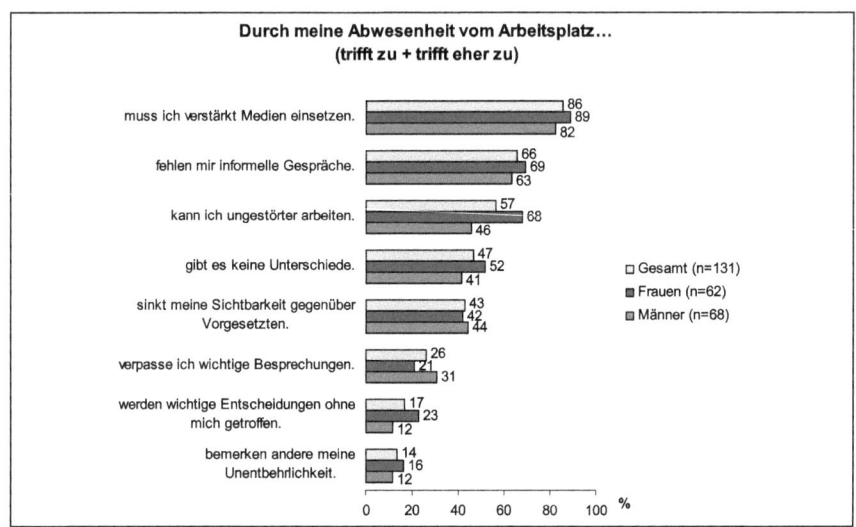

Doch auch bei körperlicher Präsenz am Arbeitsplatz ist die Kommunikation in anwachsendem Maße durch den Einsatz von Kommunikationsmedien geprägt, da Teammitglieder, Vorgesetzte und unterstellte MitarbeiterInnen oft an unterschiedlichen Orten sitzen und mediale Kommunikation deshalb unter Umständen erheblich zeitsparender ist. Folglich finden Face-to-Face-Kontakte tendenziell immer seltener statt und müssen im Prinzip je nach Anlass oder Zielgruppe bewusst herbeigeführt werden.

„Also die Leute, die wirklich versuchen, in Richtung Karriere zu arbeiten, die werden versuchen, auf jeden Fall die virtuelle Welt zu verlassen und physikalisch mit demjenigen in Kontakt zu treten […]. Man kann sein Wertesystem besser abgleichen miteinander, weil das halt noch über die Optik ja auch sehr, sehr viel läuft an der Stelle, was ich über den PC nicht rüber kriege." (weiblich)

Bezüglich der Frage, ob persönliche Kontakte stattfinden und in welcher Häufigkeit dies geschieht, aber unterscheiden sich die Antworten der Geschlechter erheblich: Frauen interagieren auf gleicher hierarchischer Ebene (Team, Projektgruppe, Arbeitsgruppe) oder auch mit unterstellten MitarbeiterInnen weitaus seltener, als Männer dies tun. Letztere scheinen ihre Führungsaufgabe offenbar stärker so zu verstehen, dass der persönliche Kontakt zu ihren MitarbeiterInnen oder KollegInnen, sei es zwecks Beziehungspflege, Betreuung oder aber auch Kontrolle, wichtiger Bestandteil ihrer (Führungs-) Rolle ist.

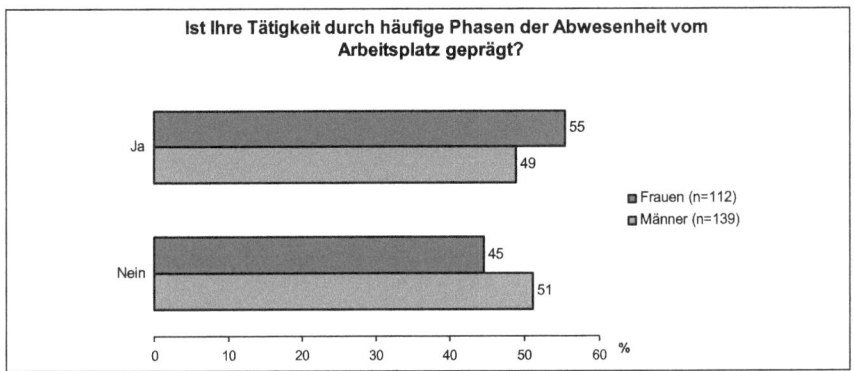

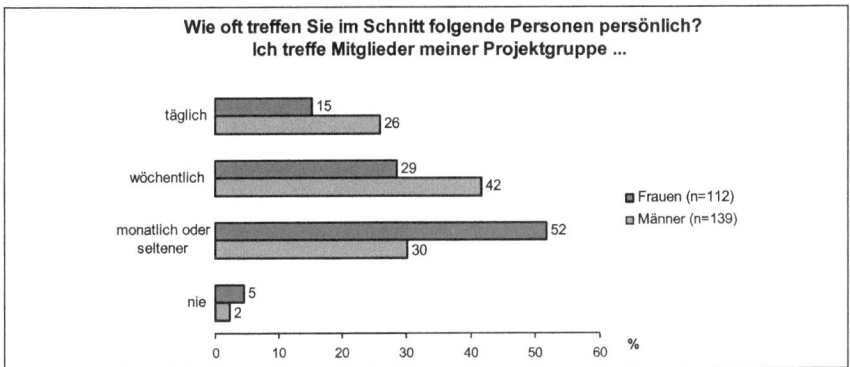

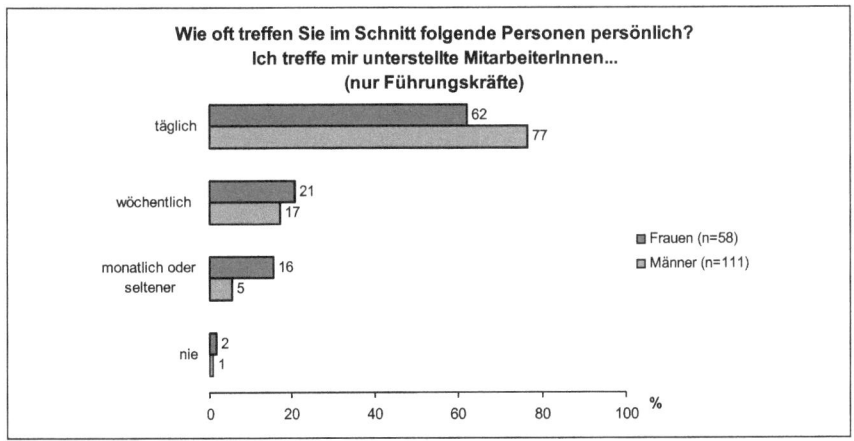

Der persönliche Kontakt zu Vorgesetzten ist bei beiden Geschlechtern erwartungsgemäß weniger stark ausgeprägt als der zu Personen auf gleicher bzw. unterstellter hierarchischer Ebene. Aber auch hier zeigen sich wieder erstaunliche – diesmal im Trend umgekehrte – geschlechtsspezifische Muster, nach denen die persönlichen Kontakte zu den Vorgesetzten ablaufen (s. u.).

Bemerkenswert viele Frauen kontaktieren ihre Chefs jeden Tag – insbesondere die karriererelevanten Linienvorgesetzten (siehe hierzu Kap. 3). Männer organisieren ihre persönlichen Begegnungen ‚nach oben' dagegen hauptsächlich im wöchentlichen Rhythmus, was karrierestrategisch Sinn macht, sofern diese Begegnungen strategisch zur Sichtbarmachung der eigenen Leistung genutzt werden sollen. Diese können schließlich im gängigen Workflow kaum täglich nachgewiesen werden, so dass häufigere Kontakte im Prinzip ohne nachweisbare Leistungsmarkierungen erfolgen würden. Und was gefragt ist – das machten die Interviews sehr deutlich – sind *Lösungen*, nicht Probleme.

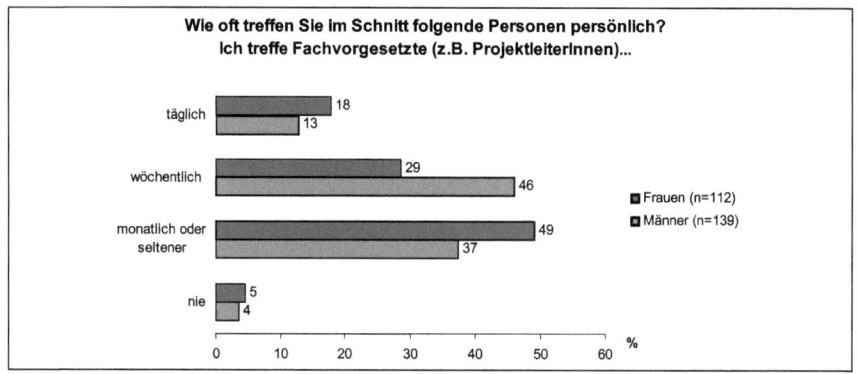

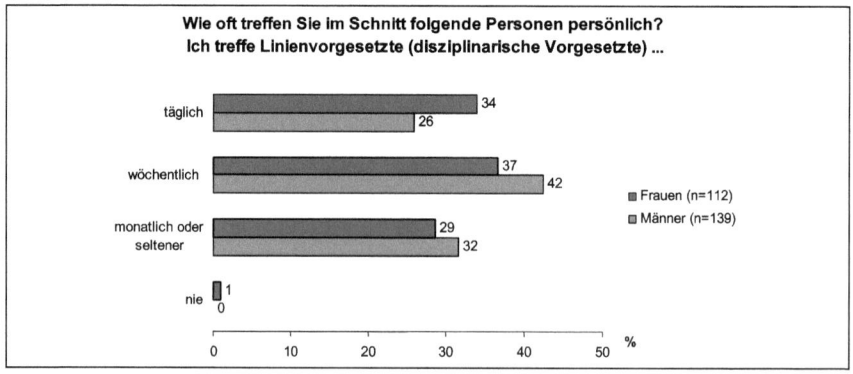

„Gegenüber meinem Chef versuche ich es so, [...] Ich komme also nur zu ihm, wenn ich irgendwelche Probleme zu lösen habe, die ich nicht selber lösen kann. Das ist äußerst selten.[...] Und ich berichte nicht von Problemen, die ich jetzt noch vor mir habe, wo ich lösen müsste und was ich jetzt eventuell dafür bräuchte, sondern ich berichte nur von gelösten Problemen, die es ihm ermöglichen, [...] bei seinen Chefs zu glänzen. [...] aber es ist nicht so, dass ich, [...] was ich manchmal bei manchen Kollegen ähm sehe, die dann auch tatsächlich irgendwann nicht diese Schiene erreichen und auch nicht diese Stellung, die immer mit Problemen ankommen: ‚Hach, und da müssen wir noch was machen, dies müssen wir noch mal machen‘ und so weiter, sondern der Chef will eigentlich nur hören, das ist erledigt und da bin ich dran. [...] Und ich versuche dann einfach [...], dass ich die positiven Sachen raus putze. Das sind natürlich auch nicht immer positive ((vergnügt)) Sachen, da muss man auch verkaufen, [...] wenn ich bei jedem Problem ((verstellt die Stimme)) ‚Ach, ich weiß nicht, und da müsste ich mal meinen Chef fragen‘, ich versuche so viel wie möglich selber zu machen und dadurch hab ich mir auch einen sehr großen Freiraum erarbeitet.“ (weiblich)

„Letztendlich ist [...] ja auch die Zielsetzung, die Mitarbeiter möglichst selbständig zu machen, [...] dass sie das durcharbeiten können, vorarbeiten können [...], auch wenn es Probleme gibt, ähm sie alle dahin zu trainieren, dass sie nicht nur kommen: ich habe das Problem XY, sondern das ist das Thema und mein Vorschlag wäre jetzt, wir gehen so damit mit um, das wäre die andere Alternative, wie wir es machen könnten, also wirklich auch schon Optionen anzubieten, die es geben könnte [...]“ (weiblich)

„Man erwartet vom [...] Mitarbeiter schon, dass er erst mal seine eigene Entscheidung macht und seinen eigenen Weg und dass er dann ähm, also mit Lösungsvorschlägen kommt, ja, das ist, das ist deren Part. Ja, noch Fehler, die im Gespräch sind [...] mmh [...] ja, wenn man sehr stark mit, mit Punkten kommt, [...] die nicht funktionieren. [...] Auf Probleme fokussiert, ja. Ähm [...] das wird heute nicht gesucht, lösungsorientiert. ja, klar gibt es Probleme, aber zu allen [...] Problemen gibt es in irgendeiner Art und Weise eine Lösung.“ (weiblich)

Die Begegnung mit ‚leeren Händen‘ wiederum könnte aus dieser Perspektive ‚nach hinten losgehen‘ und zu der Schlussfolgerung führen, dass man mehr Betreuungsbedarf hat.

Obgleich dies einem Teil der von uns interviewten Frauen durchaus bewusst ist, wie oben stehende Zitate zeigen, verweisen die quantitativen Daten darauf, dass ein Großteil der Frauen dennoch Linienvorgesetzte in einer

Häufigkeit kontaktiert, die eine auf die Präsentation von Ergebnissen bzw. Lösungen abzielende Kommunikationsstrategie unwahrscheinlich erscheinen lässt, so dass diese Frauen ggf. als ‚unselbständig', ‚selbstunsicher' und ‚betreuungsbedürftig' bzw. nicht lösungs-, sondern problemorientiert' erscheinen könnten.

Wie bereits angedeutet, hat die Situation der häufigen Abwesenheiten vom Arbeitsplatz bzw. die abnehmende Häufigkeit von Face-to-Face-Kontakten zugunsten vermehrter medial vermittelter Kommunikation unmittelbare Effekte nicht nur auf die Gelingensbedingungen kooperativer Wissensarbeit, sondern auch auf die Möglichkeiten, ein karrierestrategisch motiviertes *Impression Management* erfolgreich zu gestalten. Offenbar – und paradoxerweise – scheint aber gerade diese Praxis des raum-zeitlich verteilten Arbeitens den Forderungen der projektförmigen kollektiven Intelligenz nach Kooperation, empathischer und vertrauensbasierter Informalität und einem ausgeprägten mikropolitisch begründeten *Impression Management* zu widersprechen. Nachfolgendes Kapitel wird jenen Paradoxien technisch vermittelter Kommunikation nachgehen.

2.2.3 Wandel durch Mediatisierung

Mit dem in Kapitel 2.1. konstatierten Wandel von Arbeit hin zu einer räumlich verteilt stattfindenden Wissensproduktion ist eine Betrachtung von Organisationskommunikation ohne den Einbezug von computerbasierten IuK-Technologien unmöglich geworden (vgl. Rice/Gattiker 2001).[40] Folgende Äußerung kann als exemplarisch für die gegenwärtige Lage angesehen werden:

> „[Es gibt] Projekte [...], wo wir uns – sagen wir mal – mindesten 95 % der Zeit, wo wir miteinander kommunizieren, nicht sehen bzw. nicht gegenübersitzen – eher noch höher, 98 % vielleicht." (männlich)

---

[40] „Der Sammelbegriff IuK-Technologien bezeichnet [...] insgesamt erstens den Computer in seinen Funktionen als Informationsmedium (zur Sammlung bzw. Verarbeitung von Informationen) und als Kommunikationsmedium (zur wechselseitigen Kommunikation und Kooperation), zweitens weitere digitalisierte Telekommunikationstechnologien zur Unterstützung wechselseitiger Kommunikation (z. B. Fax; E-Mail; Teleconferencing-Systeme; Mobiltelefon), und drittens systemisch angelegte, computerbasierte Kooperationsmedien (z. B. firmeneigene Intranets, computer supported cooperative work-(CSCW-)Systeme)." (Kleemann/Matuschek/ Voß 2002: 60f.)

Aus der Situation der räumlichen Verteiltheit heraus, ist Kooperation nur mit Hilfe technischer Medien möglich, die zu einem Großteil auf der digitalen Technik des „Universalmediums" Computer beruhen.

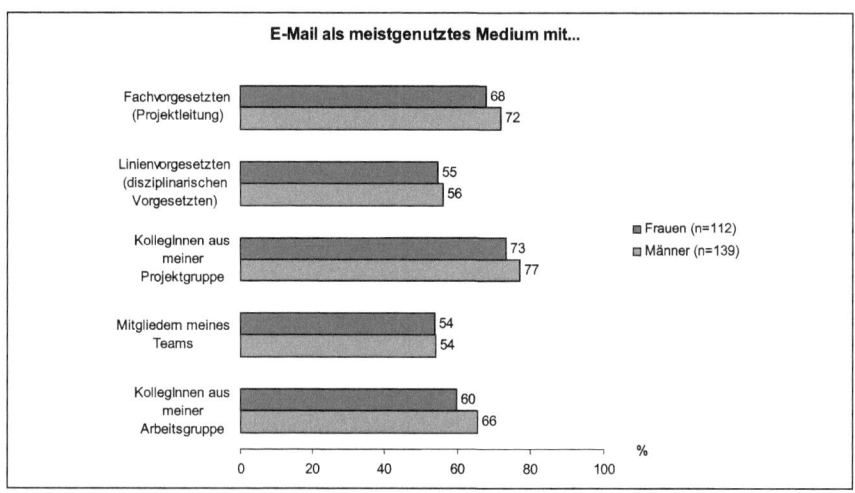

Das dominante Medium ist dabei weiterhin die E-Mail – sofern kein persönlicher Kontakt möglich ist, ist sie das primäre Medium („Leitmedium") in der Kommunikation auf gleicher sowie übergeordneter hierarchischer Ebene. Lediglich beim Kontakt mit unterstellten MitarbeiterInnen wird häufiger zum Telefon gegriffen (siehe Abbildung S. 46).

Auch für die Gruppenkommunikation werden E-Mails verwandt: Organisationsinterne Mailinglisten dienen dem themenbezogenen Austausch von ExpertInnen über geographische Distanzen hinweg. Experten-Mailinglisten sind in Organisationen weit verbreitet und in allen untersuchten Unternehmen vorhanden,[41] dennoch weiß kaum die Hälfte der Befragten – etwas mehr Männer als Frauen –, dass es in ihrem Unternehmen solche Tools gibt. Diejenigen jedoch, die von der Existenz des Angebots wissen, haben die entsprechenden Verteiler mehrheitlich auch abonniert – Frauen häufiger als Männer (siehe Abbildung S. 47).

---

[41] Da auch hier in jedem Unternehmen Aussagen bzgl. einer tatsächlichen Nutzung dieser Angebote vorliegen, wird davon ausgegangen, dass die Angebote auch tatsächlich existieren und lediglich nicht allen bekannt sind.

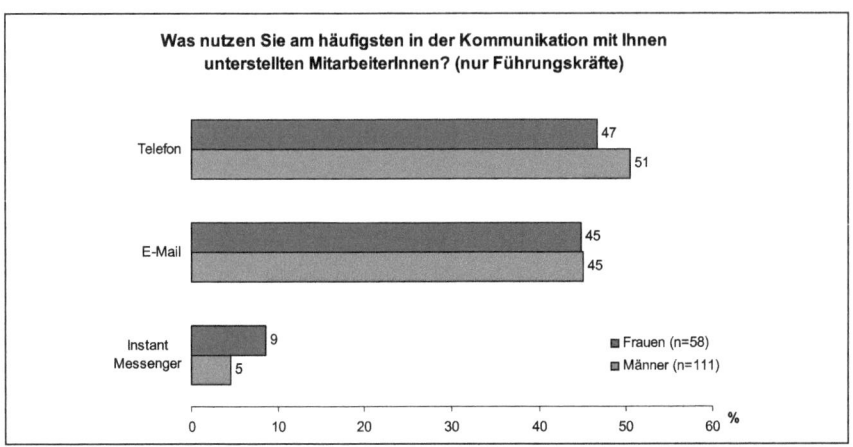

Während folglich etwas mehr Männer als Frauen von der Existenz des medialen Angebots wissen, nutzen Frauen mit entsprechender Kenntnis diese insgesamt aktiver.

Ungeachtet der Dominanz der E-Mail hat sich das Spektrum der zur Verfügung stehenden Kommunikationsmedien in den letzten Jahrzehnten beträchtlich erweitert. Noch nie zuvor standen so viele Kommunikationsmittel bzw. -formen[42] im Arbeitsalltag zur Verfügung.

> „Auf jeden Fall E-Mails, dann natürlich dort den Einsatz von den klassischen Blackberrys oder MBAs oder… MDAs oder was auch immer Sie nutzen, bis hin zu Videokonferenzen, Telefonkonferenzen oder der Einsatz von diesem sogenannten WebEx. Also […] der Einsatz der elektronischen oder auch wie-auch-immer-Medien nimmt zu." (weiblich)

So sind z. B. Telefonkonferenzen seit langem in Unternehmen etabliert (vgl. Clampitt 2001: 108ff., Mast 2002: 186) und werden auch von der Mehrheit der Befragten (86 %; n = 252) eingesetzt. Videokonferenzen hingegen haben sich

---

[42] Während Kommunikationsmedien (materielle) Hilfsmittel darstellen, die der Kommunikation über räumliche Entfernungen hinweg dienen (wie z. B. Sprache, Telefon, E-Mail-Dienst), sind Kommunikationsformen (Gespräch, Telefonat, E-Mail) rein „virtuelle Konstellationen" (Holly 1997: 69), die entweder unabhängig von einem Kommunikationsmedium bestehen (z. B. das Face-to-Face-Gespräch) oder durch ein Medium erst ermöglicht werden (z. B. das Telefongespräch) (vgl. Androutsopoulos/Schmidt 2001, Dürscheid 2003).

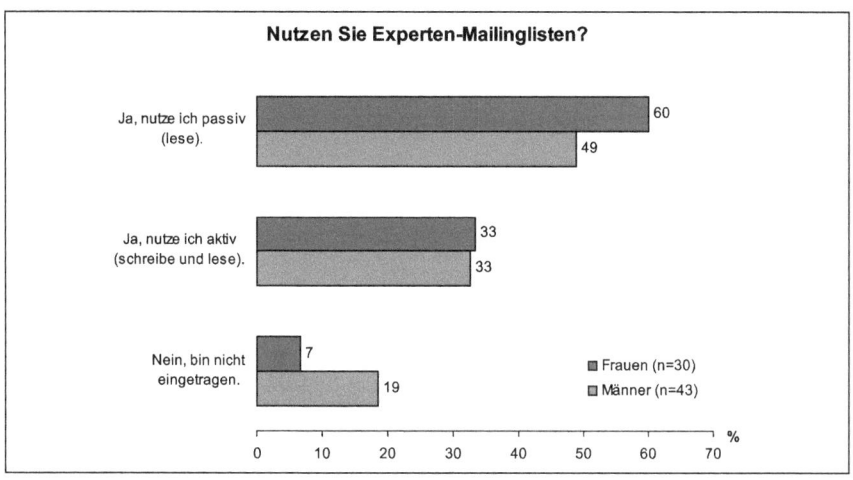

bislang weniger durchsetzen können und werden nur von knapp der Hälfte
(45 %; n = 252) der Befragten genutzt.

In den meisten Unternehmen gibt es darüber hinaus durch sogenannte
Social Software[43] im Firmenintranet bereitgestellte Kommunikationsangebote
wie z. B. Wissensdatenbanken, interne Produktwikis, *Communities of Practice*[44]
etc., die auch von fast allen genutzt werden – wenn auch in den meisten Fällen
eher passiv, d. h. die NutzerInnen beschränken sich auf das Lesen und stellen
keine eigenen Inhalte ein.

Personal Filesharing wird hingegen aktiver – vor allem von Frauen – genutzt,[45]
obgleich nur knapp die Hälfte der Befragten überhaupt wissen, dass es in

---

[43] „Mit ‚Social Software' bezeichnet man Software-Systeme, die die Zusammenarbeit und
die Kommunikation zwischen Akteuren unterstützen" (Stegbauer/Jäckel 2008: 7). Beispiele
sind Wikis, Weblogs, (Business-)Netzwerke wie XING oder Facebook etc. Auf Social Software
basierte Anwendungen werden auch unter dem Schlagwort Web 2.0 diskutiert.
[44] Eine virtuelle Community bezeichnet einen „Zusammenschluss von Menschen mit gemeinsamen Interessen […], die untereinander mit gewisser Regelmäßigkeit und Verbind-
lichkeit auf computervermitteltem Wege Informationen austauschen und Kontakte knüpfen"
(Döring 2001, vgl. auch Winkler/Mandl 2004: 3). Kennzeichen einer virtuellen Community
ist darüber hinaus die räumliche Trennung, d. h. die Kommunikation läuft hauptsächlich
über das Netz (vgl. Wenger/McDermott/Snyder 2002, Winkler/Mandl 2004: 3). Communities
of Practice dienen in Unternehmen dem Transfer von Erfahrungen und Wissen und sollen
die Kooperation und Kommunikation der Arbeitenden unterstützen (vgl. Schmiede 2006: 53).
[45] Personal Filesharing bezeichnet die Möglichkeit eigene Dateninhalte für andere freizuge-
ben bzw. die Inhalte anderer über das Firmennetz einzusehen. Es soll eine hierarchiefreie

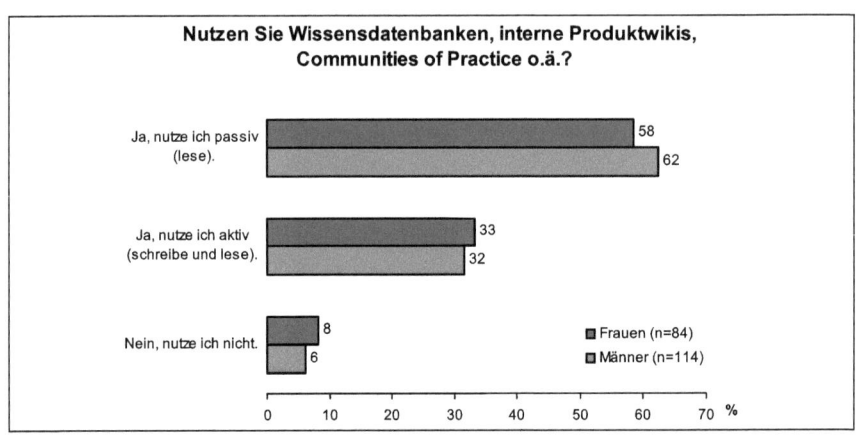

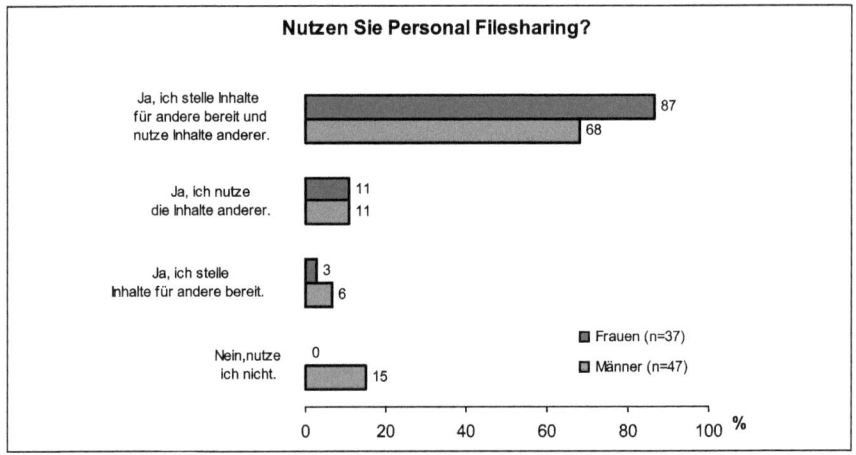

ihrem Unternehmen derartiges gibt. Mit den *persönlichen Profilen im Intranet* findet sich ein weiteres Instrument aus dem Bereich der *Social Software*-Anwendung. Diese persönlichen Profile dienen der Identifikation von WissensträgerInnen im Unternehmen und werden von den meisten (73 %; n = 109) auch genutzt, indem sie ihr Profil im firmeneigenen Netz einstellen. Auch hier zeigt

---

sowie gemeinsame Nutzung von Informationen bzw. Wissen unterstützen (vgl. Schütt 2008, Winkler/Mandl 2007).

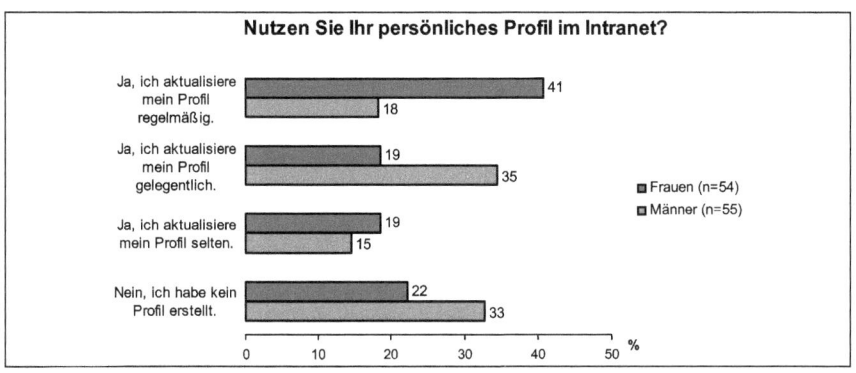

Nutzen Sie Ihr persönliches Profil im Intranet?

Ja, ich aktualisiere mein Profil regelmäßig. — 41 / 18

Ja, ich aktualisiere mein Profil gelegentlich. — 19 / 35

Ja, ich aktualisiere mein Profil selten. — 19 / 15

Nein, ich habe kein Profil erstellt. — 22 / 33

☐ Frauen (n=54)
☐ Männer (n=55)

das Ergebnis unserer Untersuchungen erstaunlicherweise eine stärkere Nutzung seitens der Frauen (s. o.).[46]

Die vorangegangenen Ausführungen sowie die Daten der quantitativen Erhebung illustrieren, dass es nicht nur die vieldiskutierte E-Mail ist, die den Alltag technisch vermittelter Kommunikationsarbeit prägt. Vielmehr muss von einer „sich stets wandelnden Medienumwelt" (Funken/Schulz-Schaeffer 2008a: 32) ausgegangen werden, die in den Arbeitsalltag integriert und sach- und personengerecht eingesetzt werden muss, denn einem breiten Spektrum von Medien steht eine noch größere Zahl an (kommunikativen) Aufgaben gegenüber – und die Wahl des situativ adäquaten Mediums bzw. der richtigen Kombination von Medien ist von entscheidender Wichtigkeit für gelingende Kooperationsprozesse.

Diese effektiv zu gestalten, wird erschwert durch eine rapide Beschleunigung der Informationsflüsse sowie eine weiterhin explosionsartige Vergrößerung der zirkulierenden Datenmengen. Denn die Technisierung sichert nicht nur den programmierten Ablauf, sie steigert auch die Verarbeitungskapazität und -geschwindigkeit von Informationen sowie die Berechenbarkeit der Informationsvermittlung (vgl. Braczyk 1994: 232). Diese enorme Beschleunigung der Informationsverarbeitung und Kommunikation wird von den meisten Befragten (74 %; n = 253) bestätigt.

Kommunikationstechnisch unterstützte, d. h. „vernetzte" Wissensarbeit zeichnet sich also durch eine besondere Dynamik aus (vgl. Konradt 2004: 20), die durch die Vielzahl an (teilweise schnell wechselnden) Kooperationsbe-

---

[46] Diese Differenz ist signifikant nach Cramers V: Näherungsweise Signifikanz 0,033 Stärke 0,283.

ziehungen als auch durch die Schnelligkeit computergestützter Informationsübermittlung bedingt ist.

> „Wenn man halt so kommuniziert und so arbeitet, sprich: per Mail, per Telco und
> per Web-Konferenz […] es ist alles irgendwie dringlicher. Irgendwie geht das viel-
> leicht viel schneller." (männlich)

Verstärkt wird der Beschleunigungstrend auch durch die Einbindung der Arbeitsprozesse in internationale Kontexte, in denen die Verflachung von Hierarchien teilweise weiter fortgeschritten ist als in Deutschland. Damit geht eine
Beschleunigung von Entscheidungs- sowie Kommunikationsprozessen einher,
deren Folgen auch in deutschen Unternehmen mit internationalen Koopera-
tionspartnern bzw. in deutschen Niederlassungen internationaler Konzerne
spürbar sind.

> „Durch die zunehmende Internationalisierung [werden] die Hierarchien extrem
> flacher […]. Die Wege werden schneller, die Entscheidungen werden schneller, der
> Stress nimmt […] zu, weil […] die Taktung der Meetings und die Entscheidungen
> auf der einen Seite unterstützt durch die elektronischen Medien, auf der anderen
> Seite […] – immer weniger Zeit […] Flachere Hierarchien durch die Internationa-
> lisierung und natürlich schnellere Entscheidungswege, schnellere Möglichkeiten,
> Meetings oder Entscheidungen herbeizurufen durch die elektronischen Medien."
> (weiblich)

Der mit dem Wandel von Arbeit und der Globalisierung von Wirtschaft einhergehende Umbau organisationaler Strukturen evoziert im Wechselspiel
mit den Möglichkeiten moderner IuK-Technologien demnach eine immense
Steigerungsdynamik, was die Geschwindigkeit, Menge und Komplexität von
Kommunikation in Organisationen anbelangt. Die Schwierigkeiten, die sich
hieraus für WissensarbeiterInnen ergeben, werden vielfach unter dem Stichwort *Information Overload*[47] behandelt.

Diesbezüglich klagen Unternehmen über fehlende Methoden und Werk-
zeuge, die Informationen aufzubereiten, zu selektieren und zu verdichten.
Technische Organisationshilfen wie E-Mail-Filter werden zu selten (adäquat)
angewandt (vgl. Funken 2008), da sie entweder von Seiten des Unternehmens

---

[47] Das Gefühl, durch E-Mails von Informationen überflutet zu werden, haben laut DAK
Gesundheitsreport (vgl. Grabbe et al. 2006) fast ein Drittel aller in Deutschland im Büro
arbeitenden Personen.

nicht installiert werden oder auf der Seite der Nutzer die nötige Technikkompetenz fehlt.

Personen wie auch Organisationen benötigen zwar ein Mindestmaß an Informationen, das zu Wissen transformiert die Grundlage zielorientierten Entscheidens darstellt; gleichwohl besitzen sie aber nur eine begrenzte Verarbeitungskapazität. Es können also nicht nur zu wenige, sondern auch zu viele Informationen die Entscheidungseffizienz verschlechtern. Bei großer Menge und Vielfalt an Informationen, die auf eine Person, Gruppe oder Organisation einströmen, werden entsprechend hohe Anforderungen an die Kapazität zur Aufnahme und Verarbeitung dieser Informationen gestellt. Der Nutzen einer eingeholten Information muss jeweils gegen den Aufwand für deren Beschaffung abgewogen werden. Dabei gilt, dass zügige Entscheidungen bzw. solche, die auf wenigen Informationen basieren, oft mit Unsicherheit behaftet sind, und dagegen sichere Entscheidungen, die auf vielen Informationen basieren, lange dauern.

Die infolge der Technisierung von Kommunikation überbordende Flut an Nachrichten und Informationen, die daraus resultierenden ständigen Arbeitsunterbrechungen[48] sowie die fehlende Regelung des Umgangs mit E-Mails und dem Internet können sich negativ auf das persönliche Zeitmanagement auswirken und die Beschäftigten gegebenenfalls die Übersicht über wichtige und unwichtige Informationen verlieren lassen, was wiederum die Entscheidungs- und Handlungsfähigkeit beeinträchtigt.

> „Wir sehen die [Probleme] täglich bei den Mitarbeiterinnen und Mitarbeitern, also in all den Projekten, die global anstehen, sind das auch die Themen, die dann die Projekteffizienz minimieren." (weiblich)

In zunehmendem Maße wird die Informationsflut auch zu einem wirtschaftlichen Problem, denn das Sammeln, Selektieren, Speichern, Verwalten und Aufbereiten von immer mehr Informationen verschlingt erhebliche Kosten, denen oft kein angemessener Nutzen gegenüber steht.[49] Folglich sind auf persönlicher

---

[48] Nur 11 Minuten kann sich ein Büroarbeiter (in den USA) seiner Aufgabe widmen, bevor er abgelenkt wird – anschließend sind im Schnitt 25 Minuten notwendig, um den „Faden wieder aufzunehmen". Dadurch verliert die US-amerikanische Volkswirtschaft geschätzte 588 Milliarden Dollar jährlich (vgl. Jäckel 2008, Marks/Gonzales/Harris 2005).
[49] Einer aktuellen Studie des Instituts für Marketing und Medien der Universität Hamburg zufolge kostet Unternehmen allein die Bearbeitung von unerwünschten E-Mails 500 Euro pro Mitarbeiter und Jahr (vgl. Clement/Papies/Boie 2008). Eine andere Studie rechnet mit durchschnittlich 13 Minuten täglich für die Bearbeitung unerwünschter E-Mails und daraus

wie auf organisationaler Ebene Strategien zur Filterung und Strukturierung von Informationen notwendig, um Handlungs- und Entscheidungsfähigkeit zu gewährleisten (vgl. Boos 2000: 73 f., Funken 2008).[50]
Die zuvor beschriebene Wissensarbeit ist vor diesem Hintergrund gleichsam als mediatisierte Kommunikationsarbeit zu fassen, die seitens der WissensarbeiterInnen ein enormes Komplexitätsmanagement erfordert und seitens der Unternehmen die Schaffung unterstützender Strukturen und Maßnahmen, z. B. die Schulung im angemessenen Umgang mit den verschiedenen Medien. Denn die Implementierung medialer Sachtechnik allein ist kein Garant für gelingende und effiziente Kommunikation, erst ihre adäquate soziale Anwendung kann diese bewirken.

„Wann ist ein Telefonat, was ja immer noch ein sehr viel persönlicherer Kontakt ist als eine E-Mail, wann ist die angemessener, ja – und gebotener." (männlich)

„Also wir bieten bestimmte Schulungen an [...] ‚Writing on Target' oder ‚Zielgerichtete Kommunikation', wozu zum einen gehört, wie ich überhaupt zielgerichtet kommuniziere – elektronisch, aber auch, welche Medien ich mir aussuche, um zu kommunizieren." (männlich)

Im Prinzip verlangen die Herausforderungen der virtuellen Arbeitswelt eine professionelle – passive wie aktive – Medienkompetenz, die das adäquate Selektieren und Filtern von Informationen ebenso umfasst wie den reflektierten Medieneinsatz beim Verbreiten von Informationen. Effizientes Mediennutzungsverhalten in Arbeitsorganisationen setzt bei den Beschäftigten allerdings zuallererst ein Bewusstsein über die Diversität der Medien vor-

---

resultierenden Kosten von 1000 Euro jährlich (vgl. SofTrust Consulting 2007). Nicht zuletzt verursacht die Menge an – vielfach ungelesen im System verbleibenden – E-Mails immense Kosten für Speicherplatz (vgl. Funken 2008). Und E-Mails sind nur ein Teil der im Unternehmen anfallenden Datenmengen – dabei werden Studien zufolge die Hälfte aller gespeicherten Daten nie wieder gebraucht. Gleichzeitig stellen die täglich laufenden Datensicherungen zusätzliche Belastungen des Geschäftsbetriebs dar, da sie große Teile der Systemressourcen benötigen (vgl. Bridgehead 2007). Hinzu kommen die durch Arbeitsunterbrechungen entstehenden Kosten (siehe oben).
[50] Nicht zu unterschätzen ist auch die gesundheitliche Belastung, der MitarbeiterInnen durch Informationsflut und hohes Kommunikationsaufkommen ausgesetzt sind. Bürokräfte sind heute überdurchschnittlich von Depressionen und Angsterkrankungen betroffen. Als eine Ursache hierfür kann der Stressfaktor „Information Overload" benannt werden (vgl. Grabbe et al. 2006).

aus. Denn jedes Medium besitzt spezifische Möglichkeiten und Qualitäten.[51] Letztere bestimmen, welche Inhalte durch sie kommuniziert werden können und welche Kommunikationsformen mit ihnen zu realisieren sind. Im Falle von technischen Medien stecken die Besonderheiten der zugrunde liegenden Medien-Technik den Möglichkeitsrahmen der medialen Transformation ab. Grundsätzlich gilt hier, dass Informationen und Wissen nie eins zu eins transferiert werden.[52]

Die Eigenschaften der verschiedenen medialen Technologien lassen sich – wie Pranz (2009) gezeigt hat – auch mit Goffmans Begriff des Kommunikationskanals fassen: So sind viele technische Medien (z. B. E-Mails, Chats und bestimmte Intranet-Anwendungen) auf das Repertoire der Schriftsprache beschränkt, was bedeutet, das alle Informationen, die an der Konstruktion von Sinn beteiligt sind, nur auf diesem Kanal wahrgenommen werden können. Die Aufmerksamkeit des Publikums bleibt in diesem Fall auf den Kanal der schriftlichen Informationsübermittlung beschränkt und nur über ihn ist *Performance* beobachtbar, d. h. *Impression Management* möglich. Die für zwischenmenschliche Kommunikation so maßgebliche Körpersprache ist nicht verfügbar, sie befindet sich auf einem verdeckten Kanal, der der Aufmerksamkeit des Publikums entzogen ist, und muss gegebenenfalls mit den Mitteln der Schrift kompensiert werden.

NutzerInnen technischer Medien unterliegen demzufolge in der Kommunikation einem „performativen Zugzwang"[53], sie müssen die medienspezifischen Beschränkungen wie Möglichkeiten erkennen und zu nutzen wissen – sie müssen, um sich selbst und die eigene Sicht der Dinge überzeugend und anschlussfähig in die Kommunikation einzubringen, zu medial geschmeidigen „(Selbst)-Inszenierungsexperten" (ebd.: 63) werden. Komplexe Informationen für die Kommunikation gekonnt auf „medienspezifische Kanalanordnungen" (ebd.: 69) zuzuschneiden, bedeutet einen umso größeren Aufwand, je weniger Kanäle insgesamt angesprochen werden können. Ent-

---

[51] So ist der Vorteil von E-Mail-Kommunikation insbesondere deren Schnelligkeit – gleichzeitig neigt sie aber zur Produktion von Kommunikationspannen. Intranet- und Internet-Plattformen eigenen sich sowohl für die top-down-Kommunikation von Informationen sowie für den Aufbau von Communities. Das Telefon dient der persönlichen, informellen Kommunikation ebenso, wie der formalisierten Gruppenbesprechung. Videokonferenzen scheinen sich in begrenztem Maße für ein Beziehungsmanagement zu eignen etc.

[52] Die Transformation von Wissen im Zuge seiner medialen Vermittlung wird sowohl aus medientheoretischer als auch aus wissenssoziologischer Perspektive diskutiert. Vgl. dazu Ahrens (2004), Degele (2000), Braczyk (1994), McLuhan (1967).

[53] Es kann nichts „zufällig an die Oberfläche dringen [...] es ist nichts wahrnehmbar, das nicht für ein Publikum ausgewählt d. h. sichtbar gemacht worden wäre" (Pranz 2009: 63).

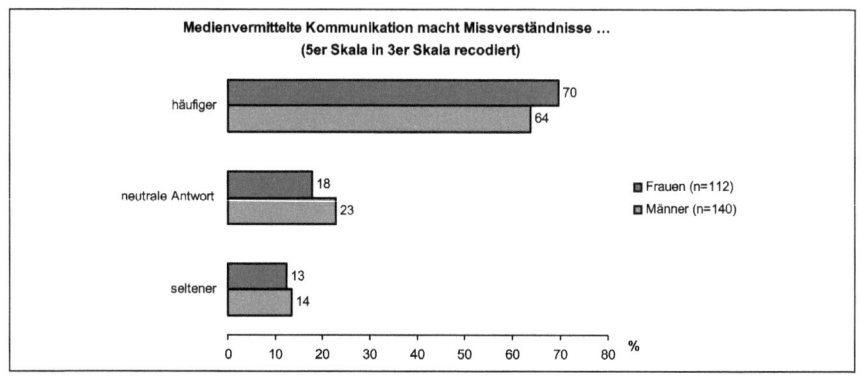

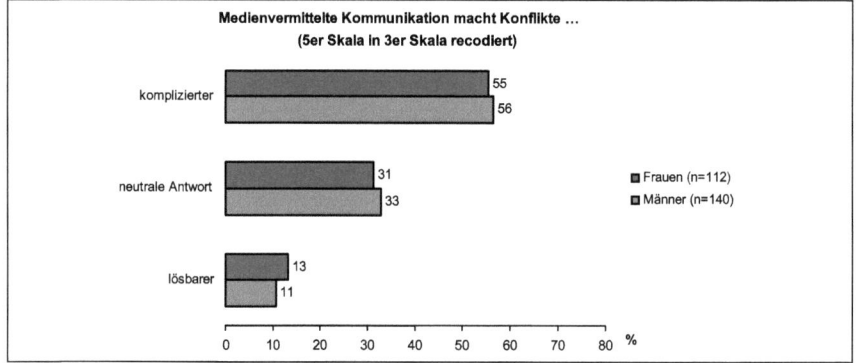

sprechend wird seitens der von uns Befragten eine zunehmende Anzahl an Missverständnissen infolge mediatisierter Kommunikation beklagt – sowie eine Verkomplizierung von Konflikten (s. o.).

Die illustrierten Fallstricke, die sich durch die elektronische Kommunikation ergeben (können), erfordern verstärkt auch – dies ist naheliegend und wird von den MitarbeiterInnen bestätigt – den Einsatz von *Soft Skills*. Am wichtigsten ist ihnen hierbei offensichtlich „Kommunikationsfähigkeit", gefolgt von „Konfliktlösungskompetenz" und „Einfühlungsvermögen".

Erstaunlicherweise werden Medienkompetenzen – also der adäquate Umgang mit technischen Medien – vor allem von Männern etwas weniger stark bewertet als die *Soft Skills* (siehe Abbildung S. 55).

Medienkompetenz ist jedoch nicht lediglich ein Topos für den ‚richtigen' technischen und/oder geschäftlichen Umgang mit Medien, sondern sie wirkt sich in weitreichendem Maße auch auf den persönlichen Aufstieg aus. Die

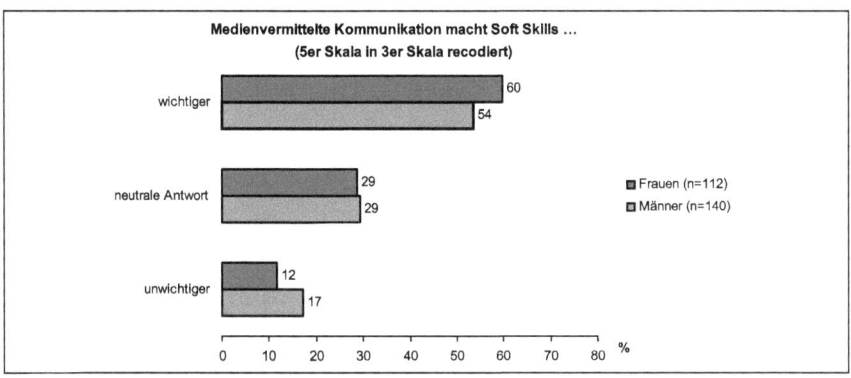

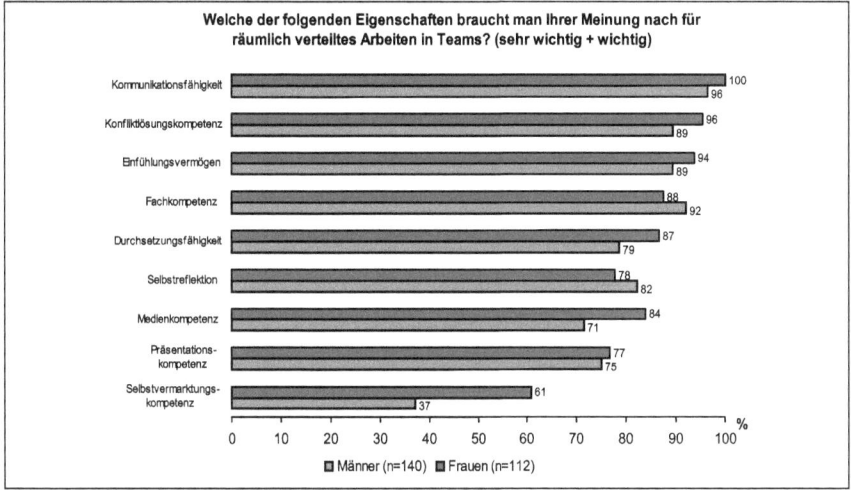

Komplexität und Intensität mediatisierter Kommunikation geht Hand in Hand mit einer für die individuellen Karrieremöglichkeiten folgenschweren Entwicklung: Wie weiter oben anhand unserer Daten illustriert, verknappen vor allem in dezentralen Unternehmen die Situationen zusehends, in denen eine Face-to-Face-Kommunikation stattfindet. Umso wichtiger werden sie nach Einschätzung der meisten KollegInnen – und zwar für Arbeit und Karriere gleichermaßen (siehe Abbildung S. 56).

In karrierestrategischer Hinsicht ist diese Verknappung von entscheidender Bedeutung, denn das für ein *Impression Management* verfügbare Ausdrucksrepertoire ist bei technisch vermittelter Kommunikation im Gegensatz

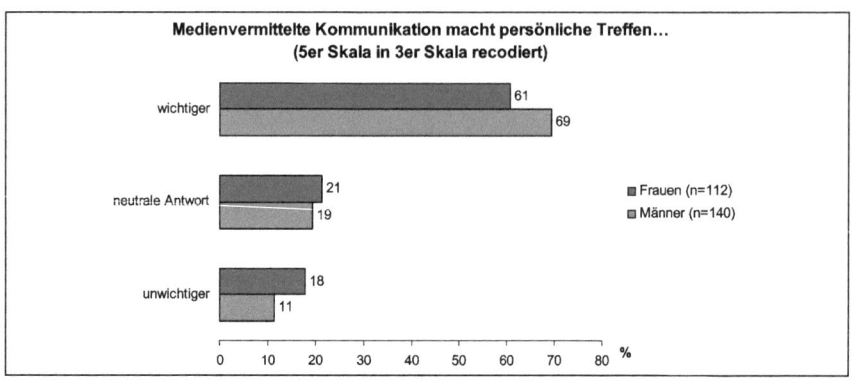

zur Face-to-Face-Situation unter Umständen stark eingeschränkt. Sofern nicht avancierte Formen des medialen *Impression Managements* genutzt werden, die nicht nur die Möglichkeiten der je einzelnen Medien berücksichtigen, sondern darüber hinaus gezielt Medienübergänge in der Kommunikation etablieren, kann die wirkungsvolle Darstellung der eigenen Person als kompetente(r) LeistungsträgerIn erheblich erschwert sein. Immer gilt es ja auch, die knappen Face-to-Face-Kontakte angemessen und überzeugend in die medialen Strategien einzubeziehen.

Entscheidend ist, dass durch den Einsatz des Computers als Kommunikationsmedium die Information im Prinzip von der Person abgekoppelt wird. Die Verbindung zwischen einer kommunizierten Leistung und deren Träger ist nämlich nicht mehr – wie bei körperlicher Anwesenheit – augenscheinlich gegeben, was zu einer Art Anonymisierung des Leistungsträgers führen kann (vgl. Funken 2008).[54] Die Virtualisierung der Kommunikations- bzw. Wissensarbeit schränkt folglich die unmittelbare und sichtbare Verknüpfung zwischen Informationen und Person ein, die bei der persönlichen Präsentation von Lösungen und Leistungen im traditionellen innerbetrieblichen Austausch

---

[54] So brennen sich die Verfasser einer Textvorlage, die von einem gesamten Team unauffällig gezeichnet und per E-Mail-Verteiler verschickt wird, nicht als Leistungsträger in das Gedächtnis der Empfänger ein. Mitunter wird ein solcher Text aufgrund des vermassten Informationsüberflusses von vielen nicht einmal gelesen. Außerdem kann die so vermittelte Arbeitsleistung erheblich größerer Kritik durch die Belegschaft ausgesetzt sein, weil keine konkrete (und als kompetent bekannte) Person dafür steht, der gegenüber der kritische Kommentar unangenehm wäre. Nachweislich ist die Hemmung, jemanden persönlich anzugreifen, „virtuell" – also computervermittelt – wesentlich geringer als im Fall der Kommunikation von Angesicht zu Angesicht (vgl. Haythornthwaite/Wellman/Garton 2000: 370).

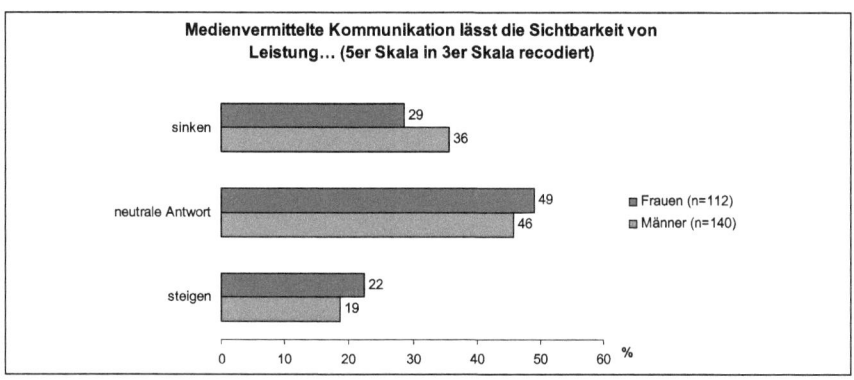

noch vorhanden war. Diesen Negativeffekt befürchten immerhin ein Drittel
der Befragten (s. o.).

Zwar bietet hier insbesondere die cross-mediale Kommunikation mittlerweile einige Möglichkeiten, die eigene Person mit der kommunizierten Information, der vollbrachten Leistung usw. in Verbindung zu bringen, dennoch
ist beispielsweise eine E-Mail-Signatur, ein Link zum persönlichen Profil, Blog
oder gar dem auf Youtube verfügbaren Video-Vortrag bei Weitem nicht so
einprägsam, wie das persönliche Überreichen einer Dokumentenmappe, bei
dem neben dem Gesicht womöglich auch die eigene energische Stimme, der
aufrechte Gang oder der feste Händedruck in Erinnerung bleiben und sich
zusammen mit dem Namen zum Bild des Potential- bzw. Leistungsträgers
verdichten.

Die Rückbindung einer erbrachten Leistung an ihren Erbringer ist auch in
posttayloristischen Unternehmen ein zentrales Kriterium bei der Personalbeurteilung und Gratifikation. Auch hier begründet sie nachhaltig den weiteren
Karriereverlauf. Entwickeln die Mitarbeiter keine Kompensationsstrategien,
indem sie etwa eine personalisierte Informationspolitik betreiben, dann bleibt
ihre Leistung „anonym" und entfaltet keine Karriererelevanz (vgl. Funken
2008: 87). Die personalisierte Informationspolitik, die üblicherweise Face-to-
Face – häufig informell und nicht selten nach Dienstschluss – betrieben wird,
kann zwar durch mediatisierte Selbstpräsentation unterstützt bzw. begleitet
werden. Damit die Subjekte hieraus jedoch positive Effekte erzielen können,
müssen sie sich der Eigenschaften der betreffenden Medien explizit bewusst
sein und diese reflektiert einsetzen, denn gerade in projektifizierten Arbeitsstrukturen fordert der Kampf um Anerkennung, der grundlegend an auf-
merksamkeitsbindende Kommunikation gekoppelt und wichtiger Machtfaktor

innerbetrieblicher Kommunikation ist, eine höchst versierte und professionell
verankerte Selbstdarstellung. Denn durch den ergebniszentrierten Charakter
des mediatisierten Berichtswesens[55] kann die Autorenschaft der einzelnen MitarbeiterInnen und die von ihnen erbrachte individuelle und selbstorganisierte
Leistung sehr leicht aus dem Blickfeld der Vorgesetzten geraten und unsichtbar werden. Sichtbarkeit ist jedoch das zentrale Kriterium für Anerkennung
und beruflichen Erfolg. Gerade den Managern auf der mittleren Ebene eines
Unternehmens stehen aufgrund der mitunter operativen und häufig vermit-
telnden Tätigkeiten nicht die gleichen Möglichkeiten der karriererelevanten
Selbstdarstellung zur Verfügung wie ihren Vorgesetzten. Sie sind dementsprechend gezwungen, neue Wege des *Impression Managements* zu suchen und all
die Kommunikationskanäle für ihr Selbstmarketing geschickt auszuloten, die
ihnen tätigkeitsbedingt zugestanden werden und mit denen sie genau die Personen erreichen können, die für ihr Fortkommen wichtig sind.[56]

„Manche Menschen [schreiben] grundsätzlich ihren Vorgesetzten mit an […] bei
jeder E-Mail, […] damit der Vorgesetzte sieht, dass gearbeitet wird und wann gearbeitet wird. Ähm, also kenne ich eben auch von meinen Mitarbeitern, dass das so
gehandhabt wird. Und es gibt auch die Unart, sich Lesebestätigungen einzuholen,
um zu sehen, wann hat er es gelesen. Ähm, oder wann hat er es gelöscht. […] auch
so kann man sich profilieren ((lacht)), wenn man möchte. Oder sich unbeliebt machen. […]“ (weiblich)

„Solche Möglichkeiten wie jetzt so Internet Wiki, wo dann jeder […] dazu schreiben
kann, man hat jetzt […] im Projekt X hat man die und die und die Erfahrungen
gemacht und man kann das […] Interesse oder irgendwie sowas; also da hat man
doch die wesentlich bessere Möglichkeit da als wenn der Chef alles absorbiert und
dann weiß man nicht, dass er das gemacht hat.“ (weiblich)

„Will jemand eher technisch Karriere machen, wird er sehr viel in Blogs veröffentli-
chen, um sich dort einfach irgendwie eine breite Basis zu schaffen, dass Leute ihren
Blog lesen, bewerten. Ähm, so was tue ich zum Beispiel nicht. Ich komme aus dem

---

[55] Die Mediatisierung von Kommunikation begünstigt eine weitere Formalisierung des Berichtswesens, mit der Folge, dass zunehmend nur noch die Ergebnisse der Arbeit erfasst
werden, nicht aber der Prozess der Leistungserbringung.
[56] Allerdings kann diese informelle Art der Selbstdarstellung nicht beliebig in Szene gesetzt
werden, denn indem sich beispielsweise die Beschäftigten durch die kontinuierliche Darstellung ihrer Leistungen bei den Vorgesetzten ‚legitimieren' und ‚rückversichern' wollen,
geben sie ihre Arbeitsergebnisse ‚automatisch' zur Kontrolle frei.

Vertrieb, bin nicht so technisch orientiert, habe nicht so viel mitzuteilen im Blog. [...] Menschen versuchen mit besonders kreativen Ideen etwas Neues anzustoßen und dafür Gehör zu finden. Das hat natürlich zum einen diesen vermeintlich idealistischen Anspruch ‚Hier, ich will was in der Firma bewegen‘, zum anderen hat es aber einen sehr eitlen Anspruch ‚Schaut, ich bin derjenige, der hier kreative Ideen hat‘. Veröffentlicht wird so was zum Teil einfach über E-Mail, Großverteiler, [...] zum Teil auch über Podcasts. Also dann, wenn irgendwas Neues erscheint oder so nehmen die Leute bei uns durchaus schon mal einen kurzen Podcast auf – also Sprache, nicht Bild." (männlich)

‚Leistung‘ ist jedoch, wie u. a. Fried/Wetzel/Baitsch (2001) feststellen, ebenso wie ‚Kompetenz‘ (vgl. Kapitel 3) keine objektivierbare Größe, deren persönliche Zurechnung zudem insbesondere in projektförmigen, also kollektivierten Arbeitszusammenhängen kaum möglich ist. Leistungsbeurteilung muss daher als sozialer Prozess verstanden werden, in den „Erwartungen und kognitive [...] Schemata, [...] gesellschaftliche Normen und [...] spezifische Organisationskultur[en]" (ebd.: 126) einfließen.

Da bei der Beurteilung von Leistung bzw. Leistungsfähigkeit – wie in Kapitel 4 näher ausgeführt wird – aber auch stereotype Wahrnehmungen (z. B. anhand von Alter, Geschlecht, Ethnizität, Herkunft, vgl. Goffman 1983: 27) einfließen (vgl. Fried/Wetzel/Baitsch 2001), kann der beschriebene Anonymisierungseffekt durch Mediengebrauch andererseits auch positiv interpretiert werden. Dies tut z. B. Nicola Döring (2000: 29ff.), indem sie darauf verweist, dass bei textbasierter medienvermittelter Kommunikation sozial bedeutsame Informationen entfallen bzw. in den Hintergrund treten. Diese Annahme basiert auf dem „reduced social cues"-Ansatz, nach dem computervermittelte Kommunikation die Anzahl verfügbarer sozialer Hinweisreize verringert (vgl. Kiesler/Siegel/McGuire 1984, Sproull/Kiesler 1986). Die empirische Bestätigung dieser Annahme steht allerdings noch aus (vgl. Sassenberg 2000: 112), bzw. wurde von anderer Seite die Bedeutung solcher Filtereffekte („weniger Hinweisreize") inzwischen wieder relativiert (vgl. Matzat 2002). Auch ist der Ansatz im Blick auf seinem historischen Entstehungskontext zu relativieren, denn während Mitte der 1980er Jahre computervermittelte Kommunikation tatsächlich ausschließlich auf Textsprache reduziert war, bieten die heute verfügbaren Anwendungen weit mehr Möglichkeiten. So sind bei (klassisch analogen oder computergestützten) Telefonkonferenzen die Stimmen der Teilnehmenden vernehmbar, über die schon in größerem Maße extralinguistische Informationen vermittelt werden. Bei Videokonferenzen ist zumindest das Gesicht der anderen Personen wahrnehmbar und in weiteren *Social*

Software-Anwendungen wie persönlichen Profilen im Intranet formieren in den allermeisten Fällen Fotos, wenn nicht sogar Videostreams von gehaltenen Vorträgen, Podcasts oder Ähnliches ein wesentlich differenzierteres Bild. Die Gültigkeit des zitierten „reduced social cues"-Ansatzes ist also für die heute verfügbaren, komplexen medialen Umgebungen, wie wir sie vorgefunden haben, unbedingt einzuschränken.

Nichtsdestotrotz ist davon auszugehen, dass selbst bei (partieller) Verfügbarkeit des Körpers in der medialen Kommunikation die Wirkmächtigkeit der körperlichen Präsenz in der Face-to-Face-Interaktion die der medialen Repräsentation bei Weitem übersteigt: So ist z. B. Geschlecht am Foto auf einem Intranet-Profil (meist) eindeutig ablesbar, tritt jedoch in den Hintergrund, sobald der Fokus der Aufmerksamkeit auf dem umgebenden Text liegt. Gleichfalls ist die Stimme in einer Telefonkonferenz ebenfalls Träger geschlechtsidentifizierender Informationen, wird aber nicht begleitet von der visuellen Repräsentation des Körpers, der face-to-face zudem auch dann sichtbar ist, wenn aktuell gar kein Redebeitrag erfolgt. Selbst bei einer Videokonferenz wird in der Regel nicht der ganze Körper abgebildet, ist also nur in begrenztem Umfang für die Kommunikation bzw. für eine beobachtbare *Performance* verfügbar.

Will man also der Vielfalt der verfügbaren Medien und ihren unterschiedlichen Möglichkeiten bzw. Begrenzungen Rechnung tragen, so lässt sich zumindest formulieren, dass Medien in mehr oder minder umfassender Form in der Lage sind, bestimmte körpergebundene Eindrücke vom Gegenüber zu unterdrücken. Das heißt, dass Merkmale wie das Geschlecht zwar identifizierbar bleiben, sich jedoch nicht so „aufdrängen" wie in der Face-to-Face-Situation, da sie nicht durch umfangreiche körpergebundene Inszenierungspraktiken verstärkt werden. Geschlecht ist also in der Kommunikation mit modernen Medientechnologien durchaus als körpergebundenes Merkmal, an dem sich stereotype Zuschreibungen festmachen können, vorhanden, wird aber gerade nicht – wie in der Face-to-Face-Interaktion – permanent aktualisiert.

Inwieweit vor dem Hintergrund der aufgezeigten Begrenzungen wie Möglichkeiten mediatisierter Kommunikation dem Kommunikationsverhalten der befragten Frauen eine Karriererelevanz zukommen kann, wird in Kapitel 4 anhand ausgewählter Kommunikationssituationen näher betrachtet. Denn das Kommunikationsrepertoire der Frauen unterscheidet sich – so lässt sich an dieser Stelle zusammenfassend festhalten – von dem der Männer nicht nur in der Häufigkeit der Face-to-Face-Kontakte gegenüber verschiedenen Personengruppen, sondern insbesondere auch bzgl. der Nutzung der verschiedenen Kommunikationstechnologien – und zwar derart, dass Frauen sowohl häu-

figere persönliche Kontakte zu Vorgesetzten angeben als Männer, als auch
dahingehend, dass sie die verfügbaren Medien intensiver nutzen.

Fazit

Die Digitalisierung der Arbeitswelt, die Immaterialisierung der Werstschöp-
fungsketten und die spezifische organisatorische und personelle Ausstattung
der problemlösungsorientierten Wissensarbeit bedingen einen Bedeutungswandel der unternehmerischen Kommunikation mit fundamentalen Konsequenzen: Kommunikation ist nicht länger arbeitsvorbereitend oder -begleitend,
sondern Arbeitshandeln und kommunikatives Handeln fallen in eins. Darüber
hinaus können (und müssen) in der Interaktion nonverbale und extralinguistische Aspekte performativ so ausgestaltet und mikropolitisch genutzt werden,
dass ein für die Karriere anschlussfähiges *Image* erzeugt wird. Nicht zuletzt
machen sich Unternehmen verstärkt die informellen Interaktionen ihrer Mitarbeiter zu Nutze, um auf diese Weise die Effekte der Modularisierung von
Arbeitsprozessen und der Kollektivierung von Intelligenz zu optimieren,
was wiederum verstärkt Spielräume für mikropolitisches Handeln eröffnet.
Schlussendlich ist die globalisierungsbedingte Verlagerung von räumlich verankerter zu räumlich entgrenzter kommunikativer Arbeit nur unter Nutzung
von Medientechnologien möglich.

   All diese Faktoren sorgen dafür, dass sich in post-tayloristischen Organisationen die Kommunikationsstrukturen, -formen und -beziehungen
grundlegend verschieben: Einerseits kommt es zu einer Vermassung, Verdichtung und Beschleunigung von medienvermittelter Kommunikation, andererseits erfolgt die Verknappung, Verdichtung und ‚Dramatisierung‘ der
Face-to-Face-Kommunikation.

   In beiden Fällen erfolgt – aus jeweils unterschiedlichen Gründen – ein
enormer Bedeutungszuwachs der geschäftlichen Kommunikation, die jeweils
einen bewussten, strategischen und professionellen Umgang fordert, denn:
Einerseits verändern Medientechnologien (IuK) die Handlungsspielräume der
Beschäftigten erheblich, so dass deren optimale Nutzung keineswegs allein
durch versierte technische Nutzung gewährleistet werden kann,[57] sondern

---

[57] So etablieren sich beispielsweise mit der E-Mail markante Kommunikationsgewohnheiten,
die eine neue Form der Ansprache zwischen einem formalisierten Brief und dem eventuell
informellen Telefongespräch erlauben oder die knappe Vorankündigung einer baldigen persönlichen Kontaktaufnahme ermöglichen (vgl. Kleinberger Günther 2003). Damit verbunden

insbesondere sogenannte *Soft Skills* wie Kommunikations- und Medienkompetenz erfordert. So ist es aufgrund der Entkopplung von Produktion und Rezeption (Dekontextualisierung) für Anwender geboten, vermehrte Aufmerksamkeit auf die (mediale) Präsentation der kommunizierten Inhalte zu lenken – nicht allein, um die sinnvolle Übermittlung und Weiterverarbeitung der Inhalte sicherzustellen, sondern gleichermaßen, um die Sichtbarkeit der eigenen Leistung bzw. der eigenen Leistungsfähigkeit zu gewährleisten. Dennoch ist das Risiko vorhanden, dass die erbrachten Tätigkeiten und Leistungen durch die IuK-Technik quasi anonymisiert werden, also nicht mehr unmittelbar der leistenden Person zugerechnet werden. Dieses Anonymisierungsrisiko muss entsprechend durch flankierende Präsentationsformen, die medial oder face-to-face (z. B. „Rücksprache mit dem Chef" oder „Mail in CC") erfolgen können, aufgefangen werden.

Andererseits bieten sich gerade aufgrund der mehr oder minder „körperlosen" Kommunikation vermittels technischer Medien, Chancen der Ausblendung von (Geschlechter-)Stereotypen, die maßgeblich an der Performanz des Körpers ansetzen.

Der Umgang mit komplexen und mediatisierten Kommunikationssituationen wird damit zu einem zentralen Karrierefaktor, der – so viel können wir bisher sagen – von Frauen und Männern höchst unterschiedlich gewichtet wird. Je nach Anlass, Zielgruppe oder Raum- und Zeitarrangement heißt es, die Kommunikationsmittel passgerecht zu wählen, seien es avancierte Medientechnologien, altbewährte Telefonate oder persönliche Gespräche. Denn die Komplexität der ausdifferenzierten Medienumwelt erhöht nicht nur das kommunikative Aktivitätsniveau (vgl. Pribilla/Reichwald/Goecke 1996: 162), sondern sie erfordert von ihren Nutzern auch eine sinnvolle und passgerechte Medienwahl und -integration, bei der das persönliche Gespräch als ein Kommunikationsmittel – gerade aufgrund seiner Verknappung, aber auch auf Grund seiner informellen und intuitiven Aspekte – nicht verdrängt wird, sondern im Kontext seiner Medienumwelt wieder erhöhte Aufmerksamkeit erlangt.[58]

---

sind wiederum mehr oder weniger ausgeprägte Formen der Personalisierung, die vom verbindlichen Schreiben zwischen zwei Personen bis zur quasi anonymisierten Botschaft variieren kann. Diese Nutzungsroutinen sind, gerade im Fall „neuer" Technologien, häufig schwer explizierbar. Zur Problematik fehlender (expliziter) Nutzungsregeln siehe Funken (2008).

[58] Insbesondere im oberen Management kommt der Kommunikation von Angesicht zu Angesicht eine hohe Bedeutung zu, um zeitnahe und situationssensible Abstimmungen und Verhandlungen zu gewährleisten

Die gestiegene Bedeutung der Kommunikation ist – so das an dieser Stelle lautende Resümee – nicht nur für Unternehmen von Belang. Auch für die Mitarbeiter ist es – aufgrund der veränderten Funktion von Kommunikation und angesichts der veränderten Karriererealitäten – absolut wichtig, wie sie kommunizieren: Sie müssen nicht allein ihre Arbeit kommunikativ leisten – das heißt Informationen einholen, interpretieren, zu Wissen verdichten und weitergeben sowie gemeinsam *mit anderen* etwas erarbeiten, Arbeit organisieren etc. –, sondern sie müssen diese gleichzeitig als *ihre individuelle Leistung* kenntlich machen, um sich im unternehmerischen und mitunter nepotistischen Gratifikationssystem zu ‚vermarkten'. Kommunikation ist aus Sicht der/des Einzelnen folglich nicht allein ein arbeitsrelevanter, sondern gleichermaßen ein karriererelevanter Vorgang. In der wissens- und kommunikationsintensiven (virtualisierten) Projektarbeit gilt dies im Besonderen. Hier manifestiert sich die Neuausrichtung von Karrierestrategien in verdichteter Form, weil nunmehr die Problemlösungsprozesse und Wissensgenerierungen nicht nur kommunikativ, sondern auch kollektiv, und dennoch zugleich unter Beibehaltung von Distinktionsbestrebungen erfolgen müssen.

2.3   Projektifizierung

2.3.1   Das Projekt – eine Organisationsform kollektiver Intelligenz

Mit der sich dem Ende zu neigenden Ära der Massenproduktion verlieren standardisierbare Arbeitsabläufe und -tätigkeiten innerhalb der Wertschöpfungskette an Relevanz. Immer wichtiger wird stattdessen die Erarbeitung immaterieller und innovativer Produkte. Hierfür liefert Wissensarbeit einen zunehmend bedeutsamen wirtschaftlichen Beitrag. Diese neue Art der Wertschöpfung ist nicht nur wissensintensiv, sondern zudem – aufgrund der enormen Ausdifferenziertheit und geringen Halbwertzeit von Wissen sowie in Anbetracht der unternehmerischen Spezialisierung auf Kernkompetenzen – hochgradig wissensinterdependent. Um die Lösung innovativer Problemstellungen leisten zu können, müssen Unternehmen daher in die Lage versetzt werden, die Expertise von Wissensträgern aus den unterschiedlichsten Fachbereichen nach Bedarf zu kollektiver Intelligenz zu bündeln. Der ökonomische Strukturwandel erfordert also Organisationsformen, die einzelne Wissensfragmente flexibel und temporär zu integrieren vermögen und die die Unwägbarkeiten, mit denen bei Wissensarbeit per definitionem zu rechnen ist, bewältigen können. Hierfür hat sich der Arbeitsmodus „Projekt" bewährt und erfährt – wie in Kapitel 2 bereits anhand quantitativer Daten illustriert – geradezu Hochkonjunktur:

„Ja, also – ich sage mal – Projektorganisation nimmt zu, weil man zunehmend in Projekten denkt oder organisiert." (weiblich)

„[...] wir machen nur Projektarbeit als solches und da [...] werden Teams teilweise genauso zusammengestrickt, wo wir einfach sagen, das passt zu diesem Kundenauftrag, also wir, dies ist reine Kommunikationslösung für unsere Kunden und da sind teilweise dann Experten [...] erforderlich und diese Experten treffen sich dann via NetMeeting und Telefonkonferenzen [...]." (weiblich)

Konform zu dem Projektifizierungstrend (vgl. hierzu u a. Kalkowski/Mickler 2002 und 2009 sowie Schwarzbach 2005) etablieren sich modul- bzw. netzwerkartiger Formen der Arbeitsorganisation, wie sie mit dem Prinzip der „intelligent enterprise" (Quinn 1992) als richtungsweisend beschrieben werden. Zum Erhalt der Wettbewerbsfähigkeit sind Quinn zufolge für das „intelligente Unternehmen" zwei Faktoren entscheidend: erstens die verstärkte Investition in „Humankapital"[59] und zweitens das effiziente Management eben dieser Wissensbestände, was die Fokussierung auf Kernkompetenzen einerseits und die Integration von externem (ausgelagertem) Wissen andererseits umfasst. Da in Zeiten des Post-Fordismus weniger materielle Rohstoffe als vielmehr ideelle Ressourcen – wie Wissen – für unternehmerische Wertschöpfungsprozesse von Belang sind, ist es nach Quinn notwendig, die vertikale hierarchische Integration von Unternehmen weitestgehend aufzulösen und in „manageable intellectual clusters" (Quinn 1992: 48) zu überführen.

Ziel eines jeden Unternehmens muss es gemäß dieser Maxime sein, auf dem Feld seiner jeweiligen Kernkompetenzen die Rolle des (globalen) Marktführers zu übernehmen. In diesen strategischen Bereichen gilt es eine herausragende Expertise zu entwickeln, während Prozesse und Felder, in denen das Unternehmen nicht in der Lage ist, eine Spitzenposition einzunehmen, auszulagern sind.[60]

---

[59] Zum Begriff des Humankapitals siehe Kapitel 3.

[60] „In manufacturing today, most venture capitalists recognize that investments in bricks and mortar provide little security and warrant only mortgage rates of return. They make their money by: (1) investing in the special skills and intellect which only highly motivated, knowledgeable people can provide, and then (2) leveraging this intellect in the marketplace through a few ‚best in world' internal systems and the integrated management of many outsourced activities." (Quinn 1992: 48)

Das Prinzip des modularisierten und netzwerkartig strukturierten Unternehmens ist für die hier im Fokus stehende Projektarbeit deswegen interessant, weil der modulförmige Mechanismus, auf dem es beruht, sich maßgeblich auf die Restrukturierung von Arbeit auch innerhalb des intraorganisationalen Rahmens auswirkt. Projekte, die die Quinnschen „,best in world' internal systems" (Quinn 1992: 48) verkörpern, sind demgemäß das Kernstück der unternehmerischen Dezentralisierungsstrategie und bilden als solches das Rückgrat der arbeitsorganisatorischen Reform. Damit setzt sich Projektarbeit als *das* dominierende Modell der organisationalen Intelligenz durch. Der Modulcharakter von Projekten zeigt sich vor allem im Hinblick auf ihre Funktionsweise (vgl. hierzu im Folgenden Picot/Neuburger 2008). Module sind eigenständige, sich selbst steuernde Einheiten und als solche Systeme mit einem relativ hohen Grad an Autonomie und Entscheidungsbefugnis. Ebenso erlaubt die modulare Struktur des Projektes es, Arbeitsprozesse aus einem Projekt auszulagern und dezentral ausführen zu lassen. Da die Unternehmen über alle modernen Informations- und Kommunikationstechnologien verfügen, um organisationales und persönliches Wissen auch über räumliche Distanzen hinweg zugänglich zu machen und aufeinander zu beziehen, stellt die räumliche Verteilung der Arbeitspartner im Prinzip kein Hemmnis mehr für eine Zusammenarbeit dar.

Die einzelnen Module unterscheiden sich aufgrund ihres Leistungsrepertoires und lassen sich so problemspezifisch zu einem „Netz verschiedener Kernkompetenzen" (Picot/Neuburger 2008: 224) zusammenfügen bzw. flexibel auswechseln. Im intraorganisationalen Rahmen können – je nach Ebene – beispielsweise Geschäftsbereiche, (Projekt-)Teams oder auch Einzelpersonen Module bilden, also Mitarbeiter aus unterschiedlichsten Organisationseinheiten und Standorten bzw. Unternehmensexterne, die über bestimmte Fähigkeiten und Kenntnisse verfügen:

„Wenn ich sehe, wie Organisationen aufgestellt sind, sind sie extrem standortübergreifend aufgestellt und extrem natürlich so effizient, dass Sie vielleicht in manchen Organisationen nur eine Kompetenz dazu aufbauen, eine Person, die die Kompetenz hat und die sitzt dann irgendwo. Und dadurch, dass ja auch überall Sie Informationen zugänglich machen können, müssen Sie ja auch niemanden mehr irgendwo vorhalten, weil Sie Zugang zum XXX-Netz an jedem Ort der Welt haben." (männlich)

„Ein Teil unserer europäischen Zentrale ist hier in – gleich gegenüber – in Köln, ein anderer Teil ist in England, dort fliegen wir hin, es gibt eine XXX-eigene Airline,

die da hinfliegt – das macht man aber nicht so [oft], weil da sehr relativ hohe Trans-
aktionskosten dabei sind, ich rede jetzt nicht so sehr vom Geld, sondern einfach
von der Zeit. Für ein 3-Stunden-Meeting geht mir ein ganzer Arbeitstag flöten und
das führt dazu, dass wir da sehr viel über E-Mail und über Telefon machen, dass
Audios organisiert werden. […]" (männlich)

Aus dieser dynamischen Konfiguration ergeben sich enorme Wettbewerbsvor-
teile, insofern als modularisierte Organisationen sowohl in struktureller als
auch in personeller Hinsicht höchst flexibel sind. Denn die modulare Arbeitsform versetzt Unternehmen einerseits in die Lage, ihre Organisation der jeweiligen Aufgaben- bzw. Problemspezifik entsprechend anzupassen bzw. diese
immer wieder neu auszurichten – es entsteht sozusagen eine Struktur „nach
Maß". Andererseits steht ihnen ein hypothetisch unendlich erweiterbarer und
damit größerer und diversifizierterer Pool an wertvollem „Humankapital" zur
Disposition als es in standortzentrierten, statisch strukturierten Organisationsformen möglich war. Modularisierung als eine arbeitsorganisatorische
Reformmaßnahme erlaubt es Unternehmen daher, schnell und flexibel auf
die sich rasch verändernden Markt- und Kundenbedürfnisse einzugehen (vgl.
Picot/Neuburger 2008: 223).
　　Arbeitsorganisatorische Flexibilität wird immer wieder als wichtiger Faktor für die Einführung von projektförmigen Strukturen angeführt. Projekte
sind somit geradezu prädestiniert, die zentrale Arbeitsform für den eingangs
charakterisierten Typus „Wissensarbeit" zu sein. Innerhalb des Unternehmens
verkörpern Projekte einen Ort der „temporären Dezentralisierung" (Schwarzbach 2005: 24). Das heißt, Projekte sind zwar komplementär zur Primärorganisation angesiedelt, gehorchen jedoch einer von dieser abgekoppelten
eigenen Logik. Sie sind Einheiten auf Zeit, bestehend aus einem eigens dafür
zusammengesetzten Expertenteam, das mit einem spezifischen Problem bzw.
einem Innovationsvorhaben betraut wird. Ihre überschaubare Größe lässt
sie entsprechend schnell, flexibel und in Eigenregie agieren. Die autonome
Handlungsbefähigung als ein zentrales Merkmal der Funktionsweise von Projekten steht in Zusammenhang mit ihrer Ausrichtung auf wissensintensive
Problemlösung. Die Bestimmung von Projektarbeit liegt also nicht in der Bewältigung von Routineaufgaben, sondern von einmaligen, jeweils neuartigen
und vielschichtigen Problemstellungen. Während ,herkömmliche' tayloris-
tische Strukturen sich dadurch auszeichnen, dass sie wiederkehrende Aufgaben im Sinne des „One Best Way"-Grundsatzes des *Scientific Management*
mit gleichbleibender Qualität und in kurzer Zeit bearbeiten können, übersti-
gen einmalige bzw. innovatorische wissensintensive Problemlösungsprozesse

in ihrer Komplexität die Kapazität tayloristischer Organisationen. Die einzelnen spezialisierten Funktionsbereiche der tayloristischen Organisation sind
den heutigen meist interdisziplinären Problemstellungen nicht gewachsen,
denn ihre starre Struktur lässt keine dynamische Neukonfiguration zu (vgl.
Kalkowski/Mickler 2002).

Wesentlich ist ja, dass Wissensarbeit nur begrenzt, das heißt lediglich über
Zielvorgaben, formalisierbar ist und Standardprogramme auf diesem Gebiet
deshalb nicht greifen. Projektarbeit generiert folglich gänzlich neue Formen
der Koordination wie z. B. das sogenannte *Management by Objectives,* das sich
von herkömmlichen Steuerungsinstrumenten in zwei wesentlichen Punkten
unterscheidet: Es beruht auf Aushandlungsprozessen, also auf Diskursivi-
tät – an Stelle von hierarchischer Weisung – und es orientiert sich darüber
hinaus an Ergebnissen. Indem zwischen Projekt und Linienhierarchie lediglich Ziele vereinbart werden können, bleiben die Vorgehensweisen zur Zielerreichung den Projektmitarbeitern freigestellt (vgl. Kalkowski/Mickler 2002)..
Eine solche Arbeitsweise fordert für den einzelnen Projektarbeiter notwendigerweise auch ein neues Beschäftigtenprofil, nämlich die „sich selbst pro-
grammierende Arbeitkraft" (Castells 2001), welche befähigt ist, mit den sich
rasch ändernden (Arbeits-)Märkten und Technologien Schritt zu halten (vgl.
Pongratz 2000, vgl. Pongratz/Voß 2003, Voß/Pongratz 1998). Dies impliziert den
Zuerwerb und die permanente Weiterentwicklung individueller Fähigkeiten.
Selbstmanagement, Eigenmotivation und Kreativität werden vorausgesetzt
und sollen die Bereitschaft zu „lebenslangem Lernen" (Hornberger 2006: 30)
garantieren. Der in Projekten arbeitende Mensch zeichnet sich mit anderen
Worten durch seine Ideenfindigkeit aus und dadurch, dass er sein Arbeits-
handeln selbst steuert und verantwortet.

Da in innovative Problemlösungen immer das Know-how aus verschie-
densten Bereichen einfließt, ist für Projektarbeit zudem eine cross-funktionale
Expertise erforderlich. Dies bedeutet, dass eine interdisziplinäre, abteilungs-
oder auch organisationsübergreifende Zusammenarbeit in Projekten die Regel
ist. Die rekursive, sich selbst verstärkende Nutzung und Generierung von Expertenwissen durch kommunikative Wissensarbeit in Projekten kann somit
als elementarer Bestandteil einer dezentralen organisationalen Intelligenz
betrachtet werden (vgl. Güldenberg 2004 [1997], Willke 1998c).

2.3.2 Das Projekt – im doppelten Fokus der Organisation

Das Verhältnis zwischen Primärorganisation und Projekt ist ein ambivalentes: Es ist einerseits von Konkurrenz geprägt, andererseits ist erstere auf die vom Projekt zu erbringende Problemlösung bzw. Innovationsleistung hochgradig angewiesen, um ihre Wettbewerbsfähigkeit zu wahren bzw. ausbauen zu können. Projekte liegen daher im besonderen Aufmerksamkeits-Fokus der Organisation.

Dies ist genauer zu erläutern: Projekte stehen – je nach Strukturtyp der betreffenden Organisation – in einem unterschiedlichen Verhältnis zur Linienhierarchie, das sich maßgeblich über den Grad der Autonomie beschreiben lässt.[61] Tendenziell entsteht eine zwischen beiden Systemen verlaufende Konfliktlinie, denn die Konstellation zwischen den temporären und teilautonomen Projekten auf der einen Seite und der zeitlich stabilen Struktur der Linienorganisation auf der anderen Seite erweist sich als schwierig. Dies ist primär dem Umstand geschuldet, dass fachliche Expertise und disziplinarische Entscheidungsbefugnis im Kontext der wissensbasierten Projektarbeit häufig nicht zusammenfallen, was seitens der Linienorganisation als „Kontrollverlust" (Kalkowski/Mickler 2009: 14) wahrgenommen wird. Für Außenstehende bleibt Wissensarbeit weitgehend intransparent und ist daher auch hierarchisch schwer steuerbar. Die fachliche Richtigkeit einer Entscheidung entzieht sich in der Regel dem Urteilsvermögen der Linienführung, die deshalb (notgedrungen) bei Entscheidungsfindungen auf das Know-how der Projektexperten setzen muss. Mit der Verantwortungsverlagerung von der Linienhierarchie hinein in Expertenteams werden folglich „zwei konkurrierende Organisationsprinzipien" (Kalkowski/Mickler 2009: 14) – und damit automatisch ein struktureller Konfliktherd – installiert.

Für die Projektmitarbeiter wiederum bedeutet Projektarbeit in der Regel eine Mehrbelastung. Diese sind nämlich in die Strukturen der Arbeitsorganisation doppelt eingebunden: Während das „normale Tagesgeschäft" der

---

[61] Unterschiedliche Formen der Einbindung von Projekten in organisationale Strukturen sind die Stabs-Projektorganisation, die Matrix-Projektorganisation und die reine Projektorganisation. Während in der Stabs-Projektorganisation die Weisungsbefugnis noch weitestgehend bei den Linienmanagern verbleibt, sind Projekte in der Projekt-Matrixorganisation bereits mit weitgehender Autonomie ausgestattet, disziplinarisch bleiben die ProjektmitarbeiterInnen jedoch auch hier weiter der Linie unterstellt, was zu Spannungen führt. Dieses Modell kann als das dominante betrachtet werden. Die reine Projektorganisation, in der sich das Projekt als komplett autonome Handlungseinheit ausdifferenziert, ist in der Wirtschaft kaum anzutreffen (vgl. Keyl 2007: 67ff.).

Linienorganisation oft hauptsächlich am eigenen Standort verrichtet und organisiert wird, erfolgt die parallel existierende Projektorganisation häufig standortübergreifend und muss sowohl räumlich als auch zeitlich mit dem „Tagesgeschäft" – und oft noch anderen Projekten[62] – koordiniert werden. Es müssen also verschiedene Strukturen miteinander vermittelt werden, während nur begrenzte zeitliche sowie personelle Ressourcen zur Verfügung stehen.

> „[...] es fehlt natürlich die Möglichkeit, an dem Projekt gleich unmittelbar dranzubleiben, das sind ja immer [...] Dinge, die neben dem normalen operativen Tagesgeschäft laufen und damit sind unsere Mitarbeiter in aller Regel mehr als ausgelastet." (männlich)

Aus dem beschriebenen Mehrliniensystem – die Mitarbeiter sind zwar dem Projekt zugeordnet, unterstehen disziplinarisch aber weiterhin ihrem Linienvorgesetzten – können für die Einzelnen teilweise widersprüchliche Anforderungen und Rollenerwartungen erwachsen,[63] denn die Hälfte aller Befragten (57 %) hat mehrere Vorgesetzte, die maßgeblich verantwortlich für ihre Karriere sind. In den meisten Fällen sind allerdings die Linienvorgesetzten diejenigen, die für Beurteilungen verantwortlich sind (93 %; n = 253)[64]. Die (ggf. zusätzliche) Bewertung durch Fachvorgesetzte wie z. B. ProjektleiterInnen geben Frauen (25 %) doppelt so häufig wie Männer (12 %) an.[65]
Schwerer noch als diese personelle und strukturelle Konkurrenz wiegt im Grunde aber das Moment der Abhängigkeit, vor allem der Linienorganisation vom Projekt.[66] Da die existentiell wichtige – weil problemlösende – Wissensarbeit in Projekten stattfindet, sind diese für die Organisation besonders wichtig. Dabei stehen zwei Aspekte im Fokus der Aufmerksamkeit der Organisation. Zum einen das Projektziel: Das Projektergebnis muss die Unternehmensziele stützen, es muss innovativ und marktfähig sein, um die Kernkompetenzen und Innovationen zu optimieren und dem Markt anzupassen. Diese wett-

---

[62] Insbesondere in der dominanten Form der Projekt-Matrix-Organisation sind Mehrfacheinbindungen in verschiedene Projekte eher die Regel als die Ausnahme (vgl. Keyl 2007: 67 ff.), was durch die Interviews bestätigt wurde.

[63] Etwas mehr Frauen (59 %; n = 112) als Männer (56 %; n = 140) geben an, mehrere Vorgesetzte seien für ihre Karriere verantwortlich.

[64] Dies geben etwas mehr Männer (96 %; n = 140) als Frauen (89 %; n = 112) an.

[65] Diese Differenz ist signifikant nach Cramers V: Näherungsweise Signifikanz 0,031, Stärke 0,150.

[66] Gleichwohl darf das Projekt nicht als ein losgelöstes, von der Linienorganisation unabhängiges System betrachtet werden. Vielmehr operiert es – als Nutznießer von deren organisationalen Ressourcen und Regeln – „im Schatten der Hierarchie" (Schwarzbach 2005: 58).

bewerbsrelevante Optimierung der Wertschöpfungsprozesse hat permanent
zu erfolgen. Ein weiterer Grund, weswegen Projekte im organisationalem
Fokus stehen, ist die hier stattfindende Personalauswahl und -entwicklung.[67]
Das Projekt ist deswegen hervorragend als Ort bzw. Instrument hierfür geeignet, weil es aufgrund seines dezentralen und innovativen Charakters im Prinzip ein „Unternehmen im Unternehmen" verkörpert und damit potentiellen
High Performern einen „‚geschützten Raum'" für erfahrungsbasiertes Lernen
bietet. (Kriesel/Nja 1998: 28) In der Projektarbeit werden „reale Aufgabenstellungen" mit dem Ziel bearbeitet, „Eigenverantwortung und Selbststeuerung
der Lernenden hinsichtlich ihres Entwicklungsprozesses zu bilden, neue Problemlösungen zu entwickeln und den persönlichen Nutzen mit dem der Organisation zu verknüpfen" (Kriesel/Nja 1998: 27). Somit fungiert Projektarbeit
nicht nur als Qualifizierungsmethode für Nachwuchsführungskräfte, sondern
sie koppelt die Personalentwicklung an die Organisationsentwicklung an.
Indem das Projekt den Modus darstellt, worin im Unternehmen zielgerichtet
Lernprozesse initiiert werden, bildet es das „Werkzeug der lernenden Organisation" (Kriesel/Nja 1998: 28). Anders gesagt: Die für die Innovationsfähigkeit
von Unternehmen so zentrale „organisationale Intelligenz" wird folglich im
Wesentlichen in Projekten produziert.

2.3.3 *Im Fokus des Akteurs: Subjektivierung von Arbeit – Subjektwerdung durch Arbeit*

Die für das Unternehmen zentrale Bedeutung der Arbeit in Projekten stellt an
das (Karriere)-Handeln der Akteure besondere Anforderungen. Die Gründe
hierfür liegen in den für Projektarbeit spezifischen Bedingungen bzw. in der
ihr eigenen Logik. Projekte sind Koordinationsformen auf Zeit, die betriebli-
ches und außerbetriebliches Expertenwissen zu integrieren versuchen. Die
Produktivität eines Projekts beruht dabei jedoch nicht ausschließlich auf der
fachlichen Qualifizierung der Projektmitglieder, sondern größtenteils auch
auf sozialen und personellen Faktoren. Wissensarbeit muss von den Arbeitenden eigenverantwortlich geleistet werden, erfolgt daher im Rahmen wei-
testgehender Selbststeuerung. Gleichzeitig basiert innovative Wissensarbeit
auf der Kooperation aller Projektmitglieder. Inwieweit die Projektmitglieder
diesem Anspruch genügen, hängt in nicht geringem Maß von ihrer Fähigkeit

---

[67] Projektarbeit kann als problemorientierte Personalentwicklungsmaßnahme „near the job"
(oder „on the job") eingesetzt werden (Wegerich 2007: 69 ff., 87 ff.).

sowie ihrem Willen zur zielführenden Kommunikation und Zusammenarbeit/ Handlungsabstimmung ab. Diese Fähigkeiten werden meist als *Soft Skills* oder soziale und personale Kompetenzen bezeichnet.

In einer hierarchieübergreifenden Kooperationsbeziehung wie dem Projekt sind im Prinzip Statusunterschiede außer Kraft gesetzt,[68] so dass die jeweiligen Rollen hier erst ausgehandelt werden müssen.[69] Die damit verbundene Unsicherheit kann zu Aufgaben- und Rollenkonflikten führen (vgl. Konradt 2004: 20), die es konstruktiv zu bewältigen gilt. Das Konfliktpotential, das die Organisationsform Projekt in sich birgt, resultiert zudem aus der für Projektarbeit typischen Diversität, da ja Wissensträger aus den unterschiedlichsten Fachdisziplinen und – häufig internationalen – Kontexten zusammengeführt werden. In einer derart heterogenen Konstellation treffen unweigerlich und gewollt divergierende Sichtweisen und Standpunkte bzw. zueinander konträr laufende Präferenzen und Partikularinteressen aufeinander. Hinzu kommen mikropolitische[70] Interessenskonflikte, die in Zusammenhang mit Konkurrenzdenken und anderen Befindlichkeiten (Einfluss, Ressourcen etc.) stehen und die potentielle Hindernisse für den Erfolg des so kritischen Wissenstransfers darstellen. Denn Wissen ist eine karrierestrategisch bedeutsame Ressource und wer sie zugänglich macht, riskiert, dass andere das Wissen karrierestrategisch zu ihrem Vorteil einsetzen (vgl. Mandl 1999: 39).

Die Bereitschaft, eigene Ideen und eigenes Wissen in das Projekt einzubringen und die Teamarbeit konstruktiv zu unterstützen, kann entsprechend nur in einem Klima entstehen, das von Toleranz, Vertrauen, gegenseitiger Akzeptanz und Wertschätzung geprägt ist. Das setzt einen Führungs- bzw. Kooperationsstil voraus, der sich eher partizipativ als autoritär gestaltet (vgl. u. a. Picot/Neuburger 2008: 235). Dem allgemeinen (Selbst-)Verständnis nach erfüllt

---

[68] Typischerweise bestehen Projekte aus Zusammenschlüssen hierarchisch in der Linienorganisation unterschiedlich gestellter Personen verschiedener Funktionsbereiche. In diesem Rahmen relativiert sich die Bedeutung von hierarchischen Positionen, denn Fachvorgesetzte wie Projektleitung sind in den seltensten Fällen gleichzeitig disziplinarische Vorgesetzte.

[69] Statuszuweisungen erfolgen im Prozess des gemeinsamen Arbeitens an Problemlösungen, das heißt „eher anhand des Beitrags des Partners zur Lösung der anstehenden Frage als anhand eines formal definierten Status" (Böhle et al. 2008: 104).

[70] „Mikropolitisch handelt, wer durch die Nutzung Anderer in organisationalen Ungewissheitszonen eigene Interessen verfolgt" (Neuberger 2006: 18). Organisationen besitzen Strukturen, die Handlungsspielräume einschränken und um die herum sich „Ungewissheitszonen" ansiedeln. Ungewissheitszonen, die durch Akteure kontrolliert werden können und damit zu einer Quelle von Macht werden, können z. B. die Kontrolle von Informationen oder organisational benötigte Fähigkeiten oder Wissensbestände sein (vgl. Crozier/Friedberg 1993 [1979]).

die *Projektleitung* die Funktion eines Beraters, Coaches oder Mentors, die mehr Hilfe zur Selbsthilfe gibt, als klare Vorgaben zu machen (vgl. Kels 2008: 190).

„Also teilweise muss ich sagen, betrachte ich mich gar nicht [...] als Chefin, sondern eher teilweise als Coach." (weiblich)

„Coach als Schlagwort, ja, sicher, Coach im Sinne eines wirklichen Coaches nicht, weil, das geht zu weit, so weit geht man einfach als Führungskraft nicht, aber schon als Mentor vielleicht. [...] man [...] es umgangssprachlich Coach, aber es ist eigentlich mehr ein Mentoring, also ein Förderer." (weiblich)

In den quasi informellen Strukturen der Projektorganisation heißt das unter anderem, Überzeugungsarbeit zu leisten, um gemeinsame Einstellungen zu schaffen (vgl. Konradt 2004: 21) bzw. „unternehmensübergreifende Kultur- und Wertesysteme" (Picot/Neuburger 2008: 231) zu verankern:

„Wenn man [...] etwas erreichen möchte, [...] wo man eben nicht sagen kann, ich bin jetzt hier der [...] der Managing-Direktor und sage, hier geht es lang, ich treffe jetzt meine Entscheidung, dann ist man darauf angewiesen, die anderen eben mehr zu überzeugen [...] dass man dann [...] eben dieses Informelle braucht, um den anderen – ja – für sich selber, aber auch natürlich für seine Ideen und auch vielleicht für seine Werte einzunehmen und wenn einem das gelingt, dann ist es auch leichter, ein Projektteam aus unterschiedlichsten Gruppen, [...] in unterschiedlichen Ländern zu integrieren, zu begeistern, mitzunehmen. Also das ist schon schwieriger tendenziell, [...] schwieriger, je weniger man sich sieht." (männlich)

Soziale und personale Faktoren sind also für die Effizienz von – insbesondere virtuellen – Projektteams geradezu zwingend. Als wesentliche Voraussetzung gilt Vertrauen[71] (vgl. Jarvenpaa/Leidner 1999, Raabe/Schmitz 2007: 298). Denn aufgrund der räumlichen Trennung können weder Führungskräfte die Tätigkeiten ihrer Mitarbeiter und Mitarbeiterinnen direkt kontrollieren,

---

[71] Vertrauen kann sich entweder auf Personen beziehen oder auf organisatorisch-technische Systeme – also auf Institutionen, Organisationen, Teams aber auch Technik. Im ersten Fall lässt sich von „interpersonellem Vertrauen" sprechen, im zweiten von „Systemvertrauen" (Büssing 2000: 64, Rotter 1967). Bezogen auf virtuelle Projektteams lässt sich das interpersonelle Vertrauen auf die Erwartung der MitarbeiterInnen beziehen, dass ihre eigenen Anstrengungen nicht durch andere ausgenutzt, sondern durch Gegenleistungen erwidert werden. Systemvertrauen lässt sich auf das Team beziehen, also auf die Erwartung, dass die Team-Prozesse in verlässlicher Weise ablaufen (vgl. Hertel/Geister/Konradt 2005: 84).

noch können dies Kollegen und Kolleginnen untereinander (vgl. Reichwald/
Bastian 1999, Remdisch/Utsch 2006: 34)[72], so dass in der Folge schädliche In-
formationsdefizite bezüglich der Eigenschaften, Handlungen und Interessen
von Akteuren entstehen können (hidden characteristics, hidden action, hidden
intentions, vgl. Picot/Neuburger 2005, Picot/Neuburger 2008: 231).[73]

Informelle Beziehungsverträge, deren konstitutives Element Vertrauen ist
(vgl. Büssing 2000: 67, Picot/Neuburger 2008: 235, Reichwald et al. 1998: 258),
bilden demzufolge die Basis für Projektarbeit. Die Umsetzung dieser „weichen
Koordinationsmechanismen" (Picot/Neuburger 2008: 238) setzt Fähigkeiten
voraus, wie sie in tayloristischen Organisationsformen nicht anerkannt wurden bzw. zum Einsatz kamen. Um nämlich den Wegfall der formal-hierarchi-
schen Strukturen zu kompensieren, müssen Mitarbeiter, aber vor allem eben
Führungskräfte koordinatorische, motivatorische und insbesondere auch kommunikative Begabungen mitbringen. Erfolgreiche Projektarbeit im Sinne einer
„temporären Vernetzung von Kenntnissen und Fähigkeiten" (Kalkowski/Mick-
ler 2009: 9) ist also mit traditionellen Arbeitstugenden alleine nicht zu leisten.

Damit gründet Projektarbeit auf einer Schwierigkeit: Sie ist auf soziale Faktoren der Koordination und gemeinsamer Problemlösung essentiell angewiesen, erschwert aber auf Grund ihrer zeit-räumlichen Konstitution und ihrer
modularisiert-virtuellen Struktur häufig eben genau die Ausbildung dieser Art
der Kooperation. So scheint zum Beispiel die Motivation der Mitarbeiter – u. a.
ihre Kooperationsbereitschaft als elementare Voraussetzung für Projektarbeit – stark an den Zusammenhalt des Teams durch gemeinsame Identifika-

---

[72] Während Systemvertrauen nach Giddens (Giddens 1990: 21 ff. nach Büssing a. a. O.: 65) nicht
unmittelbar auf facework – also Face-to-Face-Interaktionen – angewiesen ist, ist dies aber
interpersonelles Vertrauen. Denn in medienvermittelter Kommunikation fällt es schwer, sich
ein für den Aufbau von interpersonellem Vertrauen notwendiges mentales Bild von seinem
Kommunikationspartner zu machen: „These media fail to give us a complete picture of a
person fix in our mind" (Nohria/Eccles 1992: 294 nach Tünte/Apitzsch 2007: 20). „Interpersonelles Vertrauen" wird also im Wesentlichen über Face-to-Face-Kommunikation vermittelt
und bezieht sich in der Kommunikation auf die Erwartung, dass „man sich auf das Wort, die
Versprechen, die verbalen oder geschriebenen Aussagen anderer Individuen oder Gruppen
verlassen kann" (Büssing 2000: 64, Rotter 1967: 651).
[73] Das notwendige Vertrauen beruht auch in virtuellen Arbeitsbeziehungen auf persönlicher Interaktion, die nicht formal geplant oder vorstrukturiert ist und Raum für soziale
Beziehungskommunikation bietet (vgl. Büssing/Moranz 2003, Raabe/Schmitz 2007). Dadurch
haben virtuelle Organisationsformen das so genannte Principal-Agent-Dilemma zu bewältigen: Je mehr sie sich vernetzen, desto wichtiger wird Vertrauen (vgl. Büssing 2000: 67, Picot/
Neuburger 2005, 2008: 229 f., Reichwald et al. 1998: 258) – aber die Gelegenheiten zu vertrau-
ensbildenden Face-to-Face-Interaktionen werden gleichzeitig reduziert.

tion (Kohäsion) gebunden zu sein, ist jedoch – bedingt durch den Mangel an informellen Face-to-Face-Kontakten – mitunter schwierig herzustellen:

> „Wenn Sie Leute irgendwie begeistern wollen, dann sage ich immer, [...] bestes Beispiel: Bill Gates, wenn der auf die Bühne springt und sagt „Ja, jetzt machen wir mal Tschaka", ja, dann sagen alle „Ja!". Das versuchen Sie mal über den PC rüberzubringen. Da können Sie noch so flammend formulieren, das werden Sie nicht hinkriegen." (weiblich)

Die virtuell-modulare Projektstruktur ist nicht nur für die Projektleitung herausfordernd, auch für die *Mitarbeiter* ist die Kooperation im Projekt oftmals schwierig zu bewerkstelligen: Denn die Voraussetzungen von Projektarbeit, zeitliche Begrenzung sowie hochgradige Mediatisierung, erschweren den Aufbau von persönlichen Bindungen bzw. Kontakten und damit auch das Einholen, Verteilen und Bearbeiten von Informationen – doch gerade diese stellen in der Organisationsform „Projekt" das wichtigste Kapital dar (vgl. Bröckling 2005: 374).

Die Anforderungen des projektförmigen Arbeitshandelns und die auf Innovation angelegte Wissensproduktion im (virtuellen) Team bewirken folglich einen *qualifikatorischen Wandel*, der auch von erheblicher karrierestrategischer Relevanz ist. Es gibt keinen anderen Ort im Unternehmen, an dem die viel diskutierte „doppelte Subjektivierung"[74] (vgl. Kleemann et al. 2002: 58) so umfassend eingefordert wird bzw. zur Geltung kommt wie dem Projekt.[75]

Auf der einen Seite nutzt die neue projektförmige Arbeitsorganisation verstärkt subjektive Strukturierungsleistungen für die Gestaltung der betrieblichen Arbeitsorganisation, greift also in umfangreichem Maße auf die „subjektiven Potentiale von Arbeitspersonen" zu (Kleemann et al. 2002: 72). Das heißt, das Unternehmen induziert Rationalisierungsstrategien, die auf

---

[74] Mit dem Begriff ‚doppelte Subjektivierung', der im Folgenden genauer entfaltet wird, ist die Intensivierung eines Wechselverhältnisses zwischen Person und Betrieb beschrieben, bei dem individuelle Subjektivität zunehmend in die Arbeitsprozesse involviert wird. Den subjektivierten Ansprüchen der Arbeitenden auf der einen Seite entspricht ein – durch die strukturelle Ausdünnung von Organisationen bedingter – erhöhter unternehmerischer Bedarf nach individueller Besonderheit der Arbeitskräfte auf der anderen Seite, das heißt Letztere werden immer mehr als Unikate und immer weniger unter dem Aspekt der Austauschbarkeit gesehen.

[75] Die unter dem Oberbegriff der „Subjektivierung von Arbeit" vorgebrachte Zeitdiagnose wird in verschiedenen Forschungsbereichen und mit unterschiedlichen Fokussierungen diskutiert. Weiterführend zum Stand der soziologischen Debatte siehe Kleemann, Matuschek, Voß (2002).

Selbstkontrolle, Selbstökonomisierung und Selbstrationalisierung der Projektmitarbeiter zielen. Es sollen nicht mehr Anweisungen einfach ausgeführt, sondern kreative, innovative Lösungen mit Blick auf den sich ständig ändernden
Markt angeboten werden. Es sind diese Anforderungen, die in den Begriff der
„strukturierenden Subjektivität"[76] eingehen – diese wird zur eigentlichen Arbeitsleistung. Folgerichtig rücken fachliche Qualifikationen gegenüber einer
„reflexiven Fachlichkeit" (Kleemann et al. 2002: 63) in den Hintergrund und
werden damit zweitrangig. Für den Arbeitenden heißt das, „vermehrt aktiv
Beziehungen zwischen abstrakten Kompetenzen und konkreten Aufgaben"
herzustellen und erfordert von diesem „eine Reihe metafachlicher Kompetenzen" wie eben Vertrauens- und Glaubwürdigkeit, Integrität, Konfliktfähigkeit,
Authentizität oder die Begabung zu (Eigen-)Motivation, aber zum Beispiel
auch das „Wissen um gesamtbetriebliche Zusammenhänge oder der Befähigung zur Orientierung in einem Umfeld flacher Hierarchien." (Opitz 2004: 110)

   Im Zuge der Umstellung des Arbeitsregimes von Regulierung auf Selbstregulierung (vgl. Opitz 2007: 119) sind die Akteure zudem mehr und mehr
gefordert, Arbeitsbereiche und Funktionen auszuhandeln, da im Zuge der
Dezentralisierung vormals stabile, eindeutig definierte Arbeitsinhalte und
-ziele „zunehmend kurzfristiger, kontingenter und Gegenstand von Aushandlungsprozessen [werden], die nicht mehr auf der institutionellen, sondern auf
der organisationellen Ebene stattfinden." (Dederichs 2000: 4) Mit der Aufgabe
des *Contracting* wird nicht nur Verantwortung von der Führungsebene an den
Mitarbeiter delegiert, letzterer muss auch die Risiken für sein Arbeitshandeln
selbst übernehmen. Fehlen nämlich eindeutige Vorgaben, dann hat dies zur
Folge, dass Arbeitsleistung nicht mehr anhand objektivierbarer Ergebnisse
messbar bzw. die Relevanz der Ergebnisse nicht immer abgesichert ist. Da, wo
Tätigkeitsprofile zur „Verhandlungssache" werden, kann es keine ausschließlich formalen Leistungskriterien geben. Dies gilt für den Projektkontext umso
mehr, als dessen hochkomplexe Problemstellungen innovative, und folglich

---

[76] Komplementär dazu wird die „kompensatorische Subjektivität" als Arbeitsform definiert,
die auf Kompensationsmaßnahmen bzw. regulierende Eingriffe zielt, die der Arbeitende
hinsichtlich formalisierter Arbeitsabläufe zu leisten hat, um potentielle Störungen zu vermeiden. Die dritte Form der Subjektivität, die „reklamierende Subjektivität", kommt Baethges
Konzept der „normativen Subjektivität" nahe. Sie besteht im Prozess der (individuellen
und kollektiven) Deutung von und Auseinandersetzung mit gesellschaftlichen Sinn-Struk-
turen, insbesondere auf Arbeit bezogener soziokultureller Werthaltungen sowie tradierter
weiblicher Arbeits- und Lebensbedingungen" (Kleemann et al. 2002: 85). Es handelt sich
hierbei also um einen aktiv von Personen getragenen Diskurs, der z. B. Gegenentwürfe zu
bestehenden Verhältnissen formulieren und als Anspruch an gegebene Strukturen des Arbeitens herantragen kann.

nicht-absehbare Lösungswege erfordern, und sich Bestrebungen, Leistungen
zu formalisieren, hier zwangsläufig als kontraproduktiv erweisen müssen. In
der von uns untersuchten virtualisierten und mediatisierten Projektorganisa-
tionen obliegt es den Akteuren zudem, ihr kommunikatives Arbeitshandeln
situationsadäquat zu strukturieren und karrieretauglich darzustellen. Wie
sich noch zeigen wird, wirkt sich hier die Fähigkeit eines Mitarbeiters zur
aktiven Eigenstrukturierung seines Arbeitshandelns unmittelbar auf seine
Karrierechancen aus. Um Aufmerksamkeit und Anerkennung – und damit
letztendlich den Zuspruch von Ressourcen, Privilegien sowie Reputation – zu
erfahren, müssen Kompetenzen in Eigenregie entsprechend in Szene gesetzt
werden. Arbeit in sich wandelnden Organisationen ist folglich mit der Anforderung an ein proaktives, sprich: subjekthaftes Handeln verbunden.

   In der Forschung besteht weitgehend Konsens darüber,[77] dass zunehmend
mehr kreatives und eigenständiges Handeln sowie auch eine aktive Selbstorganisation und Zukunftsorientierung gefordert sind – dass Unternehmen im
Gegenzug aber weniger Sicherheiten und Garantien anbieten.[78] Den Beschäftigten werden zwar mehr Handlungsspielräume und Freiheiten eingeräumt,
gleichzeitig steigen aber die Leistungsanforderungen. Aufgaben werden zu
Aufträgen, die ArbeitnehmerInnen folglich zu AuftragnehmerInnen, und innerhalb der Organisationen verändert sich der Kontrollmodus, nicht zuletzt
unterstützt durch technische Systeme. Diese Verlagerung von Verantwortung
für ihre Arbeitsleistung auf die Arbeitenden und damit die Individualisierung
der Forderung, unternehmerisch zu handeln, beschreiben Voß und Pongratz
mit dem Bild des „Arbeitskraftunternehmers" und heben damit vor allem auf
den Anspruch ab, dass jeder Arbeitende die eigene Leistungsfähigkeit selbst-
tätig und eigeninitiativ gemäß den Anforderungen des (organisationalen)
Arbeitsmarktes aufrechterhalten und ausbauen muss (Stichwort: *Employability*)
(vgl. Pongratz 2000, vgl. Pongratz/Voß 2003, Voß/Pongratz 1998).[79]

   Auf der anderen Seite – und hier kommt der zweite Aspekt der doppelten
Subjektivierung ins Spiel – begegnen auch die Akteure selbst ihrer Arbeit mit
gewandelten Erwartungen: Selbstbestimmung und Selbstverwirklichung sind

---

[77] Eine Zusammenfassung der verschiedenen Zugangsweisen und Forschungsergebnisse zur
Problematik des organisationalen Wandels und insbesondere dessen Auswirkungen auf die
Beschäftigten bzw. die arbeitenden Menschen, bietet Holtgrewe (2006: 73 ff.).
[78] Eine prominente Beschreibung dieser veränderten Arbeits- und damit auch Lebensweise
stammt von Richard Sennett, der die Erfahrungen und Gefühle des „flexiblen Menschen"
sehr eindringlich beschreibt (Sennett 1998).
[79] Kritik am Konzept des „Arbeitskraftunternehmers" findet sich z.B bei Strauß (2002), Faust
(2002) und Gerst (2005). Zur feministischen Kritik siehe Winker/Carstensen (2007).

für sie zu zentralen Wertkategorien für die Arbeit in Projekten geworden (vgl.
Baethge 1991, Behr 1995).[80]

> „[...] Also glaube ich, dass ist so oder so eine Anforderung; also die – ja, dass die
> Leute einfach heute auch nicht mehr bereit sind, zu allem Ja und Amen zu sagen,
> was von oben kommt [...]" (weiblich)

Ist Selbstbestimmung also gleichzeitig die zentrale Anforderung der post-
tayloristischen Organisation sowie auch das ureigenste Bedürfnis der Arbeitnehmer, so scheint sich hier eine Art Kongruenz der subjektiven Wünsche
mit den objektiven Gegebenheiten abzuzeichnen. Diese Übereinstimmung erweist sich jedoch – genauer betrachtet – als das Resultat einer undurchschau-
baren Verflochtenheit beider Seiten. Im Grunde übersetzen die Unternehmen
ihre Forderung nach firmendienlicher Eigeninitiative und Kreativität von
vorneherein in ein subjektives Eigenbedürfnis der Arbeitenden und verdecken
damit zumindest partiell ihren normativen heteronomen Charakter. Versehen
mit dem Label der Selbstbestimmung und Freiheit werden die Fremdforde-
rungen für die Subjekte zu einer durchweg attraktiven Identifikationsfolie.
Die Arbeitenden fügen sich deshalb geschmeidig in die neue Wertestruktur
ein (vgl. Holtgrewe/Voswinkel 2002, Holtgrewe/Voswinkel/Wagner 2000). Die
„ökonomische Flexibilität legitimiert sich durch den Appell an die persönliche
Autonomie" (Sennett 1998: 309). Die beiden Pole der „doppelten Subjektivierung" von Arbeit stehen in einem unauflösbaren Wechselverhältnis.

In dieser gegenseitigen Verwobenheit von Subjektivierungsansprüchen
der Akteure an sich selbst und des Unternehmens an die Akteure lässt sich
eine „Subjektivation" im Sinne von Butler (2001) beobachten, die die Restriktion und Beherrschung der Akteure durch die Anforderungen der Unternehmen mit dem Prozess einer (‚selbstbestimmten') Subjektwerdung verbindet.[81]
Der Begriff der Subjektivation drückt eben genau jenes Zusammenspiel von
Restriktion und Selbstverwirklichung aus, das auch mit der These von der
„doppelten Subjektivierung" angesprochen ist. Die Erschließung der emo-
tional-schöpferischen Potentiale der Subjekte für eine neue Stufe der Produktivität auf der Grundlage von wissensbasierter Projektarbeit treibt eine

---

[80] Einen Überblick über die Entwicklung der These von der „doppelten Subjektivierung"
findet sich bei Nickel (2008: 105 ff).
[81] Subjektwerdung ist hier als Produkt kultureller Praktiken zu verstehen.

Subjektwerdung voran, die ein „hybrides Subjekt"[82] hervorbringt, das sich in
jeder Sekunde neu erfinden kann, das Arbeit mit Selbstverwirklichung, Autonomie und Kreativität verbindet und damit ‚von selbst' den Anforderung der
Projektarbeit entspricht. Dabei werden aber nicht nur subjektive Eigenschaften
und Selbstanteile der Akteure in den wissensbasierten Arbeitsprozess einbezogen und Selbstverwirklichungsoptionen eröffnet, sondern die optimale Ausgestaltung oder auch Aneignung von Selbst-Anteilen wie Neugierde,
Freundlichkeit oder Spontanität wird zugleich nachdrücklich gefordert. Die
Maxime des „lebenslangen Lernens" gilt also nicht nur für die ständige Wei-
terqualifikation im Bereich des Fachwissens, sondern ebenso im Bereich der
Subjektivation: Damit ist das ‚Basteln' an der eigenen Subjektivität auch eine
karrierestrategische Anforderung, wie wir im Kapitel 3.2 zeigen werden.

Diese spezifische Subjektivation im Sinne des von Reckwitz beschriebenen „hybriden Subjekts" ist im Kontext der Arbeitsform „Projekt" tatsächlich
gelebte Praxis, wie die von uns erhobenen Daten zeigen. So leiten sich aus
den Anforderungen, die Projektarbeit an die Akteure stellt, spezifische Wertigkeiten subjektiver Eigenschaften ab, an denen sich ihr berufliches Selbst-
verständnis ausrichtet bzw. ausrichten soll. Diese Wertigkeiten finden ihren
Ausdruck in der von Boltanski/Chiapello (2003) aus der Managementliteratur
des 20. Jahrhunderts abgeleiteten „Projektpolis", einem ‚Gemeinwesen' im
Sinne idealtypischer sozialer Leitbilder, die in Entsprechung zur projektifizierten Arbeitswelt konfiguriert werden. Die „Projektpolis" ist nach Boltanski/
Chiapello als eine Rechtfertigungslogik zu verstehen, die in der Wissensökonomie notwendig ist, um herrschende Statusunterschiede zu legitimieren und
über diese Legitimation die Akteure zum Handeln im Sinne der organisa-
tionsspezifischen Ziele zu motivieren.[83]

---

[82] Reckwitz beobachtet gegenwärtig die Entstehung eines „hybriden Subjektes" („postmodernes Subjekt"), das er „als Resultat einer Koppelung des kulturellen Modells eines post-roman-
tischen Kreativsubjekts" mit dem Modell eines post-bürgerlichen „unternehmerischen Selbst"
historisch herleitet. (Reckwitz 2006: 82). Das so genannte „Kreativsubjekt" entstammt der
Gegenkultur der 1960er und 1970er Jahre (ebd. 474). Das „unternehmerische Selbst" dagegen
leitet sich aus einer bürgerlichen Tradition des Unternehmers mit seinen klassischen Ideal der
Selbstkontrolle und Marktorientierung ab (ebd.: 510, 636). In dieser „Künstlerkritik" ähnelt
Reckwitz Boltanskis und Chiapellos Ansatz (vgl. hierzu auch Michalitsch 2006, Schrage 2008).
[83] Es muss Boltanski/Chiapello zufolge einen über die bloße Gewinnmaximierung hinausgehenden Sinn des Handelns geben, um die Arbeit zu legitimieren und um von den Akteuren
Engagement und Einsatzbereitschaft einzufordern, auch wenn diese nicht oder nur wenig
von den Ergebnissen profitieren. Boltanski/Chiapello beschreiben eine Wirtschaftsweise als
soziales Ordnungssystem, das von Legitimationskonstruktionen stabilisiert werden muss,
wobei diese wiederum permanenten kritischen Angriffen ausgeliefert sind. Nur, was norma-

„Das generelle Äquivalenzmaß, an dem die Wertigkeit von Personen"
(ebd.: 155) in der Projektpolis gemessen wird, ist die *Aktivität*, wobei aktiv sein
bedeutet, „Projekte ins Leben zu rufen oder sich den Projekten anderer an-
zuschließen." (ebd.: 156) Nie darf Stillstand herrschen, immer müssen Ideen
oder Pläne (für Projekte) vorhanden sein, die es gemeinsam mit anderen zu
realisieren gilt.

> „[...] manchmal ist es einfach auch so ähm Bereitschaft zu signalisieren, auch was
> Neues auszuprobieren und dann gut den Ring zu werfen. [...] Ideen haben und
> dann [...] es halt anfangen zu durchdenken. Es reicht nicht zu sagen, das [...] ist
> eine klasse Idee, sondern auch versuchen einfach mal das zusammenzusetzen, was
> bräuchte man denn dafür [...], damit man so was überhaupt angehen könnte? [...]
> wenn ein Projekt auf dem Tisch liegt äh zu sagen und zu melden, mich interessiert
> das, ich nehme das jetzt mal in die Hand und ich schieb das mal eine Runde weiter.
> Und dafür ähm wirklich Ownership zu übernehmen und zu sagen, ich glaube da
> dran und jetzt warte ich mal nicht [...] drauf [...], dass dann alle anderen einen
> auffordern, jetzt mach mal, sondern im Prinzip wirklich äh zu sagen, ich finde das
> gut, ich suche mir jetzt mal ein paar andere, mit denen ich mich zusammentue und
> versuche das mal durchzuschieben." (weiblich)

‚Aktivität' im Sinne der Beteiligung an Projekten wird dabei immer als freiwillige Beteiligung verstanden, es geht um eigeninitiatives, selbstmotiviertes
Engagement – auch und insbesondere unter dem Gesichtspunkt der eigenen
Weiterentwicklung und der „Verbesserung der *Employability*". (ebd.: 157) Gleichermaßen impliziert diese Aktivität automatisch ‚Begegnungen', d. h. Interaktionen und das Herstellen von Kontakten sowie das Knüpfen persönlicher
Netzwerke, die neue Anschlussprojekte generieren könnten.

---

tiv überzeugt, sich rechtfertigt und legitimiert, bringt Akteure dazu, kontinuierlich am Ak-
kumulationsprozess motiviert und enthusiastisch teilzunehmen und jenen somit zu erhalten
(vgl. hierzu auch Holtgrewe/Brand 2007: 29). Die Polis umfasst also sowohl eine bestimmte
wirtschaftliche Organisation als auch eine soziale Ordnung. Sie stellt über institutionalisierte Bewertungskriterien und Bewährungsproben Rangordnungen sowohl bereit als auch
zur Disposition. Sie wirkt stabilisierend, ermöglicht Innovationen und Wissensproduktion
und sichert die Motivation, die Bewertung und die Wertschätzung der Akteure. Boltanski/
Chiapello schließen hierbei an Max Weber (1934) an. Bei einiger Kritik an der These, dass der
Kapitalismus als Wirtschaftsform auf dem Protestantismus fußt, wurde doch gerade die Be-
tonung des Einflusses von außerökonomischen Faktoren wie beispielsweise des Arbeitsethos
erst jüngst von Richard Sennett dezidiert unterstützt und auf gegenwärtige Entwicklungen
in Unternehmen bezogen (vgl. Sennett 1998: 141 f.).

„Netzwerke knüpfen. Projektarbeiten übernehmen, bei Projektarbeiten dürfen Sie ja dann sozusagen präsentieren, [...] es gibt ja immer Projekte aus der Zentrale, ja, also so über global galaktische Themen als solches, ja. Da muss man sich dann immer freiwillig melden für." (weiblich)

„Es ist ein häufiges Handheben, ein Übernehmen freiwilliger Aufgaben, ein besonders starkes Engagieren in einem besonders strategisch wichtigen Geschäftsumfeld beispielsweise." (weiblich)

Um den Aufbau und die Aufrechterhaltung von Beziehungen gewährleisten zu können, müssen die Subjekte der Projektwelt die Fähigkeit besitzen, sowohl Vertrauen zu zeigen, als auch wach zu rufen. Das ideale Subjekt im Sinne des Wertigkeitskatalogs der „Projektpolis" ist darüber hinaus hochgradig mobil und dementsprechend verfügbar für neue Projekte, die es risikofreudig angeht und mit „Intuition und Talent" (ebd.: 159) bestreitet. Es besitzt die Eigenschaft, sich anderen bzw. den Umständen einer Situation flexibel anzupassen, vorurteils- und hierarchiefrei zu diskutieren – und bleibt bei aller Begabung zur Anpassungsleistung dennoch autonom. Der ideale ‚Projektmensch' ist in der Lage, die Aufmerksamkeit anderer auf sich zu ziehen und ihr Interesse zu wecken, nicht zuletzt versteht er es, „sich im persönlichen, direkten Umgang ins rechte Licht zu rücken" (ebd.: 160). Er ist hochgradig kommunikativ und in der Kommunikation ein höchst aufmerksamer Beobachter, der in der Lage ist, seine Selbstdarstellung anhand der Beobachtung der anderen „zu kontrollieren und zu modifizieren" (ebd.).

All diese Eigenschaften müssen jedoch, um tatsächlich ein Subjekt mit hoher Wertigkeit im Sinne der Projektpolis hervorzubringen, unter dem Imperativ des *Altruismus* zum Einsatz kommen. Denn das ideale Subjekt der Projektpolis stellt seine „Kompetenzen [...] in den Dienst des Allgemeinwohls" (ebd.: 161) – also des Projekts.

„Hohe Sozialkompetenz, im Team zu arbeiten sicherlich, Dinge in Frage zu stellen ist sicherlich eine hohe Kompetenz,[...] Geschäftssinn zu zeigen ist eine hohe Kompetenz. [...] Also Ziele zu kennen als Aufgaben für Engagement, Maßstäbe zu kennen, Menschen zu fördern, Dinge zu verändern, also wir sind immer dabei zu überlegen, kann ich nicht Dinge noch zum Besseren verändern und auch das Thema, wer andere schätzt und einbezieht, gewinnt ihr Vertrauen." (männlich)

Nicht vertrauenswürdig und damit nicht anschlussfähig für neue Projekte ist nach diesem Kooperationsideal hingegen derjenige, der Informationen nicht teilt, der egoistische Interessen verfolgt, auf Hierarchie und Status setzt und nach dem Opportunitätsprinzip verfährt, wer Günstlingswirtschaft betreibt oder sonst irgendwie um soziale Schließung bemüht ist (ebd.: 166 f.).

Gefragt ist demgegenüber der Mittler zwischen unterschiedlichen Rationalitäten, ein Vernetzer, ein Teamspieler, „eine Integrationsfigur, ein Impulsgeber, ein Lebens-, Sinn- und Autonomiestifter" (ebd.: 161). Dabei ist er nicht nur in dem Sinne um andere bemüht, dass er Subjekte mit geringerer Wertigkeit als er selbst sie besitzt, aufwertet und fördert, vielmehr stellt er die Akzeptanz der Andersartigkeit über alles andere und erhebt somit Ambiguitätstoleranz zum Ideal[84] (vgl. Boltanski/Chiapello 2003: 170), nicht zuletzt, um alle Optionen offen zu halten.

Das heißt, Andersartigkeit ist in der Welt der Projekte nur dann mit einem Wert behaftet, wenn sie mit den angeführten Fähigkeiten, Verhaltensweisen und Kompetenzen erklärt werden kann – „Wertigkeiten aus alternativen Welten" (ebd.: 166), also aus anderen als der Welt der Projekte, müssen „eliminiert werden" und haben keine Gültigkeit. Indem die Projektpolis das Ambiguitätsideal einerseits betont und andererseits die als legitim anzuerkennenden Wertigkeiten auf den beschriebenen Katalog beschränkt, wird – ohne, dass Boltanski und Chiapello dies explizieren – auch *Geschlecht* als Wertigkeit kategorisch ausgeschlossen.[85]

„Den Unterschied zwischen Mann und Frau mache ich prinzipiell nicht." (weiblich)

„Ich meine, ich würde keinen Unterschied machen. Ich bin davon überzeugt, dass wenn die Leistung stimmt, also die Performance, wenn das Engagement stimmt, die Motivation stimmt, man entwickelt sich auch persönlich weiter, Richtung also Methodik, Soft Skills, ergibt sich da ein Weg. Ja also unterscheiden zwischen Mann und Frau würde ich grundsätzlich nicht." (männlich)

---

[84] Dieses Ambiguitätsideal ist in bestimmten Unternehmenskulturen besonders stark ausgeprägt – gerade in der IT-Branche (vgl. Graham 2004); zur „Hackerkultur" siehe auch Funken (2010 (im Erscheinen)).

[85] Boltanski und Chiapello stellen allerdings heraus, dass die Wertlogik der Polis „ein Gerechtigkeitsmodell und keine empirische Beschreibung der Zustände der Welt darstellt." (Boltanski/Chiapello 2003: 392) In der Konturierung des „Netzopportunisten" sowie in der Erfassung neuer Ausbeutungsformen in projektifizierten Kontexten entwickeln die Autoren, wenn auch nicht explizit auf die Geschlechterfrage bezogen, durchaus ein begriffliches Instrumentarium zur Darstellung projektspezifischer Ausgrenzungsmechanismen (vgl. Boltanski/Chiapello 2003: 391–413).

Die für die Welt der Projekte propagierte Wertigkeitsordnung der „Projekt-polis", die als Richtschnur für die Subjektivation der Karriereakteure Gültig-keit besitzt, ignoriert also Geschlecht als Kategorie, über die eine Legitimation von Statusunterschieden erfolgen dürfte. Es gibt aber nach unserem Ermes-sen wichtige Gründe, warum gerade eine Geschlechter differenzierende The-matisierung der Projekt-Normativität auf keinen Fall vernachlässigt werden sollte. Fallen die Wertigkeiten der Projektpolis zumindest partiell mit tradi-tionell weiblich konnotierten Eigenschaften zusammen, so misst der oben umrissene hohe Anspruch, sich den Anforderungen der Wissensarbeit von Projekt zu Projekt rational kontrolliert und wandlungsfähig zu adaptieren, diese zugleich mit einem gänzlich neuen (marktkonformen) Parameter. Be-zogen auf Boltanski und Chiapallo lässt sich sagen: Mit der Indienstnahme einer kapitalismuskritischen „Künstlerkritik"[86] durch die Unternehmenswelt selbst geht unübersehbar eine Neubewertung herkömmlich weiblich markier-ter Potentiale einher. Die Tatsache, dass diese Potentiale indes nicht länger einer privaten bzw. bohèmistischen Gegenwelt zugeordnet sind, sondern von ökonomischen Erfordernissen der Arbeitswelt aufgesaugt werden, muss sich zwangsläufig in unterschiedlicher Weise auf die Beurteilung der hier agieren-den Männer bzw. Frauen auswirken. Auf der Basis unserer Untersuchungen lassen sich hier einige Rückschlüsse ziehen. Auch wenn dies erst abschließend in der Conclusio erfolgen soll, so lässt sich bereits an dieser Stelle anmerken, dass die „Projektpolis" unbedingt einer Analyse unter Gesichtspunkten der Geschlechtergerechtigkeit auszusetzen ist.

Fraglich ist aber auch, inwieweit die Wertigkeitsordnung der projektba-sierten Polis, wie sie von Boltanski/Chiapello beschrieben und – wie noch zu

---

[86] Boltanski und Chiapello grenzen die von Anfang an am kapitalistischen Prinzip geübte „Künstlerkritik" gegen die „Sozialkritik" ab. Während die Sozialkritik primär gegen „Oppor-tunismus und Egoismus" sowie gegen „Armut" aufbegehrt, wendet sich die Künstlerkritik schwerpunktmäßig gegen die „Entzauberung" und „fehlende(n) Authentizität der Dinge" im Kapitalismus. Sie moniert, dass die Freiheit, Autonomie und Kreativität des Einzelnen der Herrschaft des Marktes ausgesetzt ist. (Boltanski und Chiapello 2003: 79ff.) Wie Boltanski und Chiapello betont auch Prisching, dass sich der neue Geist des Kapitalismus nun in perfider Weise der Künstlerkritik bemächtigt habe: „Die Botschaft der Bohème ist angekommen und wird auf den Kopf gestellt – Kunst und Leben verbinden sich. Jetzt versteht man darunter – der Markt verbindet alles. Der moderne Kapitalismus will und braucht Individualität; das heißt, er muss die Menschen dazu bringen, ihre ganze Person in den Marktprozess einzu-bringen; das heißt weiters, die ganze Person muss ein (inneres und äußeres) marktkompa-tibles Design erhalten. Die positive Formulierung: Die Wirtschaft macht das ganze Leben künstlerisch; die negative Formulierung: Sie inhaliert und instrumentalisiert selbst den Stil der Bohème." (Prisching 2009: 144)

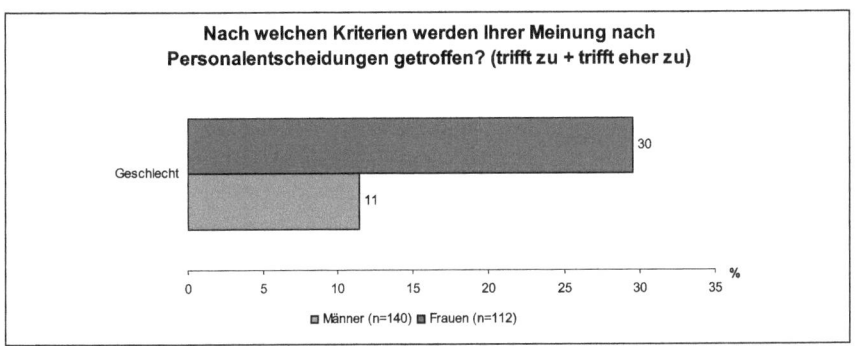

zeigen sein wird – anscheinend von den durch uns befragten Frauen auch verinnerlicht wurde, in projektifizierten Unternehmen tatsächlich umfassende Gültigkeit besitzt. Ein schwerwiegendes Indiz, das gegen diese Annahme spricht, ist, dass immerhin ein Drittel der Frauen auch das Geschlecht als zentralen Stimulus für die Personalrekrutierung nennt (s. o.).[87]

Diese Einschätzung wird in der Literatur[88] hinlänglich bestätigt: Die Erwartungen an die Produktivität von Managerinnen – so die beschriebene Sachlage – sind maßgeblich von Vorstellungen über die ‚typische' Frau geprägt. Frauen werden demnach aufgrund ihrer Minderheitenposition über den Genderstatus – also stereotyp als Vertreterinnen ihres Geschlechts – wahrgenommen und nicht etwa durch ihre persönlichen Stärken und Schwächen. Eine Ausrichtung der eigenen Subjektivation allein an den Werten der „Projektpolis" könnte demzufolge für Frauen fatale Folgen haben, wie wir im Folgenden noch näher ausführen werden.

Fazit

Der in der Arbeitwelt um sich greifende Projektifizierungstrend trifft nachweislich in erheblichem Maß auch auf die von uns befragten Unternehmen zu. Dieser Trend steht ganz im Zeichen einer Produktivitätssteigerung: Strukturen sollen dezentralisiert, organisationale Abläufe optimiert und flexibilisiert sowie erhöhte Dynamiken produziert werden. Kurzum: das erklärte Ziel ist,

---

[87] Frage 35, siehe Fragebogen im Anhang. Diese Differenz ist signifikant nach Cramers V: Näherungsweise Signifikanz 0,001, Stärke 0,188.
[88] Vgl. u. a. Gary S. Becker (1985).

das organisationale Gehäuse für innovative Problemlösungsprozesse und die dafür erforderliche temporäre Bündelung kollektiver Intelligenz fit zu machen. Aufgrund seines modularen Charakters und der damit verbundenen eigenen Funktionslogik scheint das Projekt hierfür die geeignete Organisationsform zu sein.

Die aus der inhaltlichen Spezifik (innovative Problemlösung) resultierende Sonderstellung von Projekten hat zur Folge, dass diese verstärkt ins organisationale Blickfeld geraten. Aus Firmensicht muss sichergestellt werden, dass das Projektziel erreicht und damit die Innovativität des Unternehmens gewährleistet wird. Doch das Projekt ist keineswegs nur Instrument der Organisations-, sondern – aufgrund seines dezentralen „Laborcharakters" – auch die Szenerie der Mitarbeiterentwicklung. Darüber hinaus dient es in der Welt des „intelligent enterprise" (Quinn 1992) als eine Art Assessment Center, in dem sich die Mitarbeiter – sei es in mediatisierter, sei es persönlicher Form – vor den Augen der karrierewichtigen Entscheidungsträger zu „bewähren" haben. Dies gilt unter anderem auch hinsichtlich der Doppel- bzw. Mehrfacheinbindung der Arbeitenden in die Unternehmensstrukturen, in Folge derer immer mehr als nur ein Vorgesetzter für die einzelne Karriere verantwortlich ist. Zwar scheint im Prinzip bei der Mehrheit der von uns befragten Mitarbeiter nach wie vor der Linienvorgesetzte derjenige zu sein, der für die karriererelevanten Beurteilungen zuständig ist. Deutlich mehr Frauen als Männer werden aber außerdem noch von einem Fachvorgesetzten, dem Projektleiter, bewertet.

Die im Zuge der Wissensökonomie sich durchsetzende Projektifizierung hat allerdings noch unter anderen Gesichtspunkten Auswirkungen auf individuelle Karrierechancen. Die Tätigkeit in Projekten benötigt nämlich im Vergleich zur bisherigen Arbeitswelt ein grundlegend neues qualifikatorisches Repertoire. Nicht nur liegt im Rahmen einer sich strukturell ausdünnenden Organisation die eigentliche Arbeitsleistung der Akteure in ihrer projektbezogenen Gestaltungsfertigkeit. Weiterführend hängt es überdies ganz entschieden von ihren personalen und sozialen Kompetenzen ab, ob die wissensintensive Innovationsarbeit in einem eigenverantwortlich und kreativ arbeitenden – oft äußerst heterogenen – Team, das noch dazu oft räumlich entgrenzt agiert, erfolgreich verläuft oder nicht. Es sind mit einem Wort die subjektiven Potentiale der Mitarbeiter, die sich das Unternehmen anzueignen sucht und mittels derer sich die Projektakteure profilieren müssen. Den neuen Anforderungen der Organisation an ihre Mitarbeiter stehen die neuen Ansprüche der Mitarbeiter (Stichwort: Selbstbestimmung bzw. -verwirklichung) an ihre Tätigkeit gegenüber. An keinem anderen organisationalen Ort zeigt sich folglich das Phänomen der „doppelten Subjektivierung" von Arbeit (Kleemann et al. 2002: 58) in derart ausgeprägter Form wie im Projekt.

Aus diesem Wechselspiel zwischen Fremd- und Selbstanforderungen geht ein „hybrides Subjekt" (Reckwitz 2006) hervor, das seine Identität nicht nach freien Willen entfalten kann, sondern diese an spezifischen mit marktkonformen Wertigkeiten (Flexibilität, Aktivität, Kooperationsorientierung etc.) belegten Eigenschaften ausrichten muss und dies oft genug auch widerstandslos tut bzw. seine Anpassung nicht als Fremdbestimmung ansieht/erlebt. Als Leitlinie gilt für die Karrieresubjekte der Wissensökonomie die Wertigkeitsordnung der „Projektpolis". Doch entgegen dem darin normativ formulierten Gleichheitsideal scheint das Kriterium „Geschlecht" – zumindest nach Aussage von einem Drittel der von uns befragten Mitarbeiterinnen – im Falle von Personalentscheidungen faktisch nach wie vor eine Rolle zu spielen. Neben derartigen nur allzu bekannt erscheinenden Problemlagen hält die projektifizierte Wissensökonomie neue Herausforderungen für die Karrieresubjekte bereit, die im Folgenden konkretisiert werden sollen. Erst vor dem Hintergrund einer präzisen Auslotung der paradoxen Anforderungsstruktur, der im Dienste einer Projektkarriere Folge zu leisten ist, kann die spezifische Benachteiligung von Frauen innerhalb der neuen Arbeitswelt eine klare Kontur gewinnen.

3 Karriere

Im allgemeinen Sprachgebrauch wird mit dem deutschen Wort „Karriere"[89] eine erfolgreiche Berufslaufbahn[90] verbunden, wobei die über lange Zeit vorherrschende Ausprägung die Form eines innerhalb einer hierarchischen Struktur erfolgenden Aufstiegs annahm. Dieser Aufstieg ergab sich idealiter – bei entsprechender Leistung und Qualifikation – mehr oder minder automatisch. Die Richtung ,nach oben' galt dabei als ebenso selbstverständlich wie die Zunahme an Führungsverantwortung und ggf. monetäre Entlohnung. Karrieren innerhalb einer Organisation verliefen demzufolge üblicherweise relativ geradlinig und verlangten von den Akteuren über die Leistungserbringung hinaus wenig strukturierende, bzw. steuernde Eigenleistung, da Richtung und grundlegendes Aufstiegsprinzip von vornherein festgelegt waren.

Die typischen Merkmale traditioneller Karrieren, der lineare Verlauf sowie die Fremd-Steuerung, haben sich in einer projektifizierten Wissensökonomie verändert. Das Prinzip der Selbstorganisation, das für das Arbeitshandeln der Akteure an Gewicht gewonnen hat, betrifft gleichermaßen deren Karrierehandeln. Dementsprechend ist die Rede von einem neuen Karrieretyp, der „self managed career" (Bridges 1994: 100). Die Ursachen für diese Entwicklung, im Zuge derer der Einzelne mit nichts Geringerem als der Forderung konfrontiert ist, sich selbst als „business" (ebd.) zu betrachten, liegen in dem bereits

---

[89] Das deutsche Wort „Karriere" hat lateinische Wurzeln, es wird auf die Bezeichnung für Wege oder Straßen, die mit Wagen („carrus") befahren werden konnten, zurückgeführt. Auch in der Übertragung des „Fahrwegs" auf den „Lebensweg", insbesondere den „beruflichen Werdegang", bleibt die Bedeutung des Wortsinns erhalten: So wie auf einer Fahrbahn einem vorgezeichneten Weg gefolgt wird und ein Abschnitt zum nächsten führt, so wird auch schrittweise Karriere gemacht.

[90] Auch wenn „Laufbahn" und „Karriere" oft synonym verwendet werden, bezeichnet „Laufbahn" im Gegensatz zum Karrierebegriff gerade nicht den von einer Einzelperson wahrgenommenen Entwicklungsweg, sondern ist vielmehr als die von der Organisation geplante, zielgruppenspezifische Personalentwicklung zu verstehen, also die organisationsseitig gewünschte oder antizipierte Abfolge von Positionen, nicht aber die tatsächlich durchlaufene Abfolge von Positionen (vgl. Lehmann 2003: 268, Mayrhofer 1996: 458). Während „Laufbahn" also als organisatorischer Rahmen, als formal gesetzte organisationale Struktur verstanden werden kann, bezeichnet „Karriere" die individuellen Ausformungen von Entwicklungswegen innerhalb dieser Handlungskorridore.

angeführten gesamtgesellschaftlichen Transformationsprozess. Im Kontext der hier im Fokus stehenden individuellen Karriereverläufe im intraorganisationalen Zusammenhang ist als Erklärungsfaktor vor allem die Strukturschwächung moderner Unternehmen zu nennen, in denen die traditionellen organisationalen Grenzziehungen in Auflösung begriffen sind[91] und die „strong situations" – um in der Terminologie von Karl E. Weick zu sprechen – in zunehmendem Maße die Gestalt von „weak situations" annehmen.[92]

Karrieren werden in der Folge weniger absehbar, implizieren vielfältige Veränderungen und auch „Seitwärtsbewegungen" innerhalb einer Organisation, deren Zwischenstationen verschiedene Projekte sind. Vormals existierende organisationale Karrierewege und -rahmungen sowie konkrete Vorgaben bezüglich erwarteter Verhaltensweisen bestehen nur noch in deutlich abgeschwächter Form.

Karriereakteure müssen demnach mehr und mehr selbst die „ownership" (Peiperl et al. 2000), die Verantwortung für die eigene Karriere übernehmen, das berufliche Fortkommen eigeninitiativ vorantreiben und forcieren sowie gegebenenfalls die Bedingungen für mögliche berufliche Veränderungen selbst aktiv gestalten. Karriere ist folglich nicht mehr wie im Falle der klassischen Organisationskarriere als ein tendenziell eindimensionaler Mechanismus zu verstehen, in dem sich fremdgesteuerte Individuen in bereits existierende und genauestens vordefinierte Strukturen fügen und Beförderungen sich gewissermaßen routinemäßig einstellen, sondern verkörpert einen aus der wechselseitigen Interaktion zwischen Akteur und organisationaler Struktur resultierenden Prozess. Man spricht von „enactment of career" (Weick 1996). Dieses Wechselspiel zwischen Mikroebene und organisationalen Bestimmungsfaktoren soll im Folgenden beleuchtet werden.

---

[91] Die gegenwärtige Verschiebung und Transformation der verschiedenen Arten von Boundaries, Begrenzungen von Karrieren, ist ein zentraler Punkt vor allem in der amerikanischen Debatte um „Neue Karrieren". Die New Careers werden häufig auch als Boundaryless Careers bezeichnet, vgl. dafür beispielhaft Peiperl et al. (2000). Weiterhin werden „Neue Karrieren" als Protean Career (Briscoe/Hall 2006, Hall/Moss 1998), als Post-Corporate Career (Peiperl/Baruch 1997) oder als Chronical Flexibility (Mayrhofer et al. 2002, Mayrhofer et al. 2000) konzeptualisiert.

[92] „One way to understand the growing influence of career development on organizational form is to argue that the loosening of organizational boundaries has transformed strong situations, which used to be well defined by structured, salient cues, into weaker situations that are now ambiguous, with fewer salient guides for action." (Weick 1996: 43).

3.1 Karrieresteuerung seitens des Unternehmens

3.1.1 Humankapitallogik

Die vorliegende Studie untersucht die Karrieremöglichkeiten von Frauen und Männern innerhalb von Unternehmen. In diesem Kontext entstehen Berufskarrieren durch das Zusammenspiel von individuellen Faktoren und strukturellen Determinanten (vgl. Runia 2003: 149). Letztere bilden den Rahmen für das Karrierehandeln der Akteure und nehmen dadurch Einfluss auf Karriereverläufe. Aus innerbetrieblicher Warte obliegt die Schaffung der strukturellen Faktoren dem Bereich des Personalwesens. Grundlegend für die Handlungslogik bzw. Praxis dieses Unternehmenssegments ist ein ressourcenbasiertes Organisationsverständnis.[93] Im Wettlauf um begrenzte Ressourcen setzen sich demnach die Unternehmen durch, die es entweder schaffen, spezifische Ressourcen für sich zu gewinnen oder Ressourcen auf eine spezifische Weise zu nutzen (vgl. Ridder 2002: 221). Unterdessen sind in Zeiten, in denen „der qualifizierte und innovative Mitarbeiter sich zum Engpassfaktor für den erfolgreichen organisatorischen Wandel entwickelt" (Becker 2009: 55), vor allem sogenannte Humanressourcen von strategischem Wert für das unternehmerische Überleben. Nicht zuletzt deswegen hat sich auch hierzulande für den Bereich Personalwesen die englische Wendung *Human Resources Management* (HRM) durchgesetzt.[94]

Der Begriff „Humanressource" umschreibt gewissermaßen das menschliche „Rohmaterial", das es für die wirtschaftliche Verwertung entsprechend der organisationalen Ziele zu modellieren gilt. Denn in der Regel rekrutiert ein Unternehmen nicht bereits „fertig ausgeformte Fähigkeitspotenziale" in Gestalt von Mitarbeitern, „sondern es baut die benötigten Fähigkeitspotentiale selbst auf." (Thom 2008: 5) Zur Kernaufgabe des *Human Resources Management* wird demnach die Personalentwicklung[95] (vgl. Becker 2009). In ihren Zustän-

---

[93] Unternehmen werden demnach als „Bündelung von Ressourcen" (Ridder 2002: 221) betrachtet.

[94] „That part of the management process that specializes in the management of people in work organizations. HRM emphasizes that employees are critical to achieving sustainable competitive advantage, that human resources practices need to be integrated with the corporate strategy and that human resource specialists help organizational controllers to meet both efficiency and equity objectives." (Bratton/Gold 2001: 11)

[95] Personalentwicklung wird auch als Human Resource Development bezeichnet und umfasst die Gesamtheit aller Maßnahmen zur Bildung und Förderung von MitarbeiterInnen sowie der Organisationsentwicklung, die zielorientiert, systematisch und geplant durchgeführt sowie ausgewertet werden (vgl. Becker/Schwertner 2002: 5, Bratton/Gold 2001: 11).

digkeitsbereich fällt es, die individuellen Kapazitäten an die organisationalen Anforderungsprofile anzupassen und damit in das für die Unternehmenswertschöpfung strategisch wichtige „Humankapital"[96] zu investieren. Personalentwicklung selbst erhält damit ein neues Gewicht. Denn wissensbasierte Unternehmen müssen – in Gestalt ihrer Mitarbeiter – einen Stamm an Kernkompetenzen „produzieren", den es permanent weiterzuentwickeln gilt. Die Devise vom „lebenslangen Lernen" hat hier deshalb besondere Gültigkeit. Für die Personalentwicklung heißt das, dafür Sorge zu tragen, dass die Mitarbeiter sich an das Tempo des (technologischen) Wandels stetig anpassen, indem sie ihre unternehmensrelevanten Kompetenzen kontinuierlich ausbauen, um so einen möglichst produktiven Beitrag zur Realisierung der Organisationsziele leisten zu können. Die Investition in „Humankapital" in Form der den Mitarbeitern offerierten Weiterbildungs- und Qualifizierungsmaßnahmen ist aus Unternehmensperspektive folglich vor allem eine Investition in die organisationalen Kernkompetenzen.

Für die Personalentwicklung ergibt sich daraus eine doppelt gefasste Aufgabe: Indem sie zum „Schlüsselbereich für Wettbewerbsfähigkeit und Innovationen" (Becker 2009: 54) wird, spielt sie einerseits für die organisationale Zielerreichung eine tragende Rolle. Da Unternehmensentwicklung und Personalförderung aber Hand in Hand gehen, muss sie andererseits immer auch vermittelnd in das Spannungsverhältnis zwischen organisationalen und individuellen Zielen hineinwirken.

Personalwirtschaftliche Maßnahmen stellen das Instrumentarium dar, mit dem Organisationen in gezielter Weise Karrieremanagement betreiben, das heißt, auf die Karriereverläufe der Akteure unmittelbaren Einfluss ausüben bzw. diese lenkend begleiten. Der ökonomische und betriebliche Strukturwandel lässt das Inventar der zur Verfügung stehenden organisationalen Mittel nicht unberührt. Im Folgenden werden daher einige ausgewählte per-

---

[96] Der Begriff geht auf den Humankapitaltheoretiker Gary S. Becker zurück und bezeichnet personenabhängige Fähigkeiten, Wissensbestände und Eigenschaften, die Auswirkungen auf die individuelle Produktivität haben (vgl. Becker 1993). Beide Begriffe – „Humankapital" und „Humanressourcen" – beziehen letztendlich ihre Wertdefinition ausschließlich über Bewertungskriterien des Marktes (vgl. ebd.), was sie zum Gegenstand der Kritik macht. Exemplarisch hierfür ist die Diskussion anlässlich der Kür des Begriffs „Humankapital" zum Unwort des Jahres 2004 durch die Deutsche Gesellschaft für Sprache. Anlass war die Aufnahme des Begriffs in eine offizielle Erklärung der EU. Nach Krais (1983) ist der Humankapitalansatz schlicht eine Anwendung der Kapitaltheorie auf menschliche Ressourcen und damit eine „kapitaltheoretische Fassung der Arbeitskraft" (ebd. 202).

sonalpolitische Trends, wie wir sie für die wissensbasierte projektifizierte Arbeitswelt als zentral erachten, skizziert.

3.1.2 Diversifizierung von Laufbahnmodellen

Mit den sich gegenwärtig vollziehenden Transformationen von Arbeitsorganisationen wie Arbeitsprozessen diversifizieren sich – das zeigt unsere Studie in aller Deutlichkeit – die Bedingungen und Wege von Karrieren innerhalb der Arbeitsorganisationen. Neben dem klassischen Modell der Führungslaufbahn[97], die einer flexibilisierten Arbeitswelt nur noch in begrenztem Maße entspricht, zeichnen sich in modernen wissensbasierten Großunternehmen vor allem zwei weitere Laufbahntypen als karrierebedeutsam ab: die Fachlaufbahn sowie die Projekt(management-)laufbahn (im Folgenden: Projektlaufbahn).[98]

Auch wenn die Führungslaufbahn unseren Daten zufolge nach wie vor den am häufigsten verfolgten Laufbahntyp darstellt, so ist bereits seit den 1990er Jahren zu beobachten, dass der Nachfrage nach Positionen innerhalb dieses Modells ein immer geringeres Angebot entgegensteht (vgl. hierzu auch Domsch 1994). Und tatsächlich scheint die mit der organisationalen Umstruk-

---

[97] Die Führungslaufbahn beschreibt den möglichen Aufstiegsweg innerhalb einer klar hierarchisch strukturierten Linienorganisation (Aufbauorganisation). Der Aufstieg erfolgt hier vertikal nach oben, zum Beispiel vom Sachbearbeiter zum Gruppenleiter, über Abteilungs- und Hauptabteilungs- und Bereichsleiter bis zum Direktor, das heißt bis ins Top-Management. Hierbei erfordert das Erklimmen der nächsten Stufe je höhere Qualifikationen und resultiert in steigenden bzw. veränderten Leistungsanforderungen sowie einer Zunahme an Autorität und Verantwortung – einhergehend mit steigender finanzieller Entlohnung (vgl. Domsch 1994: 6, Domsch/Lindner 2008: 27, Friedli 2009).

[98] Vgl. z. B. Friedli (2002). Domsch (1994) führt neben der Spezialisten- und Gremienlaufbahn auch die Projektlaufbahn als eine Form der Fachlaufbahn an. Ein weiteres alternatives Karrieremuster – die so genannte „Geldkarriere" – beschreibt Funken in ihrer empirischen Studie zu Karrierebedingungen und -formen im Vertrieb. Diesem Zweig sind bestimmte Alleinstellungsmerkmale eigen, z. B. seine Schnittstellenfunktion innerhalb des Unternehmens und seine Analogie zum Management (vgl. Funken 2004: 32ff.). Funkens Daten belegen, dass hier nicht mehr allein die klassische Aufstiegskarriere verfolgt wird. Vielmehr avanciert Geld zum Medium, über das Leistung unmittelbar gemessen und anerkannt wird. Damit bietet die „Geldkarriere" insbesondere Frauen, die im Vertrieb mehrheitlich diesen Karriereweg einschlagen, die Möglichkeit, das traditionelle und mitunter nepotistische Gratifikationssystem zu umgehen. Sie erhalten Anerkennung für ihre berufliche Leistung – wenn auch nicht in klassischer Art und Weise über Status und Gestaltungsmacht, sondern ausschließlich über die Vergütung (ebd.: 117ff.). Weiterführend zur Diversifizierung von Karriereformen in Arbeitsorganisationen siehe Füchtner (1998), Funken/Fohler (2003).

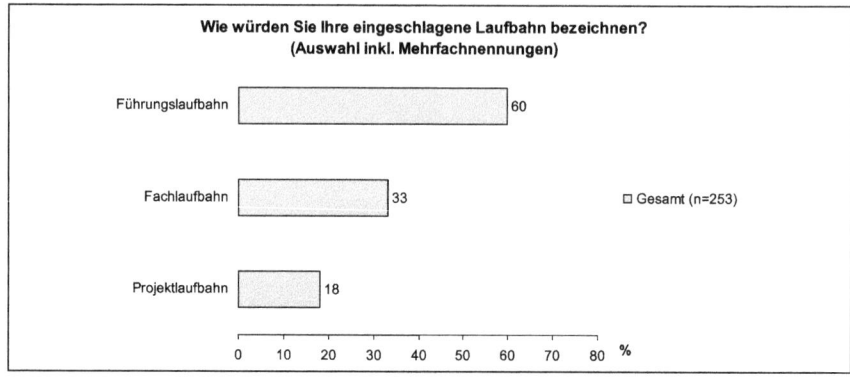

turierung einhergehende Hierarchieverflachung sukzessive Führungspositionen zu eliminieren, so dass alternative Karrierewege angeboten werden
müssen. Dies zeigt sich an den konkret eingeschlagenen Laufbahntypen
(siehe oben), aber auch in der allgemeinen Einschätzung der MitarbeiterInnen
eindrücklich.[99]

„Wir sind ja mittlerweile ein so veralteter Laden, dass wir […] viel zu viele Führungskräfte haben, […] wir sind schon bei der letzten Umstrukturierung, […] von
14 Führungskräfte auf sieben runter und jetzt in der kommenden werden wir wieder zwei abbauen davon und Tendenz: weiter fallend, ja, wir können auch den jun-
gen Leuten heutzutage im Prinzip fast gar keine Karriere in Aussicht stellen, also
jedenfalls führungstechnisch nicht mehr, weil die Plätze alle besetzt sind, ja – und
so freiwillig scheidet hier keiner so schnell aus, nicht. Das ist zurzeit ein Dilemma
an der Stelle." (weiblich)

---

[99] Über die Auswirkungen des organisationalen Wandels für die abhängig Beschäftigten
gehen die Meinungen auseinander. Zum einen werden wachsender Konkurrenzdruck und
Unsicherheit als Folgen der Reduzierung von Positionen insbesondere im mittleren Management beklagt (vgl. die Zusammenfassung mehrerer Studien zu diesem Thema in Edwards/
Wajcman (2005: 66)), zum anderen wird die Verflachung hierarchischer Strukturen als Befreiung der Angestellten interpretiert, die ihren beruflichen Werdegang nun eigenständiger
gestalten könnten (vgl. die Literatur zur Boundaryless Career (Arthur/Inkson/Pringle 1999,
Arthur/Rousseau 1996, Peiperl et al. 2000). Edward und Wajcman fordern an dieser Stelle
eine differenzierte Betrachtung der Empirie. So sei beispielsweise die Vorhersage massiver
Reduzierung mittlerer Managementpositionen übertrieben. In bestimmten Bereichen wie
dem Gesundheitssektor seien vielmehr neue Hierarchiestufen und Funktionen entstanden.
Die Drohung und die Praktik der Stellenreduzierung diene vielmehr dazu, den Lohn der
durchschnittlichen Arbeitskräfte zu drücken (vgl. Edwards/Wajcman 2005: 67 ff.).

Der nur noch eingeschränkt mögliche vertikale Aufstieg innerhalb hierarchischer Strukturen, die einst den „Orientierungsrahmen für das berufliche
Fortkommen" (Fuchs 1998: 83) bildeten, zwingt Unternehmen folglich, den
Mitarbeitern alternative Entwicklungsmöglichkeiten bzw. Anreizsysteme anzubieten – vor allem, um eine längerfristige Bindung des wertvollen „Humankapitals" in Gestalt von High Potentials und spezialisierten Wissensträgern
zu gewährleisten (vgl. Thom 2009: 11). Das gilt gerade für die hier im Fokus
stehenden wissensintensiven Branchen, die sich im Wettstreit um die tendenziell raren und deshalb stark umworbenen Fachkräfte befinden.[100]

> „Wir sehen aber deutlich, dass [...] nicht jeder, der [...] weiterkommen will [...] als
> Führungskraft geeignet ist. [...] Die wären vielleicht die beste Fachkraft, [...] aber
> [würden] als Führungskraft mehr Schaden anrichten als gewünscht ist. [...] Inso-
> fern denke ich mal, werden wir auch im Hinblick auf die Entwicklung, dass die
> Führungspositionen immer weniger werden, [...] in den nächsten Jahren solche
> alternativen Laufbahnen aufbauen [...]. nicht nur [um] den Menschen Perspektiven
> bieten zu können, sondern auch [...], [um] die besten Leute auf die richtige Position
> zu bringen.[...] Wenn das Fach, das dieser beherrscht, extrem wichtig ist, tut man
> [...] gut daran, dem [...] eine Perspektive zu bieten, weil [...] vielleicht der Fach-
> mann auf einem Gebiet viel wichtiger ist als die Führungskraft, die vielleicht aus-
> tauschbar ist.[...] Also wir kommen aus einer sehr stark führungsgeprägten Welt,
> brauchen aber die andere Welt, weil wir sonst nicht überleben können." (männlich)

Als neue von der klassischen Aufstiegskarriere bzw. Führungslaufbahn abwei-
chende Karriereform kommt der Projektlaufbahn eine Sonderstellung zu. Sie ist
ein Hybrid aus Führungs- und Fachlaufbahn, da hier im Gegensatz zu Letzterer eine Führungskomponente in Form der Projektleitung zum Tragen kommt.

> „Diese Projektlaufbahnen, für diese Kunden in Projekte, die werden also stärker
> forciert in den letzten Jahren. Das ist also noch eine dritte Laufbahn, die eigentlich
> sowohl eine fachliche Expertise – so die klassische Fachlaufbahn dort – beinhaltet,
> aber auch das Thema ‚Führung' auf einer fachlichen Ebene eben halt dort mit hin-
> einbringt. Also noch so eine Mischform aus den beiden." (männlich)

---

[100] Seit den 1990er Jahren hat sich das Angebot an hochqualifizierten Fachkräften auf dem
Arbeitsmarkt verringert, die Bedeutung fachlicher Expertise für Unternehmen hat jedoch
gleichzeitig zugenommen.

Der typische Verlauf der Projektlaufbahn ähnelt auf den ersten Blick der
Führungslaufbahn: Am Anfang stehen kleine Projekte – nach und nach werden die Projektverantwortungen fachlich anspruchsvoller und strategisch
wichtiger. So wie in der Führungslaufbahn die Personalverantwortung mit
steigender Hierarchiestufe anwächst, nimmt in der Projektlaufbahn die Pro-
jektverantwortung zu.

> „Ja, es gibt dort eine klare Pyramide. Das heißt, wir haben definierte Projektgrößen,
> […] das Projektvolumen, also von einer Telefonanlage bis hin zu einem Kraftwerk,
> das dann dort konzipiert wird, gibt es natürlich dann eine entsprechende Pyrami-
> de, die sich nach oben entwickelt. Wir haben dazu entsprechende Zertifizierungs-
> und Qualifizierungsprozesse. Das ist […] der eher nicht-monetäre Teil, aber das
> wird sich dann natürlich auch in den finanziellen Themen dann dort niederschla-
> gen. Das heißt, was also Vertragsstufen, Vertragsgruppen, so wie wir das intern
> bezeichnen […] angeht. Das ist dann dort auch entsprechend fixiert." (männlich)

Die Stationen von Projektlaufbahnen – sprich: die einzelnen Projekte – können zwar über weite Teile der Organisation hinweg verstreut sein, in ihrer
vertikalen Reichweite ist diese Laufbahnform jedoch limitiert: Während die
klassische Führungslaufbahn bis in die höchsten Etagen einer Organisations-
hierarchie führt und die Fach- bzw. Spezialistenlaufbahn zumindest in den
Bereich des Top-Managements hineinreichen kann, sind Projektlaufbahnen
meist auf das mittlere Management begrenzt (vgl. Domsch/Lindner 2008: 29).
    Das zeigt sich unter anderem auch in der erhobenen Führungsspanne:
Wenig überraschend ist diese in der Führungslaufbahn am größten, d. h. die-

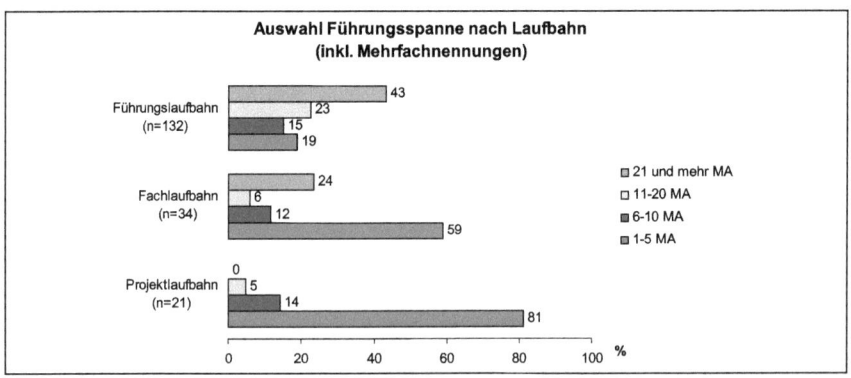

sen Personen sind viele MitarbeiterInnen unterstellt. Während jedoch in der Fachlaufbahn wenigstens noch ein knappes Viertel der Befragten angibt, auch größere Gruppen zu leiten, scheint sich Führungsverantwortung in der Projektlaufbahn auf die Leitung von Kleinstgruppen zu beschränken. Folglich wird die Projektlaufbahn – so die einhellige Meinung der Befragten – bislang noch nicht als ‚vollwertige' Laufbahn anerkannt

> „Das ist genau dasselbe Problem, was man mit der Fachlaufbahn hat. Und wirklich, wenn man ehrlich ist, realistisch anerkannt nebeneinander sind die nicht. Da sollte man auch keine Augenwäscherei betätigen. [...] Die sind nicht. Sie müssten mit allem Benefit und allem, was dazugehört, gleichberechtigt sein." (weiblich)

> „das [...] ist nach meiner Einschätzung [bei uns] aber eher noch im Werden und hat eine andere Wertigkeit, [...] bei uns [...] gibt es gerade ein neues Kompetenzmodell, [...] eine neue Klassifizierung und da ist sowohl die Fachkarriere, die Projektleiter-karriere und auch die Führungskarriere, da können Sie überall auf dem gleichen Niveau landen [...], das wird jetzt demnächst kommuniziert, das wird sicherlich auch dazu führen, dass da zukünftig ein größerer Gleichklang da ist, dass eine größere Wertschätzung auch da ist. [...] Also es wird zwar überall behauptet, Sie können bei uns Fachkarriere, Projektleiterkarriere machen, das kann man auch, aber wie gesagt, von der Wertigkeit, wie es im Unternehmen gesehen wird, stellen Sie nur was dar [...], wenn Sie Führungskarriere machen. [...] Führungskraft ist das Oberste [...]." (weiblich)

Davon unberührt bleibt die laufbahnübergreifende zentrale Rolle von Projekten. Das heißt, unabhängig davon, ob in den einzelnen Unternehmen schon eine separate Projektlaufbahn existiert und unabhängig davon, wie weit man mit dieser Laufbahn in die Spitze der Unternehmung vordringen kann, stellen Projekte maßgebliche Bausteine individueller Karriere-Entwicklungen dar. Dies korrespondiert mit dem in Kapitel 2.3 beschriebenen Sonderstatus von Projekten, denen innerhalb der Organisation ein erhöhter Grad an Aufmerksamkeit zuteil wird. Projekte sind der optimale Ort, um die Potentiale der Mitarbeiter zu erkennen und zu steuern. Sie verkörpern in gewissem Sinne die Prinzipien ‚permanter', also auf Dauer gestellter Assessment-Center und stehen entsprechend im Fokus der organisationalen Entscheidungsträger. Darüber hinaus fungieren Projekte als Instrument der Personalentwicklung, da in ihnen, z. B. durch die gezielte Übertragung von Projektleiterfunktionen, fundamental wichtige Fähigkeiten für die Wissensarbeit eingeübt werden können (vgl. Thom 2008: 7f.). Damit sind Projekte maßgebliche Orte der Bewährung.[101] In ihnen kann optimal und für die relevanten Entscheidungsträger sichtbar, der Nachweis von (Führungs-)Kompetenz[102] erbracht werden.

„Das ist einfach eine Investition [...], dass sich da jemand auch als Projektleiter profilieren kann, [...], sich noch weiterentwickeln kann, Visibilität bei unserem Top-Management bekommt [...]." (männlich)

„Also manchmal gibt es ähm Ankündigungen, wo ein neuer Posten geschaffen wird, [...] ein Sonderprojekt, um jetzt äh eine interne Umstrukturierung äh neu aufzusetzen, ähm da merkt man dann schon, aha, das ist jetzt genau für diese Person auch die Möglichkeit äh sich zu beweisen in diesem Projekt, um danach vielleicht den nächsten Schritt zu machen." (männlich)

„Gerade die größeren Dinge [...], häufig haben sich die Leute vorne weg über was qualifiziert, [...] gerade, wenn es um die großen firmenweiten Projekte geht, ob das jetzt eine Integration ist oder andere Sachen, die wirklich essentiell sind. Da gehen in der Regel auch dann erfahrene Leute drauf, die sich vorher in kleineren Projekten bewiesen haben." (weiblich)

Gerade die erfolgreiche Leitung von Großprojekten, insbesondere aus dem Bereich Forschung und Entwicklung, stellt offenbar ein Sprungbrett für den Wechsel in die Führungslaufbahn dar (vgl. Umbach-Daniel 2008: 39), denn die überwiegende Mehrheit (75 %) derjenigen, die eine Führungslaufbahn eingeschlagen und in räumlich verteilten Projekten gearbeitet haben (n = 108), hat bereits mehrfach (49 %) oder sogar ständig (26 %) Projekte geleitet. Zum Vergleich: nicht einmal die Hälfte (47 %) aller Fachlaufbahner, die räumlich verteilt Projektarbeit leisteten (n = 55), hat mehrfach (38 %) oder ständig (9 %) Projekte geleitet. Unter denjenigen, die ihren eingeschlagenen Karriereweg als Projektlaufbahn markierten (n = 35)[103] – darunter mehr Frauen als Männer – hat zwar die Mehrheit bereits mehrfach (54 %) bzw. ständig (17 %) Projekte geleitet

---

[101] Innerhalb des „Modells der ‚Stufenweisen Bewährung'" (Umbach-Daniel 2008: 37), das für den Wechsel von Spezialisten ins Management typisch ist, spielen Projekte nachweislich eine wichtige Rolle.
[102] Personalführungsprobleme werden verschiedentlich als typisch für Fach- bzw. Spezialistenlaufbahnen angegeben. Bei den hier vertretenen Absolventen technisch- naturwissenschaftlicher Studienfächer sei Führungskompetenz aufgrund der im Studium vermittelten Inhalte oft nicht gewährleistet (vgl. Domsch/Lindner 2008: 36, Umbach-Daniel 2008).
[103] Mehrfachantwort möglich.

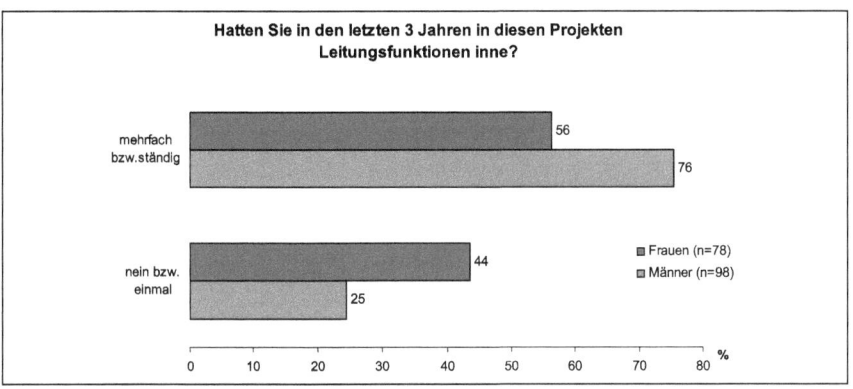

(kumuliert: 71 %), allerdings sind hier bei genauerer Betrachtung Auffällig-keiten zu finden:

Nicht nur, dass sich – wie bereits erwähnt – die Verantwortung in der Projektlaufbahn insgesamt auf die Leitung von kleineren und damit weniger karriereträchtigen Projekten zu beschränken scheint (1–5 MitarbeiterInnen), darüber hinaus ist hier auch Verantwortung, d. h. die Funktion der Projekt-leitung zwischen Frauen und Männern äußerst ungleich verteilt. Denn wäh-rend die betreffenden Männer (n = 16) fast geschlossen (88 %) angeben, sie hätten bereits mehrfach (75 %) oder ständig (13 %) Projekte geleitet, sind es bei den Frauen (n = 19) nur 58 % (mehrfach: 37 %; ständig: 21 %). Das heisst, obwohl die Projektlaufbahn ihrem Namen und Prinzip zufolge das karriere-bedeutsame Element der Projektleitung impliziert, scheint auch sie insbe-sondere für Frauen, die die Laufbahn häufiger einschlagen als Männer, kein erfolgversprechender Weg zu sein. Denn die Leitung von Projekten ist in der Projektlaufbahn erstens insgesamt seltener als in der männlich dominierten Führungslaufbahn, zweitens weniger umfassend ausgeprägt und wird Frauen drittens weitaus seltener gewährt als Männern. Unabhängig von der einge-schlagenen Laufbahn manifestiert sich bezüglich der Leitung von Projek-ten eine markante Geschlechterdifferenz: Denn 76 % der Männer, die in den letzten drei Jahren in räumlich verteilten Projekten gearbeitet haben, waren gleichzeitig mit der Leitung derselben betraut,[104] jedoch nur 56 % der Frauen – und dies obgleich bzw. *weil* Frauen häufiger eine Projektlaufbahn einschlagen als Männer (s. o.).

---

[104] Diese Differenz ist signifikant nach Cramers V: Näherungsweise Signifikanz 0,021, Stärke 0,208.

Die Geschlechterdifferenz im Antwortverhalten bzgl. der gewählten Laufbahn wird noch klarer und offenbart ein höchst interessantes Bild, wenn man
die Möglichkeit der Mehrfachantwort mit einbezieht:

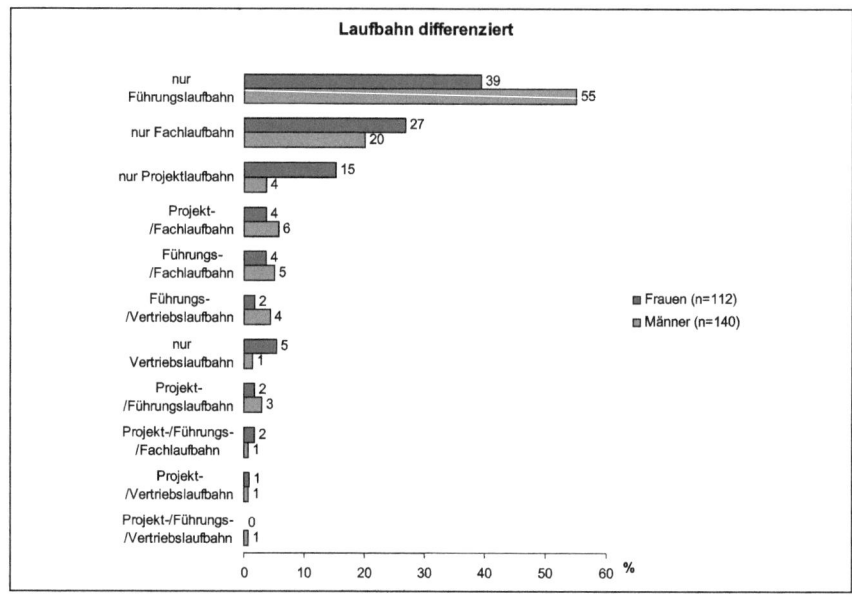

Männer wählen in erster Linie die ‚reine' Führungslaufbahn. Selbst dann
jedoch, wenn sie eine Laufbahn angeben, die eine Fachkomponente enthält
oder einen Projektbezug hat, bleibt in den meisten Fällen die Komponente
„Führung" zusätzlich erhalten. Durch diese strategische Wahl kommt offen-
kundig eine beachtliche Geschlechterdifferenz zustande: 75 % der Männer, die
(auch[105]) die Projektlaufbahn gewählt haben (n = 20), gaben an, Führungsverantwortung zu haben, jedoch nur 23 % der entsprechenden Frauen (n = 26).[106]
    Frauen hingegen entscheiden sich, sofern sie nicht auch eine Führungslauf-
bahn einschlagen, in den meisten Fällen entweder für eine ‚reine' Fach- oder
eine ‚reine' Projektlaufbahn. Anscheinend kommt ihnen aber genau durch
diese ebenfalls strategische aber gleichsam unglückliche Wahl in deutlich ge-

---

[105] Nur Projektlaufbahn, Projektlaufbahn UND Fachlaufbahn, Projektlaufbahn UND Führungslaufbahn etc.
[106] Diese Differenz ist Signifikant nach Cramers V: Näherungsweise Signifikanz: 0,000, Stärke:
0,517

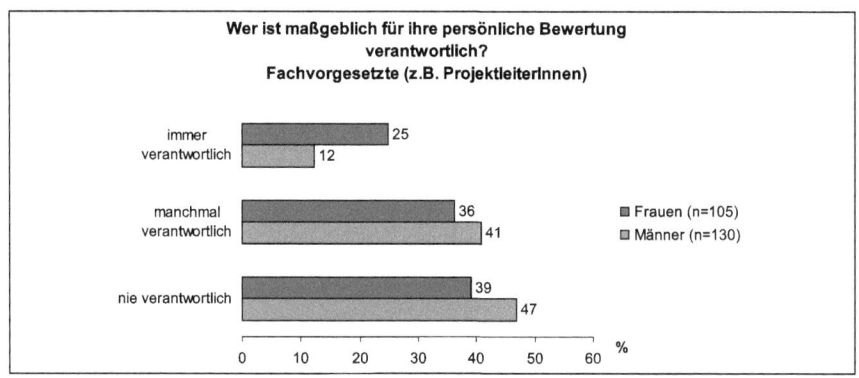

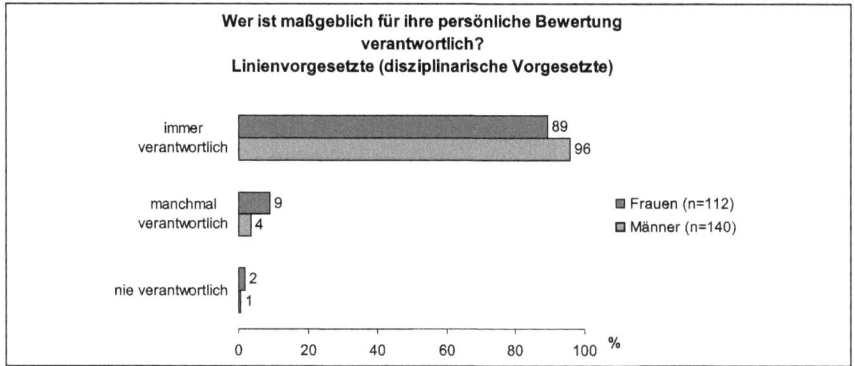

ringerem Ausmaß Führungsverantwortung zu, sowohl im Allgemeinen, als auch dann, wenn diese projektbezogen ist.

Damit logisch verbunden ist auch, dass Frauen weitaus häufiger angeben, für ihre persönliche Bewertung seien Fachvorgesetzte, wie z. B. Projektleiter verantwortlich,[107] wohingegen Männer fast durchgängig die alleinige Zuständigkeit ihrer direkten Linienvorgesetzten angeben.

Eine Projektlaufbahn, so ist anzunehmen, könnte als besonders geeignet für Frauen wahrgenommen werden, weil sie als besonders teamfähig, kommunikativ und aufgabenorientiert gelten und weil man davon ausgeht, dass sie eigene Distinktionsgewinne eher hinten anstellen. Die Kommunikations- und Organisationsform von weiblichen Führungskräften in Teams wird eher

---

[107] Diese Differenz ist signifikant nach Cramers V: Näherungsweise Signifikanz 0,031, Stärke 0,150.

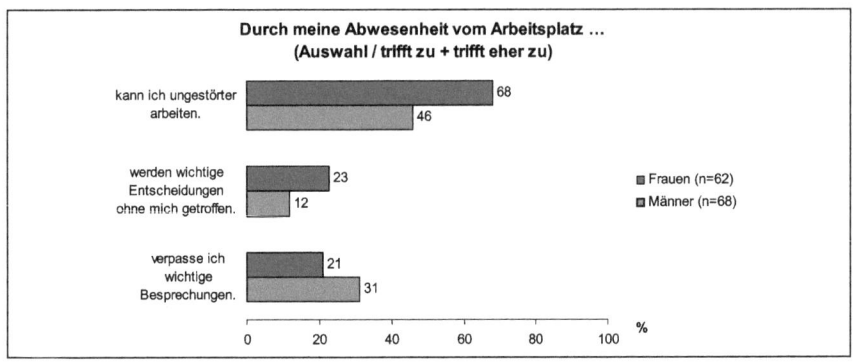

als konzentrisch geschildert, d. h. sie stellen die Identifikation mit der Aufgabe und den MitarbeiterInnen in den Vordergrund. Männliche Führungskräfte hingegen bevorzugen eher die Kommunikationsform des Anordnens und des Berichtens in Ich-Form, d. h. sie delegieren und führen von der Spitze her. Frauen stellen also als Führungskräfte die zu erfüllende Aufgabe in den Vordergrund – ein Führungsstil, der für das Projektmanagement geradezu prädestiniert ist; Männer sehen Führung hingegen als (Berufs-)Rolle – unabhängig von der konkreten Aufgabe (vgl. hierzu Frenzel/Sottong/Müller 2001).

Ein Hinweis auf eine eher aufgabenorientierte Perspektive der Frauen zeigt sich auch in den Daten der quantitativen Erhebung: Frauen betonen in Bezug auf die Abwesenheit vom Arbeitsplatz primär, sie könnten dann ungestörter arbeiten[108] – sich also der Aufgabe widmen. Darüber hinaus beklagen sie weit häufiger als Männer, durch ihre Abwesenheit seien sie an wichtigen Sachentscheidungen nicht beteiligt (s. o.).

Männer hingegen antworten weitaus häufiger dahingehend, sie verpassten aufgrund von Abwesenheit ggf. wichtige Besprechungen, betonen also nicht die Sachentscheidung, sondern die mikropolitisch relevante Anwesenheit.

In Anbetracht dieser Resultate stellt sich die Frage, ob Frauen die Projektlaufbahn selber wählen, weil diese Wahl gegebenenfalls ihren Selbstkonzepten und/oder Karrierestrategien eher entspricht, oder ob sie diese von Seiten des Unternehmens angeboten bekommen. Sie eignen sich nämlich hervorragend für diese Laufbahnform, ohne – wie sich noch zeigen wird – ,Gefahr zu laufen' die gläserne Decke nach oben zu durchbrechen. Denn dieser Typus von Karriere bietet ihnen in erster Linie Verhandlungsmacht im Sinne von

---

[108] Diese Differenz ist signifikant nach Cramers V: Näherungsweise Signifikanz 0,027, Stärke 0,235.

mehr Gehalt, weitaus weniger aber umfassende Verantwortung in wesentlichen Sach- und Personalfragen des Projektes, erst recht aber keine Gestaltungsmacht, die in den Entscheidungszentren der Unternehmen angesiedelt
ist (siehe hierzu auch Funken 2004).

In diesem Zusammenhang wäre auch der Frage nachzugehen, inwiefern
die einschlägige Ratgeberliteratur insbesondere Frauen eine Projektlaufbahn
empfiehlt, ohne zu reflektieren, dass diese möglicherweise nicht mehr als eine
nur auf den ersten Blick attraktive Alternative darstellt und sich letzten Endes
als neue geschlechtsspezifische Sackgasse erweisen könnte.[109]

3.1.3 Mentoring-Programme und Netzwerke

Nicht nur infolge der Flexibilisierung von Organisationsstrukturen und Be-
schäftigungsverhältnissen haben sich personalpolitische Instrumentarien
verändert. Auch aufgrund der inhaltlichen Neuausrichtung hin zu (projektifizierter) Wissensarbeit muss die Personalentwicklung andere Wege einschlagen – nicht zuletzt, um überhaupt erst das Fundament für die Funktionsweise
der neuen Arbeitsformen zu schaffen: Für diese wird nämlich „Wissen aus
sozialen Beziehungsnetzwerken [...] zum relevanten Strukturierungsmoment"
(Peters/Schmicker/Weinert 2004: 26). Diesem Umstand versucht man von
Unternehmensseite vor allem durch Unterstützung und Förderung von
Netzwerkstrukturen sowie durch die zusätzliche Einführung von *Mentoring*-
Programmen[110] Rechnung zu tragen.

Wissensproduktion ist – so wurde bereits ausgeführt – untrennbar mit
Kommunikation verbunden. Dementsprechend muss Organisationen daran
gelegen sein, den (informellen) Austausch unter den Mitarbeitern im gesamten
Unternehmen zu fördern. Folgende Erkenntnisse sind hier leitend: Zum einen
weiß man, dass die vieldiskutierte Problemlösungskompetenz des (Projekt-)
Mitarbeiters größtenteils im Rahmen einer personalisierten Wissensvermittlung, sprich: eines interpersonalen Erfahrungsaustauschs, entsteht. Zum ande-

---

[109] So wird z. B. von Michel E. Domsch (HR Today 10/2009) mit der Intention, Anregungen für
mehr Chancengleichheit in Unternehmen zu geben, Unternehmen empfohlen, „insbesondere
Fach- und Projektlaufbahnen als alternative Laufbahnwege zu realisieren", da diese „gekonnt
entwickelt und eingeführt hochqualifizierten und karriereorientierten Frauen wie Männern
vielfältige Entwicklungs- und Einflussmöglichkeiten" böten.
[110] Im deutschsprachigen Raum werden Mentoring-Programme seit den 1970er Jahren in
Unternehmen, seit den 1990er Jahren als Instrument der Frauenförderung an Hochschulen
eingesetzt (vgl. Gurtner/Habermayr/Schmid 2007: 163).

ren soll die Wissensvernetzung verhindern, dass essenzielle personelle sowie organisationale Wissensbestände verloren gehen und damit ungenutzt bleiben. Netzwerke dienen in Unternehmen folglich dem Erhalt und der Sicherung von „Humankapital" und lassen sich damit als ein unverzichtbares Instrument des organisationalen Wissensmanagements begreifen (vgl. Peters et al. 2004: 33).

Eine Möglichkeit, die Bildung netzwerkartiger Strukturen im Unternehmen flankierend zu unterstützen, sind *Mentoring*-Programme (vgl. Peters et al. 2004), denn über Mentoren wird nicht nur (Erfahrungs-)Wissen vermittelt, sondern es werden auch neue Kontakte generiert.

Beim *Mentoring* handelt es sich um den institutionell veranlassten Aufbau einer zeitlich begrenzten Zweierbeziehung zwischen einer erfahrenen Person, der Mentorin bzw. dem Mentor, und einer Nachwuchskraft, dem sogenannten Mentee (vgl. Blome et al. 2005: 133). Die MentorIn unterstützt und berät den bzw. die Mentee in allen arbeitsrelevanten Angelegenheiten, u. a. auch beim Aufbau seiner/ihrer Karriere im Unternehmen (vgl. ebd.).

Es gibt unternehmensinterne und -externe sowie unternehmensübergreifende *Mentoring*-Programme (sog. *Cross-Mentoring*). Eine Mentor-Mentee-Beziehung, die sich ausschließlich auf die konkrete Einstiegsphase ins Unternehmen bezieht, wird meist als „Patenschaft" bezeichnet.[111]

In den von uns befragten Unternehmen wurden mehrheitlich all diese Programme genutzt und in unterschiedlichen Variationen durchgeführt.

„Ja, ich habe eine Mentorin [...] Intern [...] Festes Programm bei [Unternehmen]. Das wird jedem empfohlen, sich einen Mentor zu suchen. Jedem. Es gibt dafür offizielle Webseiten, auf denen sich Personen eintragen können, die anbieten als Mentor zu agieren. Und, ähm, wir machen das ständig untereinander. Also, ich mache das auch mit meinen Angestellten. Also, ich werde im Personalgespräch mit ihnen darüber reden, ob sie einen Mentor haben, ob sie nicht einen haben wollen, oder ob ich ihnen einen besorgen soll." (weiblich)

„Wir haben [...] alles, was es gibt, glaube ich, [...] Crossmentoring mit internationalen [...], auch Crossmentoring im Sinne von unterschiedlichen Branchen. [...] Als Letztes dann das Youngster-Mentoring, [...] wo man denn eben je nach [Alters-] Stufe ein Mentoring hat." (männlich)

---

[111] Bei einer Patenschaft wird neben der Vermittlung von Wissensinhalten insbesondere die frühzeitige soziale Integration von neuen MitarbeiterInnen angestrebt. Bis auf die begrenzte Dauer und die Konzentration auf die Einstiegsphase sind Patenschaften den Formen des Mentoring ähnlich.

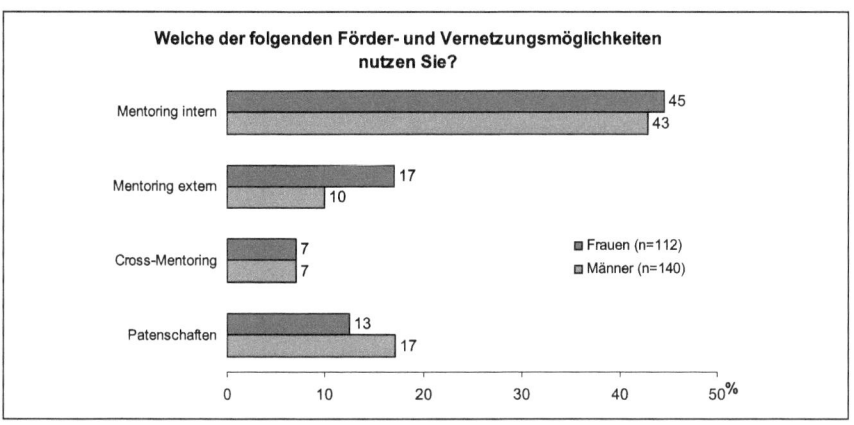

Der Grundgedanke von *Mentoring*-Programmen im intraorganisationalen Rahmen ist der Wissens- sowie Erfahrungstransfer zwischen Führungs- und Nachwuchs- bzw. neuer Arbeitskraft (vgl. Gurtner et al. 2007: 163). Von Unternehmensseite wird die Einrichtung derartiger Tandem-Beziehungen von der Hoffnung begleitet, dass durch den Austausch vorhandenes Wissen der Organisation erhalten bleibt sowie neues Wissen hinzugewonnen wird – und sich somit eine wechselseitig befruchtende Wissensaddition vollzieht, von der nicht zuletzt (vor allem) die Organisation (selbst) profitiert (vgl. Peters et al. 2004: 33 f.).

„Also ich bin der Meinung, Mentoring, das ist […] mit das beste Instrument, das noch viel zu wenig genutzt wird […]. Es ist auch ein recht preiswertes Instrument, wenn man mal so die Strukturen dafür gezogen hat im Unternehmen und […] eine sehr individuelle Personalentwicklungsmaßnahme und das […] ist ja ein Kontakt, den sie für das Leben haben, nicht dass sie sich jetzt noch alle vier Wochen für drei Stunden zusammensetzen, aber dass sie immer mal, wenn irgendetwas ist, da anrufen können und umgekehrt der Mentor natürlich auch, das ist ja eine Zweiseitigkeit, also unsere Mentoren, die profitieren da ja auch." (weiblich)

Vor diesem Hintergrund ist das vornehmliche Ziel von *Mentoring*, die neue Arbeitskraft im Sinne des organisationalen Anforderungsprofils bzw. – um mit Ulrich Bröckling zu sprechen – im Sinne des „unternehmerischen Selbst" (Bröckling 2007) zu formen. Ausgehend davon, dass Beschäftigungsfähigkeit in modernen Arbeitsformen immer weniger aus formaler Qualifikation erwächst, stellt die Organisation der Nachwuchskraft gewissermaßen einen Ratgeber zur Seite, von dessen Erfahrungswissen jene profitieren soll, indem sie aus Unternehmensperspektive „Erfolg versprechende Verhaltensweisen und Kompetenzen lernt" (Gurtner et al. 2007: 162). Mit dieser institutionalisierten Begegnungsmodellen über Hierarchien und Abteilungen hinweg wird folglich ein Mechanismus installiert, mit dem (implizit oder explizit) die Ideologie der „projektbasierten Polis" (Boltanski/Chiapello 2003) – vgl. Kapitel 2.3.3 – in Gestalt des Mentors an den Mitarbeiter herangetragen wird.

Ferner soll auf diesem Wege die (Wissens-)Vernetzung innerhalb des Unternehmens vorangetrieben und damit auch die organisationsübergreifende Zusammenarbeit verbessert werden. Unseren Interviews zufolge steht die Einführung von *Mentoring*-Programmen darüber hinaus in Zusammenhang mit den veränderten, nunmehr projektifizierten und – damit einhergehend – vielfach mediatisierten Organisationsstrukturen und Arbeitsprozessen. Flexible und (teil-)virtualisierte Organisationsstrukturen, in denen die Kontrolle und Steuerung der Mitarbeiter nicht mehr über Anwesenheit geregelt werden kann, erfordern Formen persönlicher und vertrauensfundierter Führung, wie sich eindrücklich zeigt:

> „Also wir hatten Mitarbeiter, die beim Kunden in verschiedenen Projekten [...] Das heißt also, dass die Führungskraft dieser Abteilung eigentlich gar nicht diesen Mitarbeiter mit wahrgenommen hat, [...] und dafür wurde eine – ich sage mal – eine Personalführungsstruktur aufgebaut über ein Mentoren-Modell, es gab also einen Mentor, der eine Anzahl an Mitarbeitern betreut hat im Sinne von ‚ich bin Dein Ansprechpartner für irgendwelche disziplinarischen Themen oder für Personalentwicklungsthemen oder fürs Mitarbeitergespräch', also um diese Beziehung aufzubauen. Das war eine stabile Struktur darüber, dass die Mitarbeiter eben in wechselnden Projekten waren und sozusagen einen festen Ansprechpartner hatten." (weiblich)

Wie bereits erwähnt, leisten Mentorenbeziehungen auch die Vermittlung persönlicher Kontakte, die behilflich sind, ein eigenes karriereförderliches Netzwerk aufzubauen. In dem Bewusstsein, „dass Chancengleichheit von Frauen mit ihrer Förderung in Netzwerken zu koppeln ist" (Peters et al. 2004: 30), wird *Mentoring* in Unternehmen daher auch gezielt als Gleichstellungsstrategie bzw. als *Diversity*-Instrument angewandt (vgl. Blome et al. 2005, Löther 2001).

> „Also ich nehme ja immer gerne auch neue Mentoren, weil die/viele darüber erst einmal blicken auch, wo sind die Sorgen und Nöte von Frauen, die Karriere machen wollen, welche Dinge bewegt die und darüber profitieren unsere Mentoren, egal,

ob es jetzt Männer oder Frauen sind, aber Männer vielleicht noch mehr, weil, wenn sie Frauen begleiten, auch ihre Fehler lernen. [...] Wir haben darüber schon viele wichtige Diversity-Themen platziert." (weiblich)

Bekanntermaßen sind die sich in Netzwerken abspielenden Kommunikations- und Informationsflüsse von größter Karriererelevanz, insofern sie Personalentscheidungen, die häufig aufgrund dieser Netzwerkkontakte bzw. -empfehlungen erfolgen, erheblich beeinflussen (vgl. Ohlendieck 2003: 177). So zeigen auch unsere Daten eindrücklich den Zusammenhang zwischen (individualisierten) persönlichen Beziehungen – die Netzwerke ja de facto konstituieren – und Personalentscheidungen. Beide Geschlechter benennen „Beziehungen" und „Sympathie" als Faktoren, die für Stellenbesetzungen maßgeblich sind.

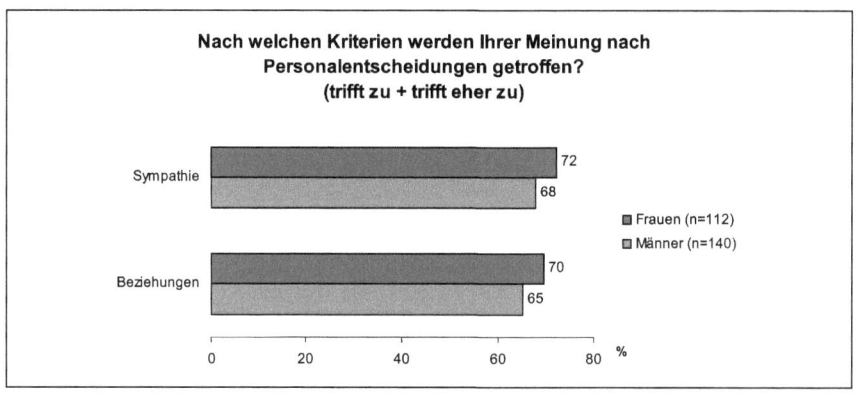

In diesem Zusammenhang ergab unsere Studie, dass Projekte als überaus wichtige Netzwerkmultiplikatoren fungieren können. Unsere Interviews zeigen, dass für KarriereakteurInnen gerade in Projekten eine Fülle an fach- und abteilungsübergreifenden Kontakten entsteht, die äußerst hilfreich beim Aufbau weiterführender karriereträchtiger Netzwerke sein können (so auch Umbach-Daniel 2008: 51).

„Das sind Sprungbretter für Karrieren, weil es Ihnen sozusagen Türen öffnet, weil Sie müssen ja – für dieses übergreifende Thema [...] recherchieren, haben einen guten Aufhänger, können überall in die Türen rein und können dadurch Ihr Netzwerk knüpfen. [...] Also, so funktioniert das, [...] um in die Netzwerke reinzukommen." (weiblich)

„Ich hab letztes Jahr an einem Projekt teilgenommen [...] wo ich in einem interkulturellen Team mit dabei war, [...] da habe ich natürlich ein Netzwerk herausgezogen, jetzt kenn ich halt den Personaler in Südafrika." (weiblich)

„Ich habe da jetzt Glück, dass ich durch die Projekte einfach mit unheimlich vielen Leuten in Kontakt komme. Ich sage mal – andere, die jetzt hier immer in ihrer Linienfunktion sind, die berichten vielleicht 5, 6 Jahre lang an die gleichen Leute und lernen auch nur ihre direkten Schnittstellen kennen und dadurch, dass ich äh ständig woanders bin, habe ich auch schon unheimlich viele Leute einfach kennengelernt, [...] unheimlich viele Entscheidungsträger." (weiblich)

Jedoch weisen einschlägige Untersuchungen in diesem Zusammenhang auf unterschiedliche Voraussetzungen für beide Geschlechter hin. Für Frauen ist der Zugang zu karriereförderlichen Netzwerken in der Regel weitaus schwieriger als für Männer, denn die meist informellen Netzwerkstrukturen sind oftmals in historisch gewachsenen Seilschaften verwurzelt und deshalb tendenziell nach wie vor männlich dominiert („old boys networks"). Frauen fallen bei den sich hier vollziehenden Kollektivierungsprozessen unter das sogenannte Differenztabu.[112] So sorgen fehlende gemeinsame Erfahrungen – etwa durch Sport, Militär, Universität oder z. B. auch Mitgliedschaften in studentischen Verbindungen – dafür, dass Frauen in einer hermetischen Welt der ‚brüderlichen' Erfahrungen, eingespielten Verhaltensweisen und unausgesprochenen Codizes als ‚Fremde' und ‚Außenseiter' gelten. Zudem werden sie aufgrund ihrer Minderheitenposition über den Genderstatus[113] – also stereotyp als Vertreterinnen ihres Geschlechts – wahrgenommen und nicht über ihre persönlichen Stärken und Schwächen bewertet. Auch finden die Begegnungen, in denen auf informeller Ebene *Networking* betrieben wird, oft außerhalb der Arbeitszeiten statt, so dass Frauen, die familiären Fürsorgetätigkeiten nachgehen, eine Teilnahme an diesen Situationen unmöglich ist (vgl. hierzu u. a. Riesenfelder/Schelepa/Wetzel 2006: 162). Nach Aussage einer

---

[112] Bereits in den fünfziger Jahren hatte Festinger (1954) empirisch den Nachweis erbracht, dass in sozialen Prozessen das Prinzip der Ähnlichkeit bedeutsam ist, demzufolge sich Männer tendenziell an Männern und Frauen an Frauen orientieren. In – zumeist männlich dominierten – Organisationen führt dies zum Schließungsprozess gegenüber Frauen (vgl. auch Rubin 1975).

[113] Die Wahrnehmung über den Genderstatus bewirkt, dass Frauen als das ‚andere' Geschlecht etikettiert werden und mit fürsorglichen Aufgaben bzw. stereotypisierten Eigenschaften assoziiert werden. Hierbei schlägt individuelle Konkurrenz, z. B. um solch knappe Ressourcen wie Stellen, in Geschlechterkonkurrenz um (vgl. u. a. Lorber 1999).

Interview-Partnerin hat das Prinzip der Homosozialität[114] für die Netzwerk-strukturen der postfordistischen Unternehmenswelt nach wie vor Bestand.

„Da geht es schon um das Auftreten, [...] der passt mehr rein und der passt weniger rein, klar und wenn nun eine Frau gar nicht rein passt, dann kann auch mal eine Frau das K.O.-Kriterium sein [...]." (weiblich)

„[...] was mehr eine Rolle spielt, ist natürlich die unterschiedliche Art des Netz-werkens, [...] diese informellen Karrieretreiber, die sind natürlich nach wie vor sehr verschieden und da hat man es natürlich als Frau schon schwerer in diese Männer[netzwerke] reinzukommen." (weiblich)

Die von derartigen sozialen Ausschließungsprozessen betroffenen Frauen haben demzufolge in weitaus geringerem Maße an der für das berufliche Fort-kommen so wichtigen personalisierten Wissensvermittlung teil bzw. kommen nicht in den Genuss der karrierewichtigen persönlichen Empfehlungen, die aus einer Netzwerkpartizipation erwachsen.

„Da habe ich gesagt, ich will auf jeden Fall einen Mann haben [als Mentor] und natürlich mal gucken, was für Erfolgszahlen der hat, ne; [...] [Warum auf jeden Fall einen Mann?] [...] Weil ich eine Frau bin?! [...] Und – erstmal gibt es in un-serer Branche mehr Männer und dementsprechend [...] mehr [...] erfolgreiche[n] Männer[n]. [...] Ja, und die haben wiederum [...] untereinander natürlich ein viel besseres Beziehungsgeflecht [...] wie die Frauen." (weiblich)

Selbst dann jedoch, wenn Frauen sich persönliche Netzwerke erarbeiten, in denen sie selbst eine zentrale Position einnehmen und damit im Sinne Burts (1992) „strukturelle Löcher" überbrücken, ist der Nutzen, den sie karriere-strategisch hieraus ziehen können, im Vergleich zu männlichen Netzwerkern begrenzt. Mehr konkreten Vorteilsgewinn – im Sinne von Beförderungen bzw. Stellenbesetzungen, die auf Empfehlung über Netzwerkkontakte erfol-gen – scheinen Frauen im Netzwerk dann zu erlangen, wenn sie „sich das soziale Kapital eines höherrangigen Mannes quasi ‚ausleihen' können" (vgl. Holtgrewe 2007: 18 nach Burt 1992), das heißt also durch eine Vorgehenswei-

---

[114] Die Rekrutierung von neuen Netzwerkmitgliedern wird hier aufgrund stereotyper Selbst-ähnlichkeit vorgenommen. Fundament dieses Prinzips ist die Annahme, dass die Ähnlich-keit mit der eigenen Person die Einschätzbarkeit des Neulings erhöht und auf diese Weise Unsicherheit abgebaut und Kontrolle verstärkt werden kann.

se, die sich den Einfluss eines gut positionierten Mannes zu Nutze macht. In Reaktion hierauf beschreibt eine Interviewpartnerin, wie bei der Wahl eines Mentors konkret erfolgreiche und gut vernetzte statushöhere Männer präferiert werden, weil diese besser im Unternehmen vernetzt sind.

Passend hierzu verweisen Frauen auch noch etwas häufiger als Männer (75 %w; n = 112 vs. 71 %m; n = 140) auf eine Karrierestrategie der aktiven Bemühung um Kontaktaufnahme zu relevanten – meist männlichen – Entscheidungsträgern.

Eine alternative Reaktion auf den Außenseiterstatus liegt – nicht nur für Frauen, sondern auch für andere Minderheiten in Organisationen – in der offensiveren Taktik einer Gründung eigener offizieller Netzwerke.

> „Es gibt eine [...] Gruppe, wo sich [...] eine Gruppe von Frauen innerhalb des Personalwesens zusammengeschlossen hat [...]; es gibt eine [türkische Gruppe] innerhalb von [Unternehmen], es gibt eine [Gruppe von Homosexuellen], die sich auch zu Karrierenetzwerken zusammengeschlossen haben, es gibt eine [Ingenieurinnen]-Gruppe [...]." (männlich)

Offizielle Organisations-Netzwerke stellen vor dem Hintergrund der Ausgrenzung von Frauen aus informellen, männlich dominierten Netzwerken einen Versuch dar, den sich im Verborgenen abspielenden Diskriminierungspraktiken aktiv entgegenzuwirken bzw. Problemen, die diese informellen Strukturen aufwerfen, nachhaltiger zu begegnen.

> „[Dann] gibt es immer das ‚Frauenthema', ja, also erfolgreiche Frauen haben wir in der Bank als echtes Problem im Sinne von wir haben zu wenig davon, [...] dann muss man eben diejenigen a) vernetzen und b) auch Mentoring drauflegen. [...]." (männlich)

Frauen-Netzwerke sind mittlerweile in vielen Unternehmen voll etabliert. Obgleich ein Gutteil davon eigeninitiativ entstanden ist, besteht durchaus ein organisationsseitiges Interesse an ihnen, etwa um Frauen in ihrer Karriereentwicklung zu unterstützen und so den weiblichen Anteil in Führungspositionen zu erhöhen.

Zwar gibt sowohl die Mehrheit der Frauen (90 %; n = 112) als auch der Männer (85 %; n = 140) als Teil der eigenen Karrierestrategie an, sich mit ihren KollegInnen gut zu vernetzen, auch ist der überwiegende Teil der befragten

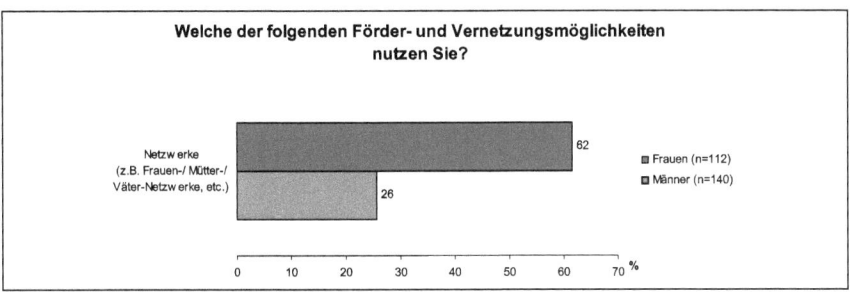

Frauen in offizielle (Frauen-)Netzwerke inkludiert (siehe Grafik)[115] – fraglich ist jedoch, inwieweit Frauen von der Partizipation an diesen offiziellen Netzwerkstrukturen tatsächlich für ihre Karriere profitieren können. Denn die Unterrepräsentanz von Frauen in Führungspositionen führt u. a. dazu, dass offizielle Frauennetzwerke in Organisationen weniger wirkmächtig sind als ihre informellen, nicht offiziell benennbaren, männlich dominierten Pendants (vgl. Scheidegger/Osterloh 2005a, 2005b). Diese Einschätzung wurde unlängst erneut durch eine Umfrage unter mehreren hundert Managerinnen bestätigt (vgl. Helga Stödter Stiftung 2009). Im Bewusstsein um die begrenzte Wirksamkeit offizieller separater Netzwerkstrukturen, in denen die Kontaktaufnahme mit den in der Regel männlichen statushöheren Entscheidungsträgern unterbleibt, versuchen Frauen daher häufig, ihre tendenziell ‚ressourcenarmen‘ Kontakte mit „cross-sex-ties" zu kompensieren (Scheidegger/Osterloh 2005a, 2005b). Auch dies kommt in den Interviews zum Ausdruck:

„Da gibt es auch viele Gegenstimmen von Frauen, die wirklich sagen, wir wollen das nicht. Ganz viele. Also deswegen lassen wir auch die Finger davon. [...] Nee, weil es ganz viele Frauen gibt, die auch sagen: Ich will hier nicht nur so eine Extra-Sache dann nur mit Frauen machen, wenn, dann lasst uns doch, also, dann fördern wir diese Zweiklassengesellschaft noch mehr, sondern wenn, dann will ich ‚mitvernetzt‘ sein mit meinen männlichen Kollegen, also ich will da im Geschäft mit drin sein usw." (weiblich)

Die Situation stellt sich uns auf den Punkt gebracht folgendermaßen dar: Den Frauen-Netzwerken wird zwar seitens der Organisationen ein hoher Stellenwert zugeschrieben – nicht zuletzt, um sich als attraktiver Arbeitgeber für

---

[115] Diese Differenz ist signifikant nach Cramers V: Näherungsweise Signifikanz 0,000, Stärke 0,368.

Frauen zu positionieren – jedoch zeigt sich zugleich, dass diese Netzwerke real eine äußerst begrenzte Karrierewirksamkeit entfalten. Da sie im Verhältnis zu den gewachsenen, oftmals unsichtbaren Männerbünden in erheblich geringerem Maße karrierefördernd sind, lässt sich sagen, dass die Gender-Problematik über Frauen-Netzwerke lediglich derart bearbeitet wird, dass sie dethematisiert wird. So wird sie zwar offiziell ‚angegangen' – nicht jedoch gelöst. Schärfer formuliert: Mit einem vorzeigbaren frauenfreundlichen Maßnahmenpaket lässt sich sehr gut auch eine Haltung überdecken, die letztlich nicht wirklich an einer tiefgreifenden, sozial gerechteren Neuverteilung unternehmerischer Macht interessiert ist.

3.1.4 Kompetenzen und Kompetenzmodelle

Die Programmatik des „Humankapitals" bildet auch die Hintergrundfolie für eine neue Kategorie der (Mitarbeiter-)Bewertung (vgl. Traue 2010), der gerade innerhalb des Projektkontexts ein hoher, wenn auch umstrittener Stellenwert zukommt: *Kompetenz*. Die sozialwissenschaftliche Auseinandersetzung um den recht diffus[116] verwendeten Kompetenzbegriff[117] wird seit geraumer Zeit höchst kontrovers geführt (vgl. Habermas 1971, vgl. Pfadenhauer 1999, Pfadenhauer 2003, Pfadenhauer 2005, Pfadenhauer/Mieg 2003) und aktuell um Ansätze einer soziologischen Kompetenzforschung erweitert (vgl. Pfadenhauer/Kurtz 2010). Die Zurückhaltung mag sich unter anderem durch die unzureichende Abgrenzung gegenüber stärker etablierten soziologischen Begriffen – wie zum Beispiel „Wissen" – erklären. So wird Kompetenz hier etwa als eine höchst subjektive Form des Wissens mit einem starkem Praxisbezug charakterisiert, die in Verbindung mit dem neuen Typus „Wissens-

---

[116] Im Englischen gibt es den Begriff der Kompetenz gleich zweimal: dabei wird „competence" eher für komplexere, „competency" hingegen für eingegrenzte, spezifische Fähigkeiten verwendet. Die Unterscheidung beider Begriffe erfolgt jedoch weder durchgängig, noch in klarer Abgrenzung zueinander. In Frankreich und bei der OECD – um nur einige weitere Beispiele für die Diffusität des Sprachgebrauchs zu nennen – wird der Begriff ebenfalls unterschiedlich benutzt, so dass Sachkundige den Stand der internationalen Diskussion resümierend als ‚unbefriedigend' bezeichnen.

[117] In der Regel wird auf die Bestimmung von F. E. Weinert (2001: 27ff.) zurückgegriffen: Kompetenzen sind: „die bei Individuen verfügbaren oder durch sie erlernbaren kognitiven Fähigkeiten und Fertigkeiten, um bestimmte Probleme zu lösen, sowie die damit verbundenen motivationalen, volitionalen und sozialen Bereitschaften und Fähigkeiten, um die Problemlösungen in variablen Situationen erfolgreich und verantwortungsvoll nutzen zu können."

arbeit" und der damit verbundenen Ausdifferenzierung von Wissen steht (vgl. Knoblauch 2010: 250ff.).

Die Ausbreitung des Kompetenzbegriffs ist somit als ein „Symptom gesellschaftlichen Wandels" (Traue 2010: 49) zu begreifen. Im Kontext von Arbeitsorganisationen steht die Kompetenz-Debatte im Zusammenhang mit dem neuen Zugriff auf Arbeitskräfte, der nunmehr auf den ‚ganzen Mensch' oder, systemisch gewendet, auf die ganze „Person" erfolgt, und nicht mehr nur auf dessen Rolle gerichtet ist. Hintergrund ist der erwiesene Zusammenhang zwischen persönlichkeitsbezogenen Merkmalen und Produktivität, den man sich von Unternehmensseite verstärkt zu Nutzen machen will. Den Ursprung für die immer lauter werdende Rede von Kompetenzen bildet demnach die „Abwendung von mechanisch anwendbarem Regelwissen, welches das Subjekt zum Exekutivorgan der Strukturen macht" (Knoblauch 2010: 252). Während tayloristisch organisierte Arbeitsformen also die exakte Regelbefolgung der Beschäftigten fordern, klagt der postfordistische Arbeitskontext – so zumindest scheint es – den eigenständigen, sprich subjektiven Beitrag der Handelnden ein. Sie sollen in variablen Situationen angemessen, kreativ, erfolgreich und verantwortungsvoll auf das reagieren, was nicht regelhaft erwartbar ist.[118] Für wissensintensive, tendenziell innovative Projektarbeit gilt das umso mehr, da diese – wie von uns bereits beschrieben – typischerweise nicht standardisierbar ist und keinen *One Best Way* im Sinne des *Scientific Management* zulässt. Stattdessen kommt die Subjektivität der Beteiligten ins Spiel. Denn über den Grad bzw. die Ausprägung der (Handlungs-)Kompetenz bestimmt im Prinzip das individuelle Potential (bzw. Vermögen) der Akteure. Wie in Kapitel 2.3.3 ausgeführt, impliziert Wissensarbeit im Team sowie der darin beanspruchte selbstorganisierte Arbeitsmodus ein neues Tätigkeitsprofil, in welchem der Begriff der Qualifikation sich an den postfordistischen Kontext adaptiert (vgl. Traue 2010: 50) und eine Erweiterung um den Begriff der Kompetenz erfährt – sprich: um unmittelbar an die Person gekoppelte Eigenschaften. Da

---

[118] In diesem Kontext scheint auch der Ursprung der Kompetenz-Debatte in den USA anzusiedeln. So übte McClelland (1973) deutliche Kritik an den damals vorherrschenden Intelligenz-Tests als Basis für Studienzulassungen. Diese, so McClelland, seien vorrangig auf Reproduktion kulturell verankerter und sozialisierter Schemata ausgerichtet (z. B. sprachliches Assoziieren, mathematische Fähigkeiten etc.), würden daher potentiell Menschen nicht US-amerikanischer Herkunft diskriminieren und seien darüber hinaus nicht in der Lage, die tatsächliche Eignung von Menschen für bestimmte Tätigkeiten vorherzusagen. Er forderte daher anstelle des Konstrukts der Intelligenz eine Größe, die eine Voraussage über das Handlungsvermögen von Menschen in nicht planbaren, unstrukturierten Situationen leisten könne – diese benannte er mit dem Begriff der Kompetenz (siehe auch Spencer/Spencer 1993).

also, wo das Konzept der Qualifikation auf Fertigkeiten und Wissen zielt, die
der Person eher äußerlich bleiben, vereinnahmt das Kompetenz-Konzept das
ganze Subjekt durch eine eindringlich geforderte „Selbstorganisation", das
heißt, es greift bis in den innersten psychischen Kern. Dahinter steckt die Idee
der Machbarkeit von Kompetenz unter dem Einfluss versierter Trainer und
Berater. Diese systematisierte Transformation von Persönlichkeiten – auch
als „Taylorisierung der Seele" (Zilian 2000) bezeichnet – zielt auf eine restlose Identifikation der Person mit der Aufgabe im Zeichen individueller
Selbstverwirklichung.

Doch die Persönlichkeitsformung kann nicht – wie es aufgrund einer
(quasi) emanzipatorischen Subjektvorstellung anzunehmen wäre – vom Individuum selbst bestimmt werden. Vielmehr zielt der komplexe Handlungs-
begriff ausschließlich auf das Lösen vorgegebener Probleme[119] – Probleme,
die sich das Subjekt nicht selber stellt, sondern die ökonomisch und von den
Arbeitsanforderungen her definiert sind. Allein das Unternehmen legt fest,
was kompetent ist, schreibt in prospektivem Bezug auf erwartete Ergebnisse
Kompetenzen zu bzw. „misst" retrospektiv an den Folgen der Handlungen,
ob diese den erwarteten Kompetenzkriterien entsprechen. Diese Kompe-
tenzverwartungen, die ja unmittelbar auf die Anschlussfähigkeit ans wirtschaftliche System gerichtet sind, erfordern entsprechend Individuen, die sich
zur Produktivität selbst anleiten, also motiviert und eigeninitiativ sind, die
höchste – nur durch passgerechte Selbstorganisation zu gewährleistende – Flexibilität bieten und die sich quasi mit ‚Haut und Haaren' einbringen. Dabei
dient die Selbstorganisation ausschließlich der gestellten Problemlösung, die
die Subjekte – kraft ihrer *ganzen* Person – erzielen sollen, und zwar auch dann,
wenn sie persönlich andere Problemdefinitionen, Rahmenbedingungen oder
Aufgabenstellungen gutheißen würden.

Es liegt in der Natur des neuartigen Sets subjektiver Dispositionen, dass
dieses nicht formal feststell- oder abprüfbar ist. Diese „‚innerlichen' Eigenschaften" (Traue 2010) sind auf den ersten Blick unsichtbar und zeigen sich nur
in actu, im situativen Handlungsvollzug. Folglich ist der Begriff der Kompetenz nicht von seinem Korrelat, der *Performanz*, ablösbar. Erst die Performanz
einer Person lässt Rückschlüsse auf deren Kompetenz zu. Oder anders formuliert: Nur aufgrund der individuellen Performanz kann die Zuschreibung
von Kompetenz als Grundlage für Beförderung erfolgen. Die Verwendung des
Begriffs der Performanz vollzieht sich in diesem Rahmen in Anlehnung an
das Konzept der *Performance*, wie es Goffman im Hinblick auf das Handeln

---

[119] Und nicht auch auf eine geeignete Problemdefinition.

von Individuen in „normalen Arbeitssituationen" entworfen hat. Wie in Kapitel 2.2. ausgeführt, wird darin detailliert beschrieben, „wie [...] der Einzelne sich selbst und seine Tätigkeit anderen darstellt, mit welchen Mitteln er den Eindruck, den er auf jene macht, kontrolliert und lenkt, welche Dinge er tun oder nicht tun darf, wenn er sich in seiner Selbstdarstellung vor ihnen behaupten will" (Goffman 1983: 3). Indem hier sowohl das inszenatorische Moment der Darstellung von etwas bzw. des Schauspiels als auch die Ausrichtung des Handelns auf etwas, sprich „auf die Beobachtung von anderen und ihre Reaktion hin" (Knoblauch 2010: 242) thematisiert werden, umfasst der Begriff der *Performance* – oder eben der Performanz – zwei intentionale Richtungen. Ein solcher gedoppelter Aspekt wohnt auch der Ursprungsbedeutung des Wortes inne, die für den hier behandelten Kontext überaus bezeichnend ist. Dass der Begriff hier nämlich „sowohl Leistung wie ihre Darstellung" umgreift, „verweist nicht nur darauf, dass (theatralische) Darstellung immer eine Leistung ist, sondern auch darauf, dass Leistung dargestellt, theatralisiert werden muss, um als solche überhaupt wahrgenommen zu werden" (Legnaro 2004: 207). Ob jemand als kompetent eingestuft wird, hängt damit größtenteils davon ab, ob es ihm gelingt, sich kompetent darzustellen und seine Potentiale sichtbar, d. h. lesbar zu machen (vgl. Traue 2010: 65). Überaus trefflich weist Pfadenhauer daher die „Kompetenzdarstellungskompetenz" als die eigentlich karriereentscheidende Kompetenz aus (vgl. Pfadenhauer 2003). Kompetenz muss also – zugespitzt formuliert – von den Beschäftigten regelrecht in Szene gesetzt werden. Damit ist die eigentlich zu leistende Arbeit im Spiel um optimale Karrierechancen die gekonnte Selbstinszenierung, d. h. es geht gar nicht um Kompetenz, sondern um Performanz und damit verbunden um Aufmerksamkeitsbindung.

Performanz wird damit zu einem zentralen Richtwert für Personalentscheidungen und die Fähigkeit zur Selbstdarstellung, also zur gezielten Inszenierung der eigenen Kapazitäten karrierestrategische Notwendigkeit. In dieser Hinsicht zeigt sich der bisher auffälligste Unterschied zwischen den Geschlechtern: Während fast alle Frauen (90 %) glauben, dass die Fähigkeit der Selbstdarstellung am wichtigsten sei, gilt dies nur für gut die Hälfte (66 %) der Männer.[120] Diese gehen etwas stärker davon aus, dass vor allem auch die Ergebnisse ihrer Arbeit und ihre Fach- und Führungskompetenz beurteilt werden – ein Urteil, dass ungebrochen der (traditionellen) unternehmerischen Leistungsrhetorik entspricht, nach der Personalentscheidungen auf einer

---

[120] Diese Differenz ist signifikant nach Cramers V: Näherungsweise Signifikanz 0,000, Stärke 0,206.

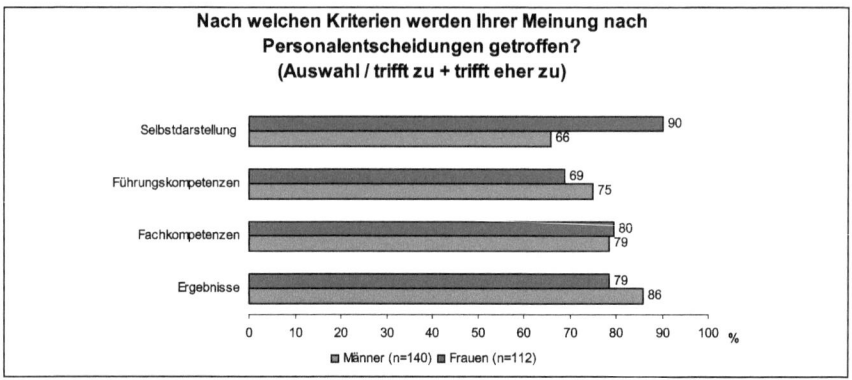

Logik der Ungleichheit beruhen, d. h. auf der Unterscheidung von individueller Leistung und Qualifikation.

Damit der einem Verhandlungsspiel[121] gleichende Aufmerksamkeitstausch, über den die Zuschreibung von Kompetenz letztendlich erfolgt, für die Akteure zielführend ist, müssen sie es jedoch schaffen, dass ihre Performanz als glaubhaft und authentisch wahrgenommen wird. Dies gelingt offenbar nur für den Fall, dass „Selbstachtung und äußere Wertschätzung einander ergänzen." (Franck 1998: 82) Schließlich hat eine Person erst dann Überzeugungskraft – so bereits Goffman – wenn „Verhalten und innere Einstellung als im Einklang befindlich, als authentisch empfunden werden", denn erst Authentizität „erweckt Vertrauen und schafft persönliche Autorität." (zit. nach Bröckling 2007: 275).[122] So thematisierten unsere InterviewpartnerInnen *Authentizität* immer wieder als ein für Karriere notwendiges Persönlichkeitsmerkmal und erwarten diese auch durchgängig (94 %)[123] von Führungskräften.[124]

---

[121] In diesem Spiel geht es darum, den anderen das bestmögliche Bild von sich zu vermitteln und umgekehrt die anderen so aus der Reserve zu locken, dass man sich ein umfassendes Bild von ihnen machen kann. „Unser täglicher Umgang mit anderen Menschen ist neben alldem, was er noch ist, ein fortlaufender Tausch von Beachtung." (Franck 1998: 76)

[122] Dies käme der Annahme von Roderick M. Kramer und Karen Cook nahe, die Rationalität und Widerspruchsfreiheit als Voraussetzungen für das Entstehen von Vertrauen in Organisationen ansehen (vgl. Illouz 2009: 150, Kramer/Cook 2004).

[123] Frage 32 der quantitativen Erhebung, siehe Fragebogen im Anhang (n = 253).

[124] Passend zu unseren Befunden stellt eine aktuelle Studie der Managementberatungs-Agentur SKP, aber auch Sinus Sociovision (2010) ‚Authentizität' als Top-Anforderung an Führungskräfte heraus. Laut ihren Befragungen ist die „erfolgreiche Führungskraft der Zukunft" zuallererst „integer, verlässlich, glaubwürdig, authentisch" (SKP 2008). Ähnliches lieferten eine Studie der Akademie der Führungskräfte der Wirtschaft (2003) sowie die Umfrage der

„Nicht der Youngstar oder der Yuppie oder so [macht Karriere, sondern] [...] es ist natürlich der authentische. Weil, das mit dem ‚geleckt', das fällt dann halt schon irgendwann mal auf, weil... [...] das IT-Geschäft taktet eigentlich so kurz und ist teilweise so transparent, dass derjenige, der – ne – geleckt ist, dem sieht man sehr schnell ins Geschäft rein. Und da kann er nicht viel verstecken. [...] wie man dann halt mit den Kollegen umgeht, dass man da also nicht nur blödes Zeug schwätzt, sondern, dass man auch wirklich mal Dinge offen und ehrlich [...] ganz klar sagt, so, da entscheide ich links rum und nicht rechts rum, auch wenn der Herr Sound-so es sagt. Das ist für mich authentisch [...] eben diese klassischen Werte [...] wie Respekt, Ehrlichkeit, Offenheit – ja." (weiblich)

„Ich denke, nach kurzer Zeit werden die Leute das durchblicken, wenn man sich verstellt." (weiblich)

„Sie müssen Sie selbst bleiben. Mitarbeiter und Chefs [merken] unglaublich schnell, wenn Sie sich verstellen, [...] vielleicht ist das auch sensibler geworden, früher hat man mehr so eine Rolle gespielt. Heute ist man geprägt durch seine Individualität, die man hat. Ne, es will keiner mehr so einen angepassten Schlipsträger, der da nur sagt: ‚Ja, mein Chef, mache ich' und so. Ähm, also ich glaube auch eher, das ist da auch noch so ein bisschen geprägt, die wollen auch Querdenker [...]." (weiblich)

„Vielleicht ist das das, was ich auch ausstrahle. Ich muss gar nicht um meinen Job kämpfen, ich weiß, ich bin gut, und wenn ihr mir das zutraut, mach ich das gern. Aber wenn ihr mich nicht braucht, ich brauch euch auch nicht. Und das [...] wirkt eher, als wenn einer, der immer ((verstellt die Stimme)) ‚oh, und da müssen wir mit-schreiben, und sagen Sie doch mal, und, ach das hörte sich gut an, was der gesagt hat', und dann so dieses, [...] den Höheren auch so begöschern [sich einschmeicheln, Anm. d. V.]." (weiblich)

Dieser Anspruch auf eine unverstellte Selbstpräsentation kann natürlich nicht immer gewährleistet werden und erfordert dementsprechend ein hohes Maß an emotionaler Selbstkontrolle, eine Sozialtechnik, die bereits in der frühen Managementliteratur[125] (vgl. hierzu insbesondere Illouz 2009) beansprucht

---

WomenPower 2007 auf der Hannover Messe (Schneider et al. 2007): ‚Authentizität' landete als Erwartung an Führungskräfte jeweils auf dem ersten Platz.
[125] Der „Rationalisierung der Gefühle" wurde eine „Emotionalisierung des ökonomischen Verhaltens" entgegengesetzt und begründete mit den Worten von Illouz den „emotionalen Kapitalismus" (Illouz 2009: 108).

wird und die nahtlose Integration des Selbst ins System herbeiführen soll. Insbesondere für mittlere bis hohe Positionen ist die emotionale Selbstkontrolle eine wichtige Sozialtechnik in der karrieristischen Ausübung von Macht und Autorität.[126]

Dieses therapeutische Selbstmanagement (vgl. Illouz 2009) hat allerdings weitreichende Folgen für die Akteure und kann nicht einfach mit der Arbeitskleidung abgestreift werden, denn die Erfahrung von Aufmerksamkeit ist essentiell – so Franck – „um ein ungestörtes Verhältnis zu uns selbst zu entwickeln" (Franck 1998: 82). Da sich auch das karrierestrategische Bedürfnis nach Aufmerksamkeit aus der universal-menschlichen „Sorge um den Selbstwert" speist (ebd. 1998: 75 f.), bestimmt es in hohem Maße das Selbstwertgefühl der karriereorientierten Akteure. Nichts – um noch einmal Franck zu zitieren (1998: 18) – beschäftigt uns so sehr, „wie unser Selbstbild im Spiegel des anderen Bewusstseins" und die Wertschätzung, die man aufgrund der kompetenzinsinuierenden Selbstdarstellung im Arbeitszusammenhang erfährt, betrifft – in aller Konsequenz – die ganze Person. Es hat somit den Anschein, als ob Aufmerksamkeit zur wichtigsten Quelle für erfolgreiche Karrieren geworden sei und das projektifizierte Unternehmen der eigentliche Schauplatz für die Ausbildung des (unternehmerischen) Selbst sei, ein Ort, für dessen Errichtung, gegebenenfalls aber auch für dessen Zerstörung.

Kritisch möchten wir anmerken: Entspringt die am Erfolg orientierte Darbietung von Authentizität einem versierten Management der Gefühle (und Gedanken), so hebt sich der Echtheitsanspruch tendenziell selbst auf. Denn oft genug wurzelt das, was überzeugend zur Darstellung gebracht werden muss, keineswegs automatisch in den genuinen Befindlichkeiten und Wertigkeiten des Subjekts, sondern muss sich an den Erwartungen und Vorgaben des Unternehmens ausrichten. Vor allem dann, wenn berufliches Vorankommen die einzige maßgebliche Antriebskraft ist, wird ein Akteur durchgängig erfolgstaktisch vorgehen und in diesem Sinne auch die ganze Palette seiner Kompetenzen auszuspielen suchen. Indem sich hier das unverfälschte Selbstsein der Person auf eine einzige Wertlogik – Anerkennung von oben und Erfolg – reduziert, ist eine rein instrumentelle Umsetzung des Authentizitätshabitus sowie auch der sozial und kollegial gefärbten Kompetenzen vorprogrammiert. Damit wird weder dem eigentlichen Wortsinn von Authentizität

---

[126] Zur Unterstützung kann z. B. anhand von Videoaufzeichnungen und Coachings die Perspektive einer anderen Person eingenommen und systematisch analysiert werden, um so die eigenen Erfolgschancen zu erhöhen (vgl. hierzu insbesondere Nolte/Heidtmann 2009).

entsprochen noch wäre das sozial sensibilisierte Gepräge der Arbeitswelt viel mehr als Augenwischerei.

Aber auch im Falle einer frei gewählten, grundsätzlich zustimmenden Wahrnehmung beruflicher Aufgaben, die dann ein hohes Maß an ‚echter' Identifikation erlaubt, ist die gleichsam restlose Inanspruchnahme von Personen, die auch ihre ehemals ‚privaten' Kompetenzen den beruflichen Imperativen dienstbar machen, nicht unverfänglich. Eine durchgängige Einschwörung der ganzen Person auf rationale Zielvorgaben, Konkurrenzstrukturen und psychologisch geschulte reflexive Selbstdarstellung – und dies zumeist in engen zeitlichen Horizonten – ist jedoch mit Risiken verbunden. Neben seelischer Überforderung und der Gefahr, zum Arbeitsjunkie zu werden, impliziert dieses neue ‚ganzheitliche' Schnittmuster vor allem das Risiko eines Distanzverlustes zum eigenen Tun sowie damit verbundenen beruflichen Deformationen.

Um die Beurteilung der Performanz für die Praxis zu operationalisieren, legen Unternehmen Kriterienkataloge – sogenannte Kompetenzmodelle – an, in denen die erwartbaren Dispositionen von Beschäftigten und potentiellen Stellenanwärtern entsprechend der organisationalen Bedürfnisse definiert sind. Diese Kompetenzmodelle dienen als Grundlage wesentlicher Prozesse der Personalwirtschaft, seien es Personalrekrutierung und -auswahl, Karriereplanung und -beratung, Entgeltgestaltung (inkl. Prämien) sowie alle Bereiche der Personalentwicklung – und sind damit auch ein Kernelement der Organisationsentwicklung (vgl. Büser 2004: 267). Mit Hilfe dieser Modelle versuchen Unternehmen, individuell-subjektive Eigenschaften zu objektivieren, um Leistungsfähigkeit mess- und evaluierbar zu machen. Kompetenzmodelle bringen also organisationsspezifische Kompetenzerwartungen in gebündelter Form zum Ausdruck.

In der Regel unterscheiden Kompetenzmodelle zwischen fachlichen, methodischen, sozialen und personalen Kompetenzen (vgl. im Folgenden Scheitler 2005: 94). *Fachliche Kompetenzen* sind z. B. die spezifischen Kenntnisse und ihre Anwendung innerhalb eines bestimmten Arbeitsbereichs (bspw. Beherrschen von Programmiersprachen) und umfassen je nach Position und Branche weiterhin Managementwissen, betriebswirtschaftliche und finanzwirtschaftliche Kenntnisse etc. Unter *methodischen Kompetenzen* sind die Kenntnisse und Fähigkeiten zu verstehen, anhand der kreativen Anwendung spezifischer Methoden Aufgaben und Tätigkeiten zu strukturieren und erfolgreich umzusetzen. Beispiele sind Moderations- und Präsentationstechniken, Projekt-Management-Kenntnisse sowie Wissens- und Informationsmanagement. *Soziale Kompetenzen* richten sich auf die zielgerichtete Gestaltung sozialer Interaktionen bzw. Kommunikationen. Sie umfassen Kommunikations-,

Konsens- und Konfliktfähigkeit bzw. die Fähigkeit zur Lösung und Moderation von Konflikten, Teamfähigkeit und Einfühlungsvermögen. *Personale Kompetenzen* wiederum sind persönlichkeitsbezogene Merkmale, wie die Fähigkeit zur Selbstreflektion, Authentizität im Auftreten, Flexibilität in Bezug auf Situationen und Personen und Gelassenheit wie Begeisterungsfähigkeit gleichermaßen.

Aus der Bandbreite dieser Eigenschaften gestalten Unternehmen ihre spezifischen Kompetenzmodelle, anhand derer die Auswahl und Bewertung der Mitarbeiter erfolgt. Diese spezifischen Kompetenzmodelle können dabei höchst unterschiedlich ausfallen: So besteht das Modell von Siemens aus 17 Kompetenzen, die per definitionem beobachtbare Verhaltensweisen darstellen. Diese 17 Items zielen auf 4 Dimensionen mit den Titeln *Drive, Focus, Impact* und *Guide* (vgl. Kels 2009: 194, Rastetter 2006: 174, Sanne 2004). Das Beratungsunternehmen KPMG nennt *Client Responsiveness, Business Skills, Management, Personal Effectiveness, Social Skills, Thinking Skills* und *People Development*. Der auf Energie- und Automatisierungstechnik spezialisierte ABB-Konzern hat hingegen *Innovation/Creativity, Teamworking Skills, Customer Focus, Communication Skills, Flexibility, Quality of Work, Development of Others, Professional Knowledge, Leadership* und *Accepting Responsibility* in seinen Kompetenz-Katalog aufgenommen (vgl. Büser 2004). Üblicherweise werden Bewertungsergebnisse sowie daraus abgeleitete Entwicklungspotenziale in vielen Großunternehmen systematisch erfasst, um spezifische Kompetenzprofile – etwa für Projekte – bedarfsweise rekrutieren zu können.

„Und das ist unser Netzwerk natürlich, dass wir mit dem Kompetenzmodell wirklich intensiv wissen, was sind die Stärken und Schwächen unserer Kollegen." (weiblich)

Im Fokus der Anforderungen stehen immer mehr *soziale* und *personale Kompetenzen*. Das spiegeln auch die Ergebnisse unserer Studie, in der wir nach den Anforderungen für Projektarbeit in virtualisierten Teams gefragt haben.

Vor allem die weiblichen Mitarbeiter scheinen den neuen sozialen und personalen Kompetenzerwartungen zu entsprechen. Zumindest erkennen sie stärker als ihre männlichen Kollegen an, dass die wichtigsten Eigenschaften für (räumlich verteilte) Projektarbeit „Kommunikationsfähigkeit", „Konfliktlösungskompetenz" und „Einfühlungsvermögen" sind.[127]

---

[127] Erst in zweiter und dritter Instanz gelten „Fachkompetenzen" (90 %) und „Durchsetzungsfähigkeit" (82 %) gefolgt von „Selbstreflexion" (80 %), „Medienkompetenz" (77 %)

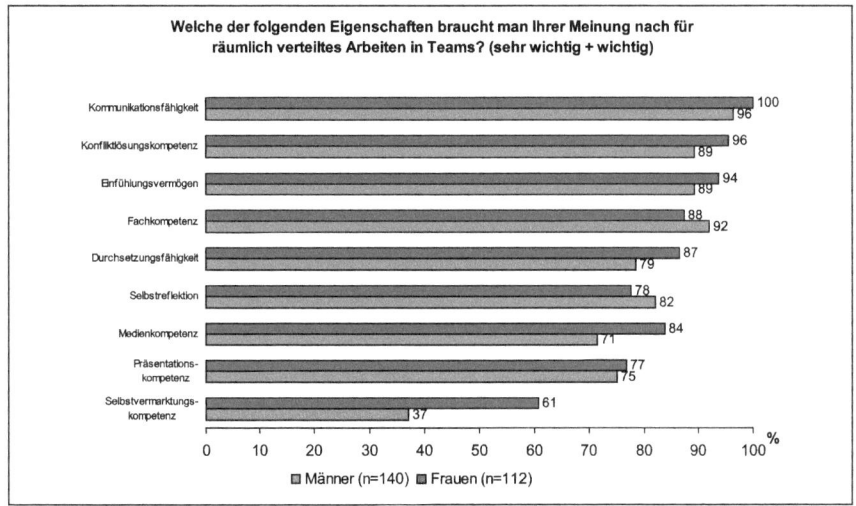

Unter dem Label „Soft Skills" subsumiert werden diese Eigenschaften sogar von fast zwei Dritteln der Befragten als maßgebliches Kriterium für Personalentscheidungen genannt (siehe Abbildung S. 120).

Fachliche Eignungen hingegen werden zwar nach wie vor als wichtig eingestuft und gelten auch als starkes Kriterium für Personalentscheidungen, sie werden grundsätzlich aber als gegeben vorausgesetzt bzw. der problemlosen Weiterbildung der Akteure anheimgestellt, so der einhellige Tenor unserer Interviewpartner:

> „Ich spreche jetzt nicht nur von den reinen fachlichen, sondern vor allen Dingen von den Persönlichkeitssachen, von den persönlichen […] Soft Skills. Also die anderen sind relativ […] einfach, wenn jemand […] seit 25 Jahren im Pipelinegeschäft als Ingenieur die x-te Anlage gebaut hat und die ist x-mal als Superprojekt dekoriert worden, dann brauche ich nicht über seine fachliche Qualifikation zu diskutieren." (weiblich)

> „Karriere – also dazu gehört schon eine fachliche Basis, ein gesundes Fundament […] Der erste Schritt, nämlich die fachliche Basis, die muss überall – [in] der Vergangenheit […] wie heute auch – vorhanden sein." (männlich)

und „Präsentationskompetenz" (76 %) als wesentlich – diese Werte beziehen sich auf die Gesamtstichprobe (n = 253), also Frauen und Männer.

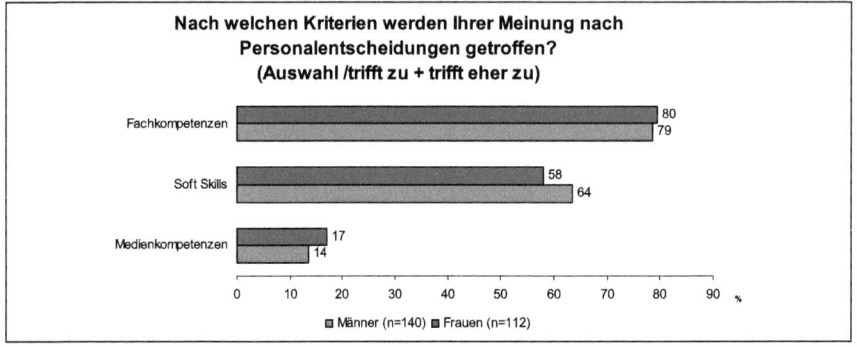

"Wenn man fachliche Defizite hat, das ist am einfachsten. Da gibt's genug Schulungen. Da gibt,s genug Kurse, um diese fachlichen Defizite [...] zu minimieren."
(männlich)

"Eine gewisse Lernfähigkeit unterstelle ich einfach mal, was diese fachlichen Sachen angeht, dieses Handwerkszeug." (männlich)

Derlei Aussagen gehen mit dem Ideal des – durch therapeutische Sozialtech-
niken geprägten – Managers konform, wie es Eva Illouz in Bezug auf postfordistische Beschäftigungsverhältnisse überaus luzide nachzeichnet (vgl. Illouz
2009). Illouz' Fazit: In Zeiten, in denen Arbeit sich als das Produkt aus dem
Zusammenspiel stets alternierender Akteure darstellt, wird das Gelingen der
Interaktion – und schlussendlich der unternehmerischen Wertschöpfung –
maßgeblich an Persönlichkeitsmerkmalen der Mitarbeiter festgemacht. Nur
wer sich selber gut ins Spiel bringen und gleichermaßen zuhören und sich in
andere hineinversetzen kann; wer mit anderen kooperieren und die sowohl
eigenen als auch fremden Interessen und Erwartungen kommunizieren kann
und sich von Wut, Zorn oder Frustration zu distanzieren weiß, gilt als geeig-
neter Mitarbeiter und erfolgreiche Führungskraft.
        Eine so verstandene Führungsrolle impliziert "neue Skripte für wirtschaft-
liche Beziehungen" (ebd. 109) und damit selbstredend auch eine modifizierte
Form der Machtausübung. Denn wenn der Erfolg eines Unternehmens primär
auf Teamarbeit angewiesen ist, werden autoritär durchgesetzte Machtbezie-
hungen obsolet. Stattdessen hat das Wissen – oder vielmehr: die Kompetenz –, wie man mit Konflikten umgeht und sie löst, vermehrt Arbeits- und
Karriererelevanz. Dabei drückt sich Macht heutzutage in einem "emotionalen

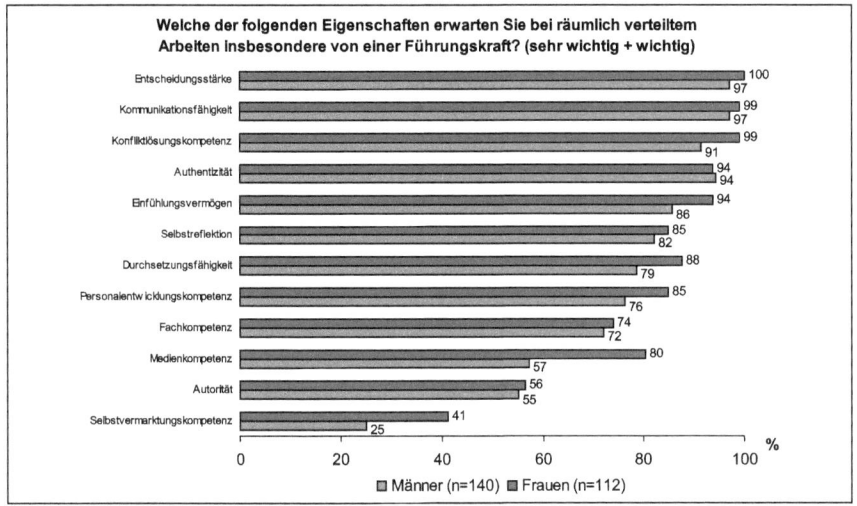

Stil" (ebd. 128) aus, der eine selbstkontrollierte und situationsspezifische Mischung aus Rationalität und Emotionalität einfordert und im Wesentlichen auf Vertrauenswürdigkeit und Kooperation basiert. Diese Forderung, Gefühle in den Mittelpunkt zu stellen und diese gleichzeitig im Sinne der Unternehmung gezielt zu steuern und zu kontrollieren, stellt sich – wie ausführlich gezeigt – insbesondere für projektförmige Arbeitsstrukturen, in denen das komplexe emotionale Gefüge der sozialen Interaktionen erfasst und subtil gelenkt werden muss.

Wie wichtig den Personalabteilungen moderner Unternehmen der „emotionale Stil" ihrer (künftigen) Mitarbeiter sowie insbesondere der Führungskräfte ist, zeigen die von den Befragten reproduzierten Wertschätzungen der personalen und sozialen Kompetenzen bezüglich der Führungskräfte deutlich (s. o.).

Personale Kompetenzen – gemeint sind eben jene persönlichkeitsbezogenen Charakteristika wie (Selbst-)Reflexion, Authentizität, Engagement, Motivation – werden den Interviews zufolge in direkten Zusammenhang mit zu erwartenden Leistungen gestellt und als ausschlaggebend für Einstellungen und Bewertungen angesehen.

„Motivation, Engagement, würde ich sagen, ist so schon das Wichtigere. Weil, wenn man das hat, dann – behaupte ich mal – stimmt auch die Leistung." (männlich)

„Wichtig ist eigentlich das Wollen. Wenn man eine gewisse Intelligenz unterstellt, dann kann man sich bei dem, was wir hier machen, die Fachkompetenz, die man braucht, immer noch aneignen." (männlich)

Die hier zur Sprache gebrachte Fähigkeit zur (Eigen-)Motivation bezieht sich wiederum vor allem auf die im Fokus stehende Zielgruppe der Führungskräfte. Denn die Steuerung von Wissensarbeit in projektifizierten organisationalen Umgebungen verlangt von diesen die gekonnte Verfügung über immer mehr Elemente „weicher Struktursteuerung" (Frieling et al. 2000: 58 ff.). Konkret geht es um die Gabe, Mitarbeiter begeistern bzw. überzeugen und gegebenenfalls auch unpopuläre Rationalisierungsmaßnahmen wie Einsparungen, Stellenabbau, Umstrukturierungen glaubhaft rechtfertigen zu können.

„Haben Sie Charisma? [Das Unternehmen] sucht Leute, die von sich aus eine Führung vermitteln, also diese, diese ‚ich bin fachlich gut, ich kann Projekte lesen und eine Bilanz', das reicht nicht, das reicht nicht mehr. Das hätte gereicht vor zehn Jahren, aber das reicht heute nicht mehr. [Das Unternehmen] möchte charismatische Leute, die sie auf die Bühne schicken können, die Leute mitreißen können, die auch im schwierigen Umfeld und schwierigen Situationen, so nach dem Motto ‚Ihr macht dort Gewinne ohne Ende, warum müsst ihr denn trotzdem Zweihundert abbauen', die das auch noch gut rüberbringen können. Und das kann man nicht, wenn man wirklich nur eine Null-Acht-Fünfzehn-Führungskraft ist, das geht einfach nicht." (weiblich)

Eine zentrale Forderung, die Unternehmen immer wieder an ihre Mitarbeiter stellen, besteht darin, dass jene ihre Einstellung, ihre Motivation sowie ihr Handeln stets an den Zielen der Organisation überprüfen. Dies erfordert aus der Sicht der Befragten besonders für räumlich verteilte Teams ein hohes Maß an Selbstreflexion, und zwar von den Mitarbeitern (80 %) genauso wie von den Führungskräften (83 %)[128].

„Selbstreflexion! Darum geht es mir! Derjenige muss in der Lage sein, sich selbst zu reflektieren. Also wie wirke ich und wie wirken andere auf mich und was passiert gerade mit mir, weil der gerade so agiert?" (weiblich)

---

[128] Diese Werte beziehen sich auf die Gesamtstichprobe (n = 253), also Frauen und Männer. Frage 32, siehe Fragebogen im Anhang.

„Menschen [...], die in [...] sich gefestigt sind, so ein Selbstbewusstsein haben, [...] mit Kritik umgehen können, [...] auch einen wertschätzenden Umgang Anderen gegenüber haben, die eine gewisse Fehlertoleranz mitbringen [...], erst mal in Erfahrung bringen, warum ist der jetzt so[...] Also es ist eine persönliche Kompetenz [...] Menschen, die in der Lage sind, [...] sich auf eine Metaebene zu begeben und eine Beziehungsstruktur zu erkennen [...], die nicht alles persönlich nehmen, also die nicht sich so im Zentrum alles sehen oder die sich nicht gleich sofort angegriffen [...] fühlen und immer so gleich auf aggressive Abwehr gehen [...]." (weiblich)

Wie diese Aussage illustriert, werden personale Kompetenzen unmittelbar mit sozialen Handlungszusammenhängen assoziiert, vorrangig in Bezug auf die Zusammenarbeit mit und die Führung von Mitarbeitern. Personale Kompetenzen zeigen ihren Wert für das Unternehmen demzufolge erst in gelungener Kombination mit *sozialen Kompetenzen* – sprich: Dispositionen, die ein kommunikativ und kooperativ selbstorganisiertes Handeln ermöglichen (vgl. Scheitler 2005: 93) Soziale Kompetenzen werden damit erfolgskritisch: Die „Soft Skills" verwandeln sich in „Hard Facts" (vgl. Frieling et al. 2000: 61). Dabei geht die Bedeutungszunahme von sozialen Kompetenzen mit der Ausbreitung von Projektarbeit Hand in Hand: „Zu den Schlüsselqualifikationen eines Projektmanagers gehören heute nicht mehr nur der versierte Umgang mit Strukturplänen, Kostenrechnungsverfahren und Dokumentationssystemen, sondern auch partnerschaftliche Gesprächsführung, Konfliktmediation und die Fähigkeit, ein Projekt überzeugend zu präsentieren" (Bröckling 2007: 268).

Wie bereits mehrfach deutlich wurde, gilt unter den Positionen, die das Konglomerat sozialer Kompetenzen ausmachen, vor allem *kommunikative Kompetenz* als Karrierefaktor. Denn Arbeitszusammenhänge wie das Projekt beruhen in erheblichem Maße auf sozialer Interaktion und *konstituieren* sich erst kommunikativ. Kooperationserfolge, Wissenserzeugung, -selektion und -interpretation oder auch Konfliktlösungen werden in teamgestützter Wissensarbeit kommunikativ erzielt. Dem entsprechende Fähigkeiten sind sozusagen die Grundvoraussetzung für Produktivität und in gewissem Sinne „die Idealvorstellung des unternehmerischen Selbst [...] schlechthin" (Illouz 2009: 162).[129] Somit ist der Projektarbeiter ein „homo communicans":

---

[129] Illouz zufolge wurde in „einer Umfrage unter Personalchefs von Firmen mit mehr als 50.000 Beschäftigten [...] unlängst Kommunikationsfähigkeit als wichtigstes Kriterium für die Einstellung von Managern genannt. Die von der Katz Business School der University of Pittsburgh durchgeführte Erhebung zeigt, dass Kommunikationsfähigkeit (einschließlich schriftlicher und mündlicher Präsentationen) sowie die Fähigkeiten mit anderen zusam-

„[…] aber klar, die Kollegen, die dann sichtbar einen Entwicklungsschritt machen, also das sind dann auch diejenigen, die wirklich so auf der kommunikativen Ebene […] entsprechende Kompetenzen haben. Je höher man kommt, umso rhetorisch begabter […] sind schon die Kollegen, Kolleginnen. Das ist […] grundsätzlich so. Also das hat schon seinen Grund, weil […] dann ist man halt in mehr Meetings involviert, muss […] mehr präsentieren. […] Da geht's um die Strategie. Da geht's um die wichtigen Projekte, wichtigen Themen und das sind schon top kommunikative Kollegen." (männlich)

„Das traut man denen dann auch zu und sagt, sie haben einfach vom Gesamttypus her, von ihren Managementfähigkeiten, […] gerade dann auch soziale Fähigkeiten, weil das ist ja dann gerade in vielen Bereichen, wenn es um ähm – um schwierige Themenkomplexe geht, hat es ja doch viel damit zu tun, wie kommuniziere ich was […], Integration ist wohl mit das Schwierigste […]." (weiblich)

Da Kommunikation in vielen Fällen medial vermittelt ist, beinhaltet Kommunikationsfähigkeit immer auch Medien(nutzungs-)kompetenz. Um sich selbst und das eigene Wissen bzw. die eigenen Kompetenzen (karriere-)wirksam einbringen zu können, ist es unabdingbar, die Möglichkeiten und Grenzen technischer Kommunikationsmittel zu kennen und auf dieser Basis die sozialen Folgen des eigenen Medienhandelns zu antizipieren.[130] Medienkompetenz in dieser Form wird geradezu zur Bedingung von Kommunikationsfähigkeit bzw. ist eng verbunden mit sozialer Kompetenz und kann zum erfolgskritischen Faktor in der virtualisierten Projektarbeit werden – und damit zu einem Kriterium der Auswahl von Projektmitgliedern.

„Also ich würde mir in jedem Fall jemanden suchen, der technisch versiert ist und diese ganzen Medien gut beherrscht, also ich spreche […] nicht nur darüber, dass wir uns am Telefon verständigen, sondern z. B. das ganze Thema NetMeeting mit reinnehmen […] bzw. gibt es ja noch andere Medien. [Ich] würde mir jemand suchen, der sich da gut auskennt und z. B. die ganzen organisatorischen Maßnahmen vornehmen kann, also ein paar technische Skills einfach auch mitbringt." (weiblich)

„Die Frage ist: Kann er in so einer Gruppe einfach nur seinen Input auch dazu geben oder kriegt er es nicht hin, weil – er ist ein Eigenbrödler oder sie. Dann kann ich

---

menzuarbeiten, die wichtigsten Erfolgsfaktoren in Unternehmen darstellen." Mind Tools, Introduction, zitiert nach Illouz (2009: 162).
[130] Vgl. zur Medienkompetenz Dewe (2005), Dewe/Sander (1996)

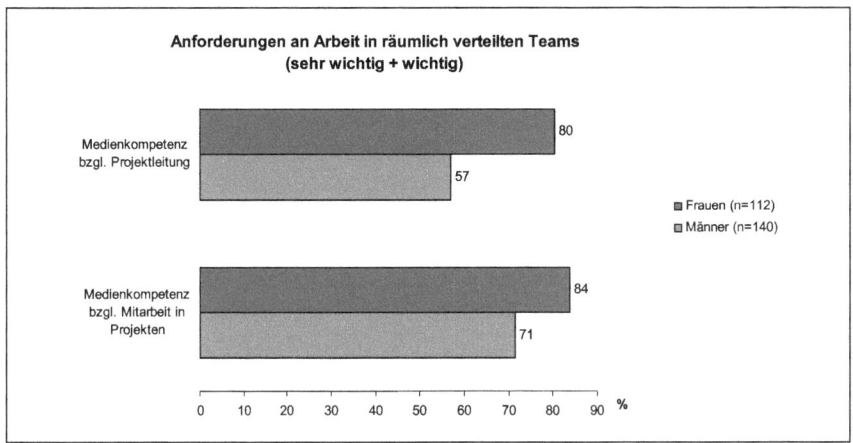

bei seinem ganzen Know-how, kann ich ihn in der Gruppe nicht gebrauchen. […] Ich kenn ihn aber nicht, aber meine Führungskraft, die in Schweden sitzt, arbeitet täglich mit dem und kann mir sagen: Du, fachlich gesehen – super gut, den holen wir auch als Experten, aber blame ihn nicht, […] hol ihn als Experte, wenn es sein muss. Aber nicht in solchen virtuellen Meetings, das funktioniert bei dem nicht." (weiblich)

„Die rein fachlichen Kompetenzen ergäben sich sicherlich aus dem Projekt selbst. Auf der Ebene der sozialen Kompetenzen zwangsläufig […] die Fähigkeit zur Teamarbeit, natürlich hohe Kompetenzen im Umgang mit technischen Medien […]. Das ist reine technische Fertigkeit, ja, aber auch das Kennen der Grenzen dieser Mittel." (männlich)

Dementsprechend werden Medienkompetenzen auch als äußerst wichtige Anforderung an das räumlich verteilte Arbeiten in Teams genannt – und zwar sowohl als Anforderung an ProjektmitarbeiterInnen als auch an die Projektleitung.[131] Frauen werten diese Kompetenz jedoch in beiden Fällen als weitaus wichtiger als Männer.

Je höher die hierarchische Ebene, desto komplexer werden die Aufgaben, und desto größer wird die Bedeutung sozialer Kompetenzen. Bezüglich der Komplexität, Größe und Wichtigkeit von Projekten lässt sich nach Gemünden

---

[131] Diese Differenz ist signifikant nach Cramers V: Näherungsweise Signifikanz 0,000, Stärke 0,250.

und Hölzle (2006: 21) der gleiche Zusammenhang formulieren: Mit steigendem Verantwortungsgrad (vom „Projektleiter" über den „Senior PL" zum „Projektdirektor") steigt ebenfalls die Bedeutung sozialer Kompetenz, wohingegen fachliche und methodische Kompetenzen als weniger wichtig eingestuft werden.

Zur karriereförderlichen Distinktion der eigenen Person muss daher neben den fachlichen Kompetenzen unbedingt ein ausgeprägtes Profil sozialer und personaler Kompetenzen treten. Der Arbeitende muss sich als „unverwechselbare Marke" (Bröckling/Krasmann/Lemke 2004: 275) erschaffen, sprich: Er muss sich ein individuelles Kompetenzprofil zulegen, um die dauerhafte Anschlussfähigkeit in Projekten und im Unternehmen zu sichern und um sich von der Konkurrenz abzuheben. Diese Herausforderung an eine – Rationalität und Emotionalität verbindende – authentisch und charismatisch wirkende Individualität fordert die Subjekte mit voller Kraft. Es geht nicht darum, lediglich spezifische Eigenschaften in Szene zu setzen, sondern darum ‚sich selbst' zu veräußern. Kurzum: Es geht darum, seine ganze Identität in den Dienst des Unternehmens zu stellen.

Dieses äußerst individuelle Kompetenzprofil dient dazu, Personen passgenau im Unternehmensnexus zu verorten und anhand ihrer ‚gescannten' Merkmalskombinationen für Projekte oder Positionen zu verdinglichen. Die im persönlichen Profil verkörperten Kompetenzen müssen allerdings, wie oben ausführlich beschrieben, den unternehmensspezifischen Aufgabenfeldern sehr konkret entsprechen, um überhaupt als Karrierepotential realisiert werden zu können.

„Ich glaube, dass die Einzigartigkeit des Einzelnen ein Faktor ist; und zwar etwas Einzigartiges, was das Unternehmen brauchen kann. […] ich würde raten, mal das eigene Profil abzurunden […], was Neues dazuzulernen, was irgendwo eine Schnittmenge gibt; […] und so Kompetenzfelder aufzubauen und letztlich in der Schnittmenge dieser Kompetenzfelder ist man einfach einmalig, also hat es fast keine Konkurrenz […], das ist schon der springende Punkt, [sich] so ein eigenes Profil zu geben, dass es einen Grund gibt, diesen Menschen zu befördern, also dass man den im Unternehmen halten will." (weiblich)

„Meine Empfehlung ist immer, […] dass man als Mensch mit einer Thematik verbunden wird. Mmh […], das heißt, wenn wir einen Kunden haben, […] eine Thematik, dass man weiß, aha, Herr Müller und die Thematik XY/[…] Herr Meier und der Kunde ABC […] Kernkompetenzen, […] für ein oder zwei Themen, [da] weiß man, da ruft man den an. […] das ist, glaube ich, ein wichtiger, ein wichtiger Aspekt, dass man da drüber, [...] Bekanntheitsgrad, dass man so, so Labels hat [...] über die derjenige charakterisiert wird. Also ich würde zum Beispiel 3, 4 Leute nicht zu einem Thema anrufen, können mir da nicht weiter helfen, aber zu einem anderen." (weiblich)

Kritisch wäre anzumerken: Da Einzigartigkeit über eine passgerechte Aus-gestaltung individueller Anlagen regelrecht produziert werden soll und da zugleich immer alle Facetten und Ebenen des Personseins zu integrieren sind, erfolgt wider allen emanzipatorischen Anschein tatsächlich eine Totalver-einnahmung der Akteure, der sich diese nicht ohne gravierende Karriere-einbußen entziehen können. Subjektive Überforderung, Erschöpfung durch unlösbare Konflikte, der Sieg des Scheins über das Sein sind naheliegende Nebenfolgen, für die sich heute schon einiges Anschauungsmaterial finden lässt. Es ist davon auszugehen, dass sich die zermürbende und nicht selten krank machende Beanspruchung durch die neuen Leistungsprofile auf Frauen besonders stark auswirkt, da diese aus vielfältigen Gründen eher zu Überiden-tifikation und Perfektionismus neigen. Eine im Folgenden darzulegende ver-tiefende Analyse der Karrierebedingungen innerhalb der posttayloristischen Arbeitswirklichkeit verstärkt diese Diagnose noch.

Fazit

Mit dem Einzug der Wissensarbeit in moderne Unternehmen gewinnt der Be-reich *Human Resources Management* neue Brisanz. Da sich die „strategischen Potenziale zur Erzielung von Wettbewerbsvorteilen [...] von den traditionel-len Ressourcen zunehmend in Richtung Humanressourcen" (Becker 2009: 55) verschieben, werden letztere zum entscheidenden Produktionsfaktor für die organisationalen Wertschöpfungsprozesse. Die Personalentwickung, der die Aufgabe zukommt, diese Ressourcen in wertvolles „Humankapital" zu model-lieren und dieses gewinnbringend zum Einsatz zu bringen, bekommt dadurch eine gänzlich neue Rolle: Sie wird zum „Motor der Unternehmensentwick-lung" (Becker 2009: 57).

Die Strukturen, mittels derer die Personalentwicklung ihrer Rolle gerecht zu werden sucht und welche den Verlauf individueller Karrieren zwangsläu-fig steuern, unterliegen einem fundamentalen Wandel. Wissensmanagement, Kompetenzentwicklung und *Diversity Management* sind nur einige wichtige Punkte aus einer Fülle von neuen Themen- bzw. Aufgabenfeldern, die die Per-sonalentwicklung moderner Unternehmen leisten muss (vgl. Becker 2009: 55).

Ein weiteres Novum im Feld der Personalentwicklung, das gerade mit Blick auf das Karrierehandeln innerhalb projektifizierter Arbeitsstrukturen bedeutsam ist, ist die Diversifizierung organisationaler Karrierewege und -bedingungen. Nicht zuletzt aufgrund der betrieblichen Transformationsprozesse existieren in modernen Großunternehmen nunmehr – parallel zur klassischen Führungslaufbahn – verschiedenste Laufbahnmodelle, unter denen die Projektlaufbahn als eine Mixtur aus Führungs- und Fachlaufbahn eine Sonderstellung einnimmt. Unabhängig davon werden Projekte laufbahnübergreifend von Organisationen als Ort der Personalförderung, der Potentialerkennung genutzt bzw. unter dem Aspekt der karrieretauglichen Bewährung betrachtet und sind daher für die Akteure von größter Karriere fördernder Wichtigkeit. Insbesondere die Leitung von Projekten stellt offenbar ein Sprungbrett für weiteres Vorankommen dar. Diesbezüglich ergab unsere Studie, dass das Feld der Projektleitung ein männlich dominiertes Terrain ist – und das, obwohl deutlich mehr Frauen als Männer eine Projektlaufbahn einschlagen, wohingegen Männer sich in aller Regel für die Führungslaufbahn entscheiden. Es drängt sich daher die Frage auf, ob Frauen die Projektlaufbahn aus freien Stücken wählen oder ob sie aufgrund ihrer nachweisbaren Sach- und Aufgabenorientiertheit geradezu prädestiniert dafür erscheinen und in diesen Laufbahntyp ‚hineinmanövriert‘ werden.

Als Bereich, in dessen Zuständigkeit die Rekrutierung und die Förderung von Wissensträgern und damit der Aufbau der organisationalen Wissensbestände fallen, ist das *Human Resources Management* unmittelbar in den Prozess des organisationalen Wissensmanagements involviert. Die Schaffung offizieller Netzwerkstrukturen sowie die Einführung von *Mentoring*-Programmen – beides in den von uns befragten Unternehmen fest etablierte Strukturen – müssen in diesem Kontext verortet werden. Mit beiden Instrumenten soll nicht nur das „Humankapital" projektifizierter Arbeitsformen ausgebildet und gefördert werden, sondern die unternehmensweit angelegte Wissensvernetzung soll zudem gewährleisten, dass das „Humankapital" der Organisation auf lange Sicht erhalten bleibt. Dabei verkörpern sowohl offizielle Netzwerke als auch *Mentoring*-Programme Mechanismen, mit denen „soziales Kapital"[132] für Organisationszwecke nutzbar gemacht werden soll. Denn ausgehend davon, dass „Humankapital" einen immer größeren Beitrag zur organisationalen Wertschöpfung liefert, werden „Interaktionsbeziehungen und ihre Transformation in effiziente Organisationsstrukturen" (Peters

---

[132] Von sozialem Kapital spricht man unter anderem dann, wenn Beziehungen allein unter ökonomischen Gesichtspunkten geführt und genutzt werden.

et al. 2004: 36) immer bedeutungsvoller. Beide Instrumente werden zudem hinsichtlich der Förderung der Chancengleichheit als *Diversity*-Instrument angewandt. Unsere Daten belegen den Zusammenhang zwischen der Eingebundenheit in persönliche netzwerkartige Beziehungen und Personalentscheidungen in eindeutiger Weise. Die Strategien, mit denen Frauen ihren oftmaligen Ausschluss aus den inoffiziellen Männerbündnissen zu begegnen suchen, sind vielfältig: Sie gründen eigene Netzwerke bzw. schließen sich den seitens der Unternehmen etablierten Frauennetzwerken an, sie machen die aktive Suche nach männlichen Entscheidungsträgern zum Teil ihrer Karrierestrategie bzw. versuchen auch im Kollegenkreis verstärkt „cross-sex-ties" (Scheidegger/Osterloh 2005a, 2005b) zu knüpfen.

Projektifizierte Arbeitsformen verlangen jedoch nicht nur personalisiertes und performativ vermitteltes Wissen – und damit neuartige Strukturen, die dessen Generierung fördern, sondern auch Tätigkeitsprofile, die eng an das subjektive Vermögen der Arbeitenden gekoppelt sind. Der Begriff der Kompetenz steht für dieses neue, in karrierestrategischer Hinsicht überaus wichtige Merkmalsbündel, dessen Ingredienzien allerdings nur im unmittelbaren Handlungsvollzug, das heißt, in ihrer Realisierung sichtbar werden. Die Performanz des individuellen Arbeitshandelns wird deshalb – neben Ergebnissen – zum zentralen Auswahlkriterium für organisationale Personalentscheidungen. Hier zeigen sich unseren Daten zufolge eklatante Geschlechterdifferenzen: Während Männer auch auf die Ergebnisse ihrer Arbeit sowie ihre Fach- und Führungskompetenzen vertrauen, ist für fast alle Frauen die Fähigkeit zur Selbstdarstellung am wichtigsten.

In Form von Kompetenzmodellen versucht man von Unternehmensseite, die weit über traditionelle Tätigkeitsprofile hinausgehenden Merkmalsbündel zu objektivieren und zu formalisieren und damit Leistungsfähigkeit prognostizier- bzw. definierbar zu machen. Der Fokus für personalpolitische Entscheidungen liegt dabei auf den durch Performanz unterstellten personalen und sozialen Kompetenzen der Akteure. Für deren Karrierehandeln bedeutet das: Faktoren wie Eigeninitiative und -motivation, Selbstreflexion, aber vor allem kommunikative Fähigkeiten werden zu unabdingbaren Eigenschaften des „Arbeitskraftunternehmers" und damit zur Grundvoraussetzung für den beruflichen Aufstieg. Dementsprechend misst die große Mehrheit der Befragten – und hier vor allem die weiblichen Mitarbeiter – den *Soft Skills* große Bedeutung für ihr Arbeitshandeln bei.

3.2 Subjektivierung von Karriere

Der erweiterte unternehmerische Zugriff auf die subjektiven Potentiale des Arbeitenden hat für dessen berufliches Fortkommen weit reichende Folgen. Als
„Shareholder seines individuellen Humankapitals" (Bröckling in: Bröckling
et al. 2004: 272) ist er mehr denn je selbst für die Organisation seiner Karriere
zuständig. Weit mehr noch: Er muss sich zudem als (Karriere-)Subjekt in einer
Weise konstituieren, die Anschlussfähigkeit für zukünftige Positionen gewährleistet. Die These, der zufolge in einer projektifizierten Welt das Handeln
der Akteure einer „doppelten Subjektivierung" unterliegt, trifft damit nicht
nur auf deren *Arbeits*handeln, sondern ebenso auf deren *Karriere*handeln zu.

Generell scheinen es immer mehr subjektive Faktoren zu sein, welche
den Begriff „Karriere" füllen.[133] Denn das, was „Karriere" jeweils ausmacht,
ist jenseits der traditionellen Organisationskarriere kaum mehr über objek-
tive Faktoren (Position, Einkommen, Personal-/Budgetverantwortung, Entscheidungsmacht etc.) bestimmbar. So hat die relative Standardisierung von
Positionen als Kennzeichen der tayloristischen Ordnung in der modernen
Arbeitswelt an Gültigkeit verloren. In dem Maße, wie sich Arbeit nicht mehr
tätigkeitsbezogen formalisieren lässt – so wie es bei Wissensarbeit der Fall
ist –, und sich darüber hinaus die hierarchische Struktur des Unternehmens
in Richtung einer projektförmig konfigurierbaren Matrix auflöst, wird der Zusammenhang zwischen Berufsrollen und den an sie geknüpften Tätigkeiten,
den daraus abgeleiten Fähigkeiten sowie dem hierfür absolvierten Karriereweg zunehmend intransparent. Welche Aufgaben der Einzelne konkret aus-
führt, ist immer weniger aus der Struktur ableitbar – und wenn doch, dann
sind Tätigkeiten und Positionen oftmals schwer abzugrenzen.

---

[133] Man spricht nun von „psychological success" (Hall/Mirvis 1995: 271) als dem entscheidenden Kriterium für subjektiven Karriereerfolg. Vgl. auch Weick und Berlinger 1989: „Subjective careers are defined by the specific experiences individuals have in offical positions.
These subjective experiences reflect changing aspirations, satisfactions, self-conceptions,
and attitudes toward work. Success in a subjective career is often defined psychologically
in terms of self-fulfillment, challenge, and satisfaction. The subjective career emphasizes
self-direction and greater personal responsbility for the choices that are made. ... For a
person to be governed by the subjective career means that the adequacy of performance is
defined by the person's own criteria of good performance, attitudes emphasize work satisfaction achievement and job involvement rather than organizational commitment and loyalty,
identity is sought through activities that raise self-respect and heighten self-awareness, and
adaptability is used as the measure of work experience (e. g. a person asks, what flexibility
can I develop by doing these tasks and how can I maintain the flexibility I already have?)."
(Weick/Berlinger 1989: 321)

Neben dem Effekt, dass Karrieren durch die immer komplexeren und ausdifferenzierteren Unternehmensstrukturen zunehmend undurchsichtig werden, bewirkt die nur noch eingeschränkt mögliche Formalisierbarkeit von Arbeit, wie bereits aufgeführt, auch einen qualifikatorischen Wandel. Zum Maßstab für individuelle Leistungsfähigkeit wird die Chiffre „Kompetenzen". Zwar handelt es sich dabei um individuelle Eigenschaften der Arbeitenden, dennoch wird prinzipiell von deren Erlernbarkeit ausgegangen. Die Subjekte sehen sich daher der Forderung gegenüber, sich – unter Anleitung zur Selbsthilfe, etwa in Form von *Mentoring*, und primär durch die Arbeit in Projekten – die Kompetenzen anzueignen, die für die jeweilige Position als erforderlich angesehen werden.

Da als karrierebedeutsame Kompetenzen vor allem personengebundene, sprich: soziale und personale, d. h. psychologische und kommunikative Kompetenzen in den Fokus der Organisation rücken, heißt das für die Beschäftigten in der Konsequenz nicht nur, sich bestimmte fachliche Fähigkeiten anzueignen, sondern vielmehr, die eigene Persönlichkeit nach dem marktkonformen Ideal zu modellieren. Zugespitzt bedeutet das: Wer nicht der festgelegten Norm entspricht, wird entweder als karriereunzulänglich oder bestenfalls zum „trainingsbedürftigen Klienten erklärt" und zur Arbeit an seiner ‚defizitären' Persönlichkeit angehalten (vgl. Prisching 2003: 60 f.). Vollständig in Linie mit der Logik des „Humankapitals" wird der Arbeitende zum „Menschenmaterial", welches es nach Belieben der Organisation umzugestalten gilt, denn, wie Prisching sehr pointiert formuliert: „Die vernetzt-arbeitsteilige Spezialistenwelt braucht kompatibles Menschenmaterial, und sie richtet sich ihre Persönlichkeiten her. Es gibt den *Zwang zur konformindividualistischen Identitätskonstruktion*, zur selbstgewählten Ausgestaltung einer Identität, die den vorherrschenden Erwartungen einer durchgestylten Welt entspricht. Ist der einzelne als Manager oder Lehrer ein wenig brummig, hat er seine ‚social skills' zu wenig entwickelt. Ist er als Techniker ein wenig bastelverliebt und eigenbrötlerisch, ist er fällig für das Seminar über „Teamfähigkeit". *Eigenheiten sind nicht mehr Charakteristika, sondern Defizite.* Persönlichkeitszüge werden zurechtgecoacht, marktgerecht formiert." (Prisching 2003: 63 Kursiv. i. Orig.)

In einer projektifizierten Welt Karriere zu machen, heißt für die Akteure folglich, jede Station, jedes Projekt nicht nur als Gelegenheit für eigenmotiviertes und selbstorganisiertes Learning by doing zu nutzen, sondern jedes Projekt als Arena der Selbstentwicklung zu begreifen, um die eigene Persönlichkeit unter Karriereaspekten umzuformen, immer auch im Sinne der Erlernung einer versierten erfolgstaktischen Performance. Doch damit nicht genug: Sei-

tens der Akteure muss auch tatsächlich der Wille zur charakterlichen Verän-
derung vorhanden sein – schließlich sollen die geforderten Kompetenzen von
den Akteuren derart verinnerlicht werden, dass sie in ihrer Darstellung, ihrer
Performance authentisch wirken (vgl. Kap. 3.3).

Es ist davon auszugehen, dass das nach gesellschaftlicher Verortung trach-
tende Subjekt aufgrund seiner Abhängigkeit und „leidenschaftlichen Verhaf-
tung" (Opitz 2007) in seiner sozialen Umwelt hochgradig verletzlich ist. Und
davon, dass die Identifikation mit dem Arbeitsplatz infolge der geschilderten
Internalisierungsprozesse so weit geht, dass der Verlust desselben viel mehr
als nur eine materielle Bedrohung bedeutet. Denn wenn Projekte den Status
einer „gesellschaftlichen Daseinsform" (Klopotek 2004: 220) annehmen, dann
bedeutet die Exklusion aus selbigen folgerichtig die gesellschaftliche Isolation
bzw. den „sozialen Tod" (Bröckling 2007: 263).

Indem nun Projektarbeit stets den Erwerb neuer Kompetenzdimensionen
impliziert – kein Projekt ist wie das andere –, ergeben sich aus den projektbasierten individuellen Karriereverläufen höchst individuelle Kompetenzbündel. Damit trifft zwar immer noch zu, dass der absolvierte Karriereweg mit
Fähigkeiten assoziiert wird, die auf diesem Weg erworben wurden – „Man
ist, was man geworden ist" (Luhmann 1990: 24) –, gleichwohl handelt es sich
bei dem Zusammenhang zwischen Position und Fähigkeiten nicht mehr um
einen standardisierbaren. Viel mehr Aussagekraft als die erreichte Position
hat der individuelle Weg dorthin, dessen Bewertung indes Stufe für Stufe von
letztlich unwägbaren Interpretationen des Umfeldes und vor allem der Entscheidungsträger abhängt.

Das berufliche Vorankommen jedoch muss das Subjekt – und darauf hebt
der zweite Aspekt der Subjektivierungsthese ab – federführend und eigeninitiativ selbst gestalten. Grundvoraussetzung des individuellen Karrieremanagements ist zuvorderst die Sicherung der eigenen *Employability*. Der
Kompetenzlogik entsprechend sind es vor allem die personalen Kompetenzen, die in dieser Hinsicht zum Tragen kommen. Denn Beschäftigungsfähigkeit wird in projektifizierten Arbeitsverhältnissen an Kriterien gemessen, die
in den Zuständigkeitsbereich des Beschäftigten fallen, „da sie in besonderer Weise in der individuellen, vor allem der inneren, etwa motivationalen
Eignung begründet sind, und nicht in einem abprüfbaren fachlichen Leis-
tungsspektrum. Während eine Qualifikation durch den ‚Gang' durch ein Bil-
dungsprogramm erlangt wird, müssen Kompetenzen vom Einzelnen – mit
Unterstützung von Beratern – selbst entfaltet werden. Kompetenzen gelten als
Eigenschaften der *Gesamtperson*, die, ähnlich wie ‚Talent', nie ein für allemal
ausgereizt sind und damit eine Unabschließbarkeit aufweisen. Sie lassen sich

nicht, wie etwa ein höchster Bildungsabschluss ‚erlangen', sondern sie zeichnen sich durch ein virtuelles Mehr aus, für dessen Aktualisierung die Einzelnen im Anschluss an Max Webers Definition *zuständig* sind." (Traue 2010: 54; Kursiv. i. Orig.)

Die *Employability* des Einzelnen ist ein entscheidendes Kriterium für dessen beruflichen Aufstieg und auch die Bedingung dafür, nicht ganz und gar als ein für Projekte, ja für den Arbeitsmarkt generell, rekrutierungswürdiges Subjekt ausgeschlossen zu werden. Dabei impliziert der Begriff eben nicht nur – wie die gängige These in der Literatur besagt – den kontinuierlichen Ausbau der Kompetenzen gemäß den Anforderungen von Unternehmen, Management-Ratgebern und Arbeitsmarkt, sondern weit mehr: Nämlich sich auf spezifische Weise – in Gestalt eines Kompetenzbündels – als (Karriere-)Subjekt zu konstituieren und zu präsentieren. Eine gesteigerte Kunstfertigkeit, das ureigene Kompetenzbündel immer wieder karrierestrategisch in Szene zu setzen, ist wesentlicher unverzichtbarer Bestandteil jedes individuellen Karrieremanagements. *Sichtbarkeit*[134] ist ein zentrales Aufstiegskriterium und Karriere somit im Kern eine Frage der *Selbstdarstellung*.

Die Beschäftigten einer Arbeitswelt, in der befristete Projekt-Verträge zur Regel werden, müssen indes nicht nur für ihre potentielle Anschluss*fähigkeit* (und für deren Darstellung vor den Augen der relevanten Entscheidungsträger) sorgen, sondern inzwischen oft genug auch darum, *tatsächlich* immer wieder der *Anschluss*, beispielsweise im Folgeprojekt, zu finden. Entsprechend sind häufige Veränderungen und permanente Wechsel zwischen oftmals parallel laufenden Projekten – wie sie gerade für die Projektlaufbahn kennzeichnend sind – als symptomatisch für Lebens- und Karriereverläufe zu betrachten. Solche Turbulenzen sind mittlerweile als normale Herausforderungen des Arbeitslebens anzusehen, denen sich der Einzelne eigenverantwortlich zu stellen hat. Karriere in einer projektbasierten Arbeitswelt scheint ein ständiges „von vorne Anfangen" (Sattelberger 1999: 24) zu sein bzw. immer weniger etwas, „das man durchläuft, sondern etwas, das man immer wieder neu entwerfen und aufbauen bzw. selbst konstruieren muss" (Runia 2003: 150) – ein Trend, der in der Literatur in Form spiralförmiger Karrieremuster dargestellt wird (vgl. Sattelberger 1999: 24).

Auch was das Verhältnis von Kooperation und Konkurrenz angeht, befinden sich die Projekt-Akteure in einer vergleichsweise brisanten Lage. Wie

---

[134] Demgemäß schlussfolgert Opitz, dass sich Arbeitslosigkeit „nicht nur als Problem mangelnder Qualifikation, sondern ebenfalls als Problem, möglicherweise vorhandene Qualifikationen sichtbar zu machen" (Opitz 2007: 126) darstellt.

nahezu keine andere Arbeitsform beruht schließlich das Projekt auf den
Mechanismen von Konsens und Kooperation. Doch aller kooperationsbeto-
nenden Rhetorik zum Trotz bedarf das Prinzip der Wirtschaftlichkeit von Unternehmensseite der Selektion und individuelle Karrierepolitik folglich der
Distinktion. Anders gesagt: Karriere macht immer nur eine Auslese, während
andere notwendigerweise auf der Strecke bleiben müssen. Erfolgreich zu sein
impliziert, dass andere nicht erfolgreich sind. Honoriert wird, wer sich aus
der Masse von Kollegen bzw. Mitbewerbern abhebt, wer sich und seine Interessen durchzusetzen vermag, gegebenenfalls indem er – und hier zeigt sich
der Widersinn – andere darin übertrumpft, im Dienste des Projektziels kommunikativ und tendenziell altruistisch zu agieren. Ein gelenkiger Umgang
mit dieser paradoxen Rationalität bleibt dem Einfallsreichtum des einzelnen
Mitarbeiters überlassen. In dessen Verantwortungsbereich fällt es, den Spagat
zwischen notwendiger Kooperation einerseits und (latent) vorhandener Konkurrenz andererseits zu schlagen. Obgleich es sich bei diesem Wechselverhältnis um einen Grundkonflikt marktwirtschaftlicher Ordnung handelt, kommt
dieses Paradox im Kollektiv „Projekt" in besonders ausgeprägtem Maße zum
Vorschein. Denn gerade Wissensarbeiter und Führungskräfte müssen mit
der Ressource „Wissen" sehr überlegt umgehen. Da die eigene Kompetenz
von den Beteiligten im hohen Maße proaktiv und offensiv dargestellt werden
muss, um diese für Entscheidungsträger überhaupt wahrnehmbar zu machen,
ist ein sorgfältiges Abwägen zwischen notwendiger Kooperation und dem Teilen von Wissen auf der einen Seite und dem eigennützigen Zurückhalten bzw.
Reklamieren von Wissen für die Selbstinszenierung auf der anderen Seite notwendig, wie es im Folgenden beschrieben wird:

> „Ja, natürlich, denn das, was Sie gut machen, wo Sie meinen, dass Sie gut machen,
> könnte der Nächste ja sozusagen benutzen und dann Sie letztendlich rauskanten
> auch, ja, also als Führungskraft muss man das halt immer abwägen, wie weit will
> ich mich jetzt wirklich öffnen und was erzählen und denen auch erzählen, wie ich
> es mache, wie ich zu meinen guten Kennzahlen komme oder lasse ich das mal lie-
> ber stecken, ja, so. Und wenn ich nur, wenn ich jetzt sozusagen karriereorientiertes
> Netzwerken mache, dann geht es ja darum abzugleichen, okay, was kann ich dir
> sozusagen geben, ja, also, was für ein Netzwerk hängt bei mir hinten dran, was für
> Beziehungen und passt das mit deinen gut zusammen, können wir sozusagen jetzt
> zusammen hier was gestalten und machen." (weiblich)

Dieses Austarieren von Kooperation und Konkurrenz ist ein in Unternehmen lange bekannter Balanceakt (Stichwort Coopetition; dazu Jansen 2000,

Nalebuff/Brandenburger 1996, Schmidtchen 2003), der sich allerdings unter den Bedingungen von Subjektivierung und Projektifizierung verkompliziert, da im Projekt – als ausgewiesen kooperativer Arbeitsform – hohe Anforderungen an das Selbstmanagement der eigenen Karriere gestellt werden. Man könnte soweit gehen und das Projekt als Arbeitsform bezeichnen, in der das schier unlösbare Verhältnis zwischen Kooperation und Konkurrenz wie an keinem anderem Ort im Unternehmen zutage tritt und sowohl Management als auch MitarbeiterInnen zu einem fast nicht ausgleichbaren Balanceakt zwingen, der ein avanciertes Konfliktmanagement nötig macht. Faire Kooperation im Team und berechnende Konkurrenzbestrebungen unter einen Hut bringen zu wollen, scheint dem Versuch einer Quadratur des Kreises zu gleichen. Projektarbeit erfordert deshalb seitens aller Mitarbeiter ein hohes Maß an emotionaler Selbstkontrolle – eine Eigenschaft, die das von Illouz beschriebene „reflexive Selbst" paradigmatisch verinnerlicht hat, indem es „seine Interessen nicht durch die unverhohlene Zurschaustellung selbstsüchtigen Konkurrenzdenkens" verfolgt, „sondern durch die Kunst soziale Beziehungen zu meistern" (Illouz 2009: 163).

Verlangt schon dieses Austarieren ein hohes Maß an psychischer Robustheit, so verschärft sich die prekäre Lage der Handelnden, wenn man in grundsätzlicher Weise über das Selbstverhältnis der Projektakteure nachdenkt: Hinter dem attraktiven Label selbsttätiger schöpferischer Entfaltung im Beruf verbirgt sich eine tief in die seelische Ökonomie des Einzelnen hineinreichende Assimilation an Markterfordernisse (unternehmerische Erfordernisse). Falls keine echte Identifikation mit den vorgegebenen Aufgaben stattfindet, käme dies auf Dauer einem Prozess gravierender Selbstentfremdung gleich. Denn anders als einem Arbeitnehmer unter vormaligen Bedingungen ist dem Adepten der Kompetenzlogik kein innerer Vorbehalt erlaubt. Es gibt prinzipiell keinen Bereich seiner Psyche, der sich per se aus den Erfordernissen der Geschäftswelt heraushalten darf. „Insbesondere den Nachwuchskräften wird eingebläut, dass ihre Individualität so ausgestaltet werden muss, dass sie marktkonform ist. Die Reflexivität der eigenen Person setzt also ein hohes Niveau an ‚Marktgespür' voraus. Jeder Einzelne muss erfühlen, was genau verlangt wird; er muss sein Selbst im Sinn dieser Marktnachfrage adaptieren; und muss dieses marktkonforme Ich erfolgreich dekorieren und darstellen. Er muss andauernd in beide Richtungen schielen: auf den Markt und auf sich selbst." (Prisching 2009: 88)

Heute sucht die Wirtschaftwelt weniger Fachleute als Persönlichkeiten, die sich mit einer ganzen Palette von kommunikativen Fähigkeiten einbringen, die ihre Kreativität engagiert entfalten wollen, die im Team mit Enthusiasmus

zu Werke gehen, und damit letztlich den Job zum heiligen Gral der Selbstwerdung erheben. Ein wichtiger Bestandteil des Gelingens ist hierbei, im-
merzu die Außenwirkung seiner Performance im Blick zu haben, um genau
zu ermessen, was ankommt und was weiterbringt. Vordergründig mögen
die innovativen Schnittvorlagen des Gelingens attraktiv erscheinen, da sie
den rigiden und entfremdenden Arbeitsethos aus Disziplin und Pflichterfül-
lung überwinden, tatsächlich aber beginnt man damit, das ganze Leben aus
dem Blickwinkel des Managements zu betrachten. Der Raum für ein inneres
Sich-Entziehen schrumpft, ja Privatheit löst sich tendenziell auf, insofern die
Subjekte durch die neuen Marktimperative aus ihren Schutzräumen heraus-
getrieben werden. Ihre „persönlichsten" Eigenschaften werden zum Material
einer erfolgsgeleiteten Bearbeitung. Diese Gemengelage, in der Emanzipation
einer Entwurzelung gleichkommen kann, muss sich, so unsere Vermutung,
in besonderer Weise auf die berufliche Situation der Frauen auswirken, nicht
zuletzt auf Grund der Tatsache, dass Frauen traditionell als Schirmherrin einer
privaten Gegenwelt fungierten. Hieraus ergibt sich für die Karrierechancen
von Frauen in der postfordischen Ägide eine vertrackte Situation, die vorab
schon kurz umrissen werden soll: Insofern einerseits die herkömmliche weibliche Rolle Kommunikationsstärke und Sozialkompetenz umfasst, scheinen
Frauen gewissermaßen einen gewachsenen Vorsprung in der Handhabung
von Soft Skills mitzubringen und damit über eine Art Erfolgsgarantie für die
projektifizierte Arbeitswelt zu verfügen. Zeigt die Realität, wie unsere Daten
belegen, jedoch ein gänzlich anderes Bild, so gilt es darüber nachzudenken,
wie sich dieses andauernde Ungleichgewicht der Geschlechter im Unternehmen erklären lässt. Aus einer Vielzahl von Erklärungsgründen, die weiter
unten entfaltet werden sollen, drängt sich an dieser Stelle vor allem ein Aspekt
auf. Möglicherweise verleitet die Instrumentalisierung der Sozialkompetenz
im Dienste ökonomischer Zwecksetzungen zu einer Instrumentalisierung von
Frauen als vermeintlich naturwüchsige Trägerinnen dieser Kompetenzen. Im
Zuge einer neuen Arbeitsmentalität, die sich auf Gedeih und Verderb mit dem
Job verbindet, die, um es mit Prisching zugespitzt zu formulieren, „die ökonomische Ausbeutung als wichtige Erfahrung im Zuge der Selbstwerdung
versteht" (Prisching 2009: 91), stellt es keine Schwierigkeit mehr dar, Verlet-
zungen der (Geschlechter)Gerechtigkeit zu kaschieren. Durch den enormen
Prestigeanstieg der Fähigkeit, soziale Beziehungen zu meistern, durch den all-
gegenwärtigen Aktionismus im Blick auf ein gelungenes Gefühlsmanagement
erfährt „weibliche" Kompetenz zwar vordergründig eine enorme Aufwertung,
doch im Zeichen einer allumfassenden Zweck-Mittel-Rationalität, in der auch
die Persönlichkeit „eine Art symbolische Währung" (Illouz 2009: 164) gewor-

den ist, sinkt das weitergehende Gespür für Gerechtigkeitsfragen. Gemäß einer Logik, die Selbstentfaltung und Leistungsfähigkeit in eins setzt, fällt das Ausbleiben von Erfolg gradlinig auf den Einzelnen selbst zurück. Wenn der Aufstieg misslingt, so liegt das an einer defizitären Persönlichkeit und keineswegs an einem Fehler im System. Dieses ist vor allem deswegen fatal und muss zu Frustrationen führen, als die Beurteilung von Kompetenz mit zahlreichen Unwägbarkeiten verbunden ist, die nicht in der Macht des Einzelnen stehen. Unsere Auseinandersetzung mit den heute üblichen Typen von Bewährungsproben wird diesen Punkt noch vertiefen.

Fazit

Zwei Perspektiven lassen sich hinsichtlich des Subjektivierungsprozesses ausmachen: die Subjektivierung von Verantwortungsbereichen, die sämtliche Arbeitsfelder im Griff zu haben scheint, macht auch vor dem individuellen Karrierehandeln nicht Halt. Der „Unternehmer seiner selbst" (Bröckling 2007) muss seine Karriereentwicklung eigeninitiativ in die Hand nehmen. Genauer gesagt: Den idealen Projektmitarbeiter scheinen just jene Merkmale auszuzeichnen, die in der Figur des „Projektemachers" (vgl. Krajewski 2004) – dem Inbegriff des Glücksritters, dem etwas Unseriöses und Unbeständiges anhaftete – einst in Verruf gekommen waren. Eigenverantwortlichkeit, Risikobereitschaft und Innovativität, allesamt Anklänge an die Mentalität dieses „windigen Geschäftemachers" (Höge 2004: 221), zählen heutzutage zu den gefragten und daher karriererelevanten Eigenschaften des Projektmitarbeiters. Weit mehr als die bloße Inanspruchnahme subjektiver Eigenschaften der arbeitenden Personen meint Subjektivierung von Karriere daher eine vom Subjekt eingeforderte, tief ins Selbst eingreifende *Persönlichkeitsmodellierung,* die seitens der Organisation durch ein Karriereversprechen motiviert wird.

Diese doppelte Subjektivierung von Karriere vollzieht sich in einem für selbstorganisierte und kooperative Ergebnisproduktion geeignetem Rahmen – dem Projekt –, welchem eine ihm eigene Rationalität zugrunde liegt: Diese verlangt gleichermaßen Kooperation, im Hinblick auf das Projektziel, und Konkurrenz, im Hinblick auf das jeweils individuelle Karriereziel. Der gekonnte Umgang mit diesem Paradox ist karriererelevant und wird vom Unternehmen genauestens beobachtet. Der Prozess der Subjektivierung wird in Projekten folglich auf die Spitze und ad absurdum getrieben. Die unausbleiblichen Nachteile aber werden bis dato primär auf dem Rücken Einzelner ausgetragen.

4   Bewährungsproben

Der Verlust an Linearität, eine für die „neuen Karrieren" typische Tendenz, geht mit einer anderen für die strategische Ausgestaltung individueller Karrierepolitiken folgenschweren Entwicklung einher. In einer Welt, in der mediatisiertes Arbeiten in über den Globus verteilten Teams den Normalfall darstellt und Treffen mit Kollegen und dem Vorgesetzten daher zwangsläufig eher rar gesät sind, entfalten die nur noch punktuell stattfindenden Situationen persönlichen Austauschs eine umso höhere Karrierewirksamkeit. Demzufolge wird die Tätigkeit des „Karriere machen" mehr und mehr zu einer punktgenau zu erfolgenden kommunikativen Praxis, die gut vorbereitet sein will:

> „[…] Ich glaube, was heute wichtiger denn je ist, dass man absolut zielorientiert in diesen kurzen Präsenzphasen ist und sehr strukturiert seine Themen dort kommuniziert und vorbringt. Das ist einfach notwendig. Also wenn man früher jetzt – das ist jetzt ein bisschen traditionelle Schublade, aber wenn man vorher in einem Großraumbüro Gelegenheit hatte, sich permanent halt dort zu präsentieren oder sich permanent einzubringen, dann spielt das nicht so eine Rolle wie heute in diesen kurzen Treffen, die es gibt. Um das mal an einem Beispiel vielleicht auch noch mal festzumachen, wo eine solche Verknüpfung stattfindet zwischen Erfolg und guter Kommunikation, das ist natürlich, dass solche großen Kundenprojekte hier auch regelmäßig reviewed werden. Das heißt, man sitzt dort und hat Gelegenheit, der Projektleiter oder der Verantwortliche, sein Projekt mit allen guten und weniger guten Themen, die dann dort laufen, dort einen Bereichsvorstand, eine Regionalleitung dort zu präsentieren. Und dazu gibt es dann natürlich nur ein enges Zeitfenster und da innerhalb von 30 Minuten, einer Stunde das ganz kurz – die Themen auf den Punkt zu bringen, das ist etwas, was wichtiger wird." (männlich)

> „Die kurzen Begegnungen die man hat, haben großen Stellenwert, im Positiven wie im Negativen." (weiblich)

> „Und das waren so Situationen […] in meinem Alltag, wo es um die Wurst geht, […] da würde ich vielleicht sagen, dass […] man, oder ich bisher, die Möglichkeit bekommen habe, in der Tat auch mal vor einer größeren Gruppe zu präsentieren, […] zum Beispiel in meinem Bereich vor dem gesamten europäischen HR-Management

[...] Und [...] da hatte ich so einen kleinen Time-Slot, wo ich dann vielleicht eine Viertelstunde lang oder eine halbe Stunde lang eben zum Thema was sagen konnte und mich entsprechend präsentieren konnte." (weiblich)

Aufgrund der Verknappung von Face-to-Face-Begegnungen, wie sie hier äußerst prägnant beschrieben wird, müssen die Akteure die Fähigkeit entwickeln, die wenigen – und seien es zufällige – Gelegenheiten persönlicher Begegnungen mit Entscheidungsträgern zu ergreifen, die sich ihnen bieten. Gefragt ist demnach die Fähigkeit, sich jederzeit und unvorbereitet, sozusagen in Form einer „Elevator Speech", eines ad hoc-*Impression Managements* karrieretauglich präsentieren zu können.

„Ja, ich muss in der Lage sein, in der knappen Zeit, die einem Seniormanager verfügbar ist, mich so zu präsentieren, dass er mich wahrnimmt und auch dazu gibt es so kleine Übungen in diesen verschiedenen Führungskräfteseminaren – wir nennen das ‚Elevator Speech'; das heißt, ich muss in der Lage sein, mein Thema und mich selbst binnen von 5 Minuten, also eine Aufzugfahrt lang so präsentieren zu können, dass ich präsent bleibe." (männlich)

Für das individuelle berufliche Weiterkommen heißt das in der Konsequenz: Nachgewiesene Qualifikationen und Fähigkeiten sowie die pünktliche und korrekte Erledigung der zugewiesenen Arbeit sind für sich allein genommen keine Garanten beruflicher Entwicklung mehr. Vielmehr ist in einer Welt, in der ein „performativer Leistungsbegriff" (Neckel/Dröge 2002: 101) sich durchzusetzen scheint, die öffentlichkeits- bzw. karrierewirksame Darstellung der eigenen Person als Prämisse für den Aufstieg unabdingbar.[135] Jede verfügbare, strategisch wichtige Situation – und zwar Face-to-Face als auch Interface – muss für Selbstdarstellung genutzt werden. Dabei gilt es, mittels einer gekonnten Eindrucksmanipulation sowie eines eloquenten In-Szene-Setzens von Arbeitsergebnissen und Persönlichkeit „präsent zu bleiben". Eine Karrierestrategie, deren Bedeutung mit zunehmender Hierarchieposition nochmals steigt, da sich die Leistungsbeurteilung hier deutlich weniger an formalen Kriterien orientiert als bei rangniedrigeren Positionen mit klar umrissenen Tätigkeitsprofilen (vgl. Hördt 2002).[136]

---

[135] Nach Befunden von Mayrhofer, Meyer und Steyrer ist die Selbstinszenierung heute sogar wichtiger als intensive Kontaktpflege (vgl. Mayrhofer/Meyer/Steyrer 2005).
[136] So spielt beispielsweise die Leistungsinszenierung von (absoluter) Verfügbarkeit vor allem bei den wenig formalisierten Tätigkeitsprofilen in oberen Hierarchieebenen eine wichtige

Da sich die individuellen Selbstinszenierungen vor den relevanten Entscheidungsträgern häufig auf einen kurzen Auftritt beschränken, haftet der
Entwicklung „neuer Karrieren" ein ereignishaftes und ein zugleich überaus
flüchtiges Moment an. Ein mehr als nur kurzfristiges gegenseitiges Kennenlernen ist in diesem Modus häufig nicht möglich, wodurch die Revision von
punktuell entstandenen (zumal hochgradig subjektiven) Urteilen erschwert
wird. An Bedeutung gewinnen einzelne Situationen, in denen es ‚um die
Wurst geht'. Im Verantwortungsbereich der Akteure liegt es nun, die für ihre
Karriere gewichtigen Gelegenheiten als solche zu erkennen sowie die im jeweiligen Kontext erfolgversprechenden Handlungsweisen treffsicher zu identifizieren, sprich: Sie müssen sich bewusst machen, wie sie sich entsprechend
der jeweiligen Situation karrierewirksam zu bewegen haben.

Die Gelegenheiten, an denen dieses punktgenaue Karrierehandeln in der
Praxis stattfindet und fokussiert beobachtet werden kann, an denen die organisationalen Akteure sich als Karrieresubjekte behaupten müssen, fassen wir
in Weiterführung von Boltanski/Chiapello (2003) mit dem Begriff der „Bewährungsprobe". Boltanski/Chiapello beziehen sich damit auf den Modus, in dem
sich soziale Selektionsprozesse vollziehen und dadurch Statuszuschreibungen
erfolgen. Ausgehend von den Distinktionsmerkmalen „formalisiert" und „informell" unterscheiden Boltanski/Chiapello zwei Typen von Bewährungsproben: a) Wertigkeitsproben und b) Kraftproben. *Wertigkeitsproben* zeichnen sich
durch eine „Logik der Kategorisierung" (Boltanski/Chiapello 2003: 362) aus.
Dieser Typ von Bewährungsprobe ist in hohem Maße verregelt, formalisiert,
spezifiziert und damit legitimiert. Wertigkeitsproben sind anhand von drei
Dimensionen charakterisierbar: der „Legitimität" (die Bewährungsprobe beruht auf dem Gerechtigkeitsprinzip, das heißt, es sind Beurteilungskategorien
vorhanden, die der Kontrolle unterliegen, die möglichst hohe Chancengleichheit gewährleisten und den Zugang beschränken sollen), dem „Reflexivitäts-
niveau" (die Bewährungsprobe hat einen formalisierten Status, den Akteuren
ist folglich bewusst, dass die Situation eine Bewährungsprobe ist, dass ihr
Handeln Konsequenzen hat) sowie der „relativen Stabilität" (die an einer Bewährungsprobe beteiligten Einheiten haben einen offiziell gesicherten Status,

---

Rolle. Gerade in Zeiten von Hierarchieabbau, der Einführung von Lean Management und
folglich virulenter Personaleinsparung insbesondere im mittleren Management stellt die
Leistungsinszenierung über „das freiwillige, ostentative Angebot des knappen Gutes Zeit"
eine überaus bedeutende Karrierestrategie dar. Hofbauer stützt ihre Argumentation auf
eine Fallanalyse von Ruth Simpson (1998), die das Phänomen des „competitive presenteeism"
als Karrierestrategie männlicher Führungskräfte in Zeiten von Arbeitsplatzunsicherheit
beschreibt (vgl. Hofbauer 2002: 28).

wie im Kontext von Arbeit und Karriere beispielsweise der Linienvorgesetzte). Eine Wertigkeitsprobe ist folglich eine Bewährungsprobe, die sich auf eine als legitim anerkannte Ordnung, ein Regelwerk, beruft. Dieses Modell zielt dem Prinzip nach auf Gerechtigkeit und Chancengleichheit und räumt den Akteuren die Möglichkeit ein, gegen die Bewertungen Einspruch zu erheben bzw. daran Kritik zu üben (vgl. Boltanski/Chiapello 2003: 362 ff.).

   Kraftproben dagegen gehorchen einer „Logik der Verschiebung" (Boltanski/ Chiapello 2003: 362, 368).[137] Das heißt, sobald in einer Bewährungsprobe externe – also nicht im Regelwerk verankerte und damit illegitime – Ressourcen zum Einsatz kommen, wird eine Wertigkeitsprobe zur Kraftprobe. In Form von Kraftproben umgehen die Akteure die institutionalisierten Wertigkeitsproben[138] (vgl. Boltanski/Chiapello 2003: 80) und schöpfen daraus Vorteile. Beispielsweise kann die Besetzung einer Stelle aufgrund einer persönlichen Beziehung als illegitim im Sinne der Wertigkeitsprobe „Personalauswahlverfahren" gelten. Kraftproben sind folglich Prüfungen, die keiner Spezifizierung oder regelbezogenen bzw. rechtlichen Kontrolle unterliegen. Oftmals sind diese Bewährungsproben von unzureichender Reflexivität, das heißt, sie sind nicht als solche erkennbar. Während Wertigkeitsproben ein „Regime legitimer Bewährung" darstellen, sind Kraftproben „Bewährung durch Macht" (Boltanski/Chiapello 2003: 471). Bewährungen durch Macht bieten kaum noch Möglichkeiten zur Kritik, denn die getesteten Fähigkeiten werden nicht genauer definiert (ebd. 369). Die Bewertungen werden hochgradig subjektiv, insofern sie nicht mehr an nachvollziehbaren objektiven Kriterien Maß nehmen.

   Im Hinblick auf individuelle Karrieren der modernen Arbeitswelt verkörpern Projekte die Bewährungsprobe par excellence. Hier erfolgen im organisationalen Kontext Kompetenz- und damit im Sinne von Boltanski/Chiapello Statuszuschreibungen, wobei diese Zuschreibungen offiziell aufgrund der Wertigkeitsordnung „Projektpolis" erfolgen. Von Unternehmerseite werden Projekte folglich als klassische Wertigkeitsproben ausgegeben. Wie schon gezeigt wurde, zieht die Verortung der individuellen Bewährung in den Rahmen von Projekten für die Akteure äußerst problematische, bisweilen schier unvereinbar erscheinende Herausforderungen nach sich. Im Folgenden soll gezeigt werden, dass es sich bei Projekten – so unsere Annahme – entgegen

---

[137] „Kräfte sind das, was sich ohne rechtliche oder vertragliche Normzwänge verschieben lässt und folglich auf die Bildung von Kategorien verzichtet." (Boltanski/Chiapello 2003: 370)
[138] „Je höher das Konventionalisierungsniveau einer Bewährungsprobe, desto stärker ist sie in ein Regelwerk oder Rechtssystem gebettet. In diesem Fall lässt sich von institutionalisierten Bewährungsproben […] sprechen, die als solche definiert und anerkannt sind." (ebd.366)

der offiziell lautenden Ideologie der „Projektpolis", in Wahrheit um verschleierte Kraftproben handelt.

4.1   Bewährungsprobe „Projekt"

Projekten kommt in der heutigen Arbeitswelt der Status einer eklatant potenten Bewährungsprobe zu. Dafür spricht unter anderem die Tatsache, dass Projekte von Seiten der Unternehmen faktisch – die Ergebnisse unserer Studie belegen dies – als eine Art Karriereschmiede eingesetzt werden. Hier, in diesem Sammelbecken an Nachwuchskräften, werden *High Potentials* rekrutiert, hier wird die individuelle Performanz deshalb verstärkt beobachtet. Wie die von uns durchgeführten Interviews ergaben, ist das Wissen um die karriererelevante Bedeutung des Projekts unter den Akteuren weit verbreitet.

„Projektarbeiten übernehmen, bei Projektarbeiten dürfen Sie ja dann […] präsentieren, ja. Also unsere super Karriereren geilen, das sieht man immer wieder, es gibt ja immer Projekte aus der Zentrale […] über global galaktische Themen als solches, ja. Da muss man sich dann immer freiwillig melden für. Das würde normalerweise sonst kein Mensch machen, aber das sind Sprungbretter für Karrieren […] Also, so funktioniert das, um sichtbar zu werden." (weiblich)

„Um [sich] sichtbar zu machen, […] Großprojekte. Nicht durch diese Linien […]. Die Projekte stehen eher im Vordergrund, wenn wir auf Geschäftsführerebene reden, da redet man ja nicht über […] Struktur, sondern über die Projekte und äh deswegen glaub ich, die bringen mehr in der Sichtbarkeit." (weiblich)

„Ich glaube, dass diese dreißig Prozent [Projektarbeit] mehr ähm Gewicht haben insgesamt, weil da ja einfach wieder eine Interaktion statt findet, es ist Visibilität da […] wohingegen ich bei meiner Alltagsarbeit ähm denke, […] wenn ich die Tip-Top mache, dann kriegt eigentlich kein Mensch was davon mit." (weiblich)

In der vieldiskutierten „Ökonomie der Aufmerksamkeit" (Franck 1998) werden Projekte zu einem Austragungsort für den Wettbewerb um dieses umkämpfte Gut. Dabei liegt es in der Hand der Akteure, die Aufmerksamkeitsbindung an die eigene Person zu forcieren, das heißt, ihr eigenes Projekt an entscheidender Stelle zu vermarkten und sich so für die Aufführung der eigenen Performanz eine Bühne zu schaffen.

„Die Projekte müssen nicht unbedingt einen hohen Stellenwert haben, wenn man sie an der richtigen Stelle verkauft und dafür sehr viel Zeit für aufwendet, bekommen sie den entsprechenden Stellenwert. Und damit kann man sich natürlich profilieren, ja. […] Indem ich immer nach oben kommuniziere – nach oben heißt, zum Management kommuniziere und da auch immer mal den Status meines Projektes zum Besten gebe […], mir gute Termine aussuche, um das zu präsentieren […], wo es einfach im Jahresablauf gut rein passt […] vor anderen Meetings […] wo kann mein Vorgesetzter das dann entsprechend auch noch mal weitergeben?" (weiblich)

Aus dem Blickwinkel der Organisation scheint sich das Projekt auch aus einem anderen Grund als probate Bewährungsprobe zu eignen. Denn in dieser Arbeitsform, einer Art *intra*organisationaler Variante der „antagonistischen Kooperation" (Heidling 2000)[139], manifestiert sich ein außerordentlich prekäres, ja nahezu paradox anmutendes Phänomen, das für das Karrierehandeln der modernen Arbeitswelt zwar insgesamt kennzeichnend ist, das jedoch im Projekt in hochdosierter Form in Erscheinung tritt. Aufgrund ihrer kooperativen Funktionslogik sowie ihrer Schnittstellenfunktion zwischen Organisationsentwicklung und individueller Karriere sind Projekte nämlich der Ort im Unternehmen, an dem die Spannungen zwischen organisationalen und individuellen Zielen – und, damit zusammenhängend, das Wechselverhältnis von Konkurrenz und Kooperation – besonders zum Tragen kommen. Aus unternehmerischer Perspektive liefern Projekte einen wichtigen Beitrag zum Erhalt ihrer Wettbewerbsfähigkeit. Zur Erreichung dieses organisationalen Ziels muss Konkurrenz projektintern weitestgehend ausgeblendet werden, da die Produktivität des Projekts maßgeblich von der Kooperationsfähigkeit bzw. -bereitschaft der beteiligten Akteure abhängt.

„Letztendlich muss man kooperieren, ähm, das geht ja nicht anders, sonst kommt man ja nicht ans Ziel, man kann ja nicht alleine einen Baum fällen, da braucht man ja nun mal andere dazu und das ist, glaube ich, jedem eingängig hier, und deswegen kooperiert man auch." (weiblich)

Selbstredend sind auch die Mitarbeiter am Erfolg des Projektes interessiert. Ihre Kompetenz wird schließlich daran bemessen, ob bzw. wie erfolgreich ein

---

[139] Dabei handelt es sich um einen Typ strategischer Kooperation, bei dem die Akteure einerseits die Interessen der Organisation wahren und kooperieren müssen, um gemeinsam unternehmerischen Erfolg zu gewährleisten, andererseits aber in Konkurrenz zu den anderen Akteuren stehen, vor denen sie sich zu profilieren haben.

Projekt abgeschlossen wurde bzw. wird ihr Engagement durch zusätzliche monetäre Leistungen in Form von Bonuszahlungen entlohnt. Gleichwohl ist in karrierestrategischer Hinsicht ein auf Distinktion abzielendes Handeln gefragt, was für den Einzelnen impliziert, sich aus der Masse an Kollegen, mit denen man um die Ressource „Aufmerksamkeit" buhlt, hervorzutun. Dies erweist sich für die Akteure insofern als problematisch, als in einer Konsenskultur, wie sie die Welt der „Projektpolis" propagiert, Konkurrenz nicht offen ausgetragen werden darf, da sie der Funktionslogik von Projekten – Erfolg durch Kooperation – ja diametral entgegensteht. Ein Übermaß an öffentlich gelebter Konkurrenz kann sich in einem derartigen Kosmos durchaus als karriereschädlich erweisen.

> „Das ist glaube ich immer wieder die Mischung, die dann nachher wichtig ist. […] da sind ein paar Dinge, ähm was nachher dann hier für die Karriere ähm wichtig ist […], daran merkt man aber auch immer, wer dann nachher auf den Projekten ist. Das […] hat schon was […] zu tun […] mit dieser Kombination zwischen Diplomatie und Durchsetzungsfähigkeit […]. Also ich glaube, was äh karriereschädlich ist, [ist] über ein gewisses Level [an Konkurrenz] hinaus zu gehen. […] Wenn man […] quer schießt, […] nur weil […] nach oben traut man sich nicht, […] und sagt, okay, jetzt aber, der […] kann ich dafür einen reinwürgen, […] das sind sicherlich Sachen, die […] nicht toleriert werden. […] wer das nicht lernt, hat ein Problem.[…] es sind ja Karrierechancen […], weil äh dazu sind wir zu sehr konsensgetrieben." (weiblich)

Gleichwohl – und hier tritt das überaus heikle Moment der Projektlogik zutage – läuft derjenige, der es versäumt, seinen individuellen Verdienst herauszustellen, Gefahr im Kollektiv der Wissensarbeiter unterzugehen, und es steigt in der Firmenhierarchie derjenige auf, der sich im entscheidenden Moment aus der Masse abhebt und sich durchzusetzen weiß. In puncto Durchsetzungsstärke muss sich das Karrieresubjekt, so es erfolgreich sein will, vom ideologie-konformen Kooperationssubjekt also zwangsläufig unterscheiden.

> „Ja, das bei Karriere ist eben weniger […] Jemand ist teamfähig, wenn er in der Lage ist, eigene Ansprüche hinter Gruppenansprüche zurückzustellen. Wenn Sie Karriere machen […] brauchen Sie weniger Teamfähigkeit, weil Sie dann eigentlich mal hier derjenige sind, jetzt muss ich was durchsetzen, […] mich mal auch von der Gruppe absetzen, weil ich möglicherweise mal unpopuläre Entscheidungen auch kommunizieren […] oder umsetzen muss und da brauchen Sie auch eine gewisse Fähigkeit, sich von der Gruppe zu distanzieren und das aushalten zu können. Also da dürfen Sie nicht so sozial angepasst sein." (weiblich)

„Die Frage ist halt, wie das hinterher verkauft wird und da bin ich wieder bei dem,
dass einige versuchen, das eben in ihrem Namen zu verkaufen, das ist nun mal
[...] Konkurrenzkampf. Und andere zeigen sich dann eher nach wie vor kooperativ
und sagen ‚Was wir geschafft haben und da bedanke ich mich ganz herzlich für'."
(weiblich)

Den Akteuren bleibt nichts anderes übrig, als sich im Umgang mit dieser
praktisch unvereinbar scheinenden Dualität zu behaupten und sowohl die
organisationalen als auch die eigenen Karriereziele im Blick zu behalten. In
diesem Zusammenhang manifestiert sich in unserer Studie eine eklatante
Geschlechterdifferenz.[140] Während 56 % der Männer in karrierestrategischer
Hinsicht auf die Durchsetzung im Konkurrenzkampf setzen, geben dies lediglich 40 % der Frauen als ihre Karrierestrategie an (siehe Abbildung S. 147).
    Dieses Ergebnis entspricht in etwa den aus der Forschung bekannten
Stereotypen geschlechterdifferenten Konkurrenzverhaltens, wonach Macht-
und Konfliktorientierung mit einem ‚maskulinen' Handlungsmodus kor-
respondieren, während ein konsensgetriebenes Verhalten eher ‚weiblich'
konnotiert ist (vgl. Henn 2008). Die Tatsache, dass das Thema „Konkurrenz"
bzw. die in der modernen Arbeitswelt mehr denn je unumgänglich erscheinende Konkurrenz*fähigkeit* in unserer Befragung hauptsächlich von Frauen
angesprochen wird, wohingegen Männer diesen Aspekt anscheinend weder
als zu erlernende Verhaltensweise reflektieren noch als erwähnenswerten
Tabubruch thematisieren, fügt sich bruchlos ins gängige Schema.
    Karrierestrategisch sinnvoll scheint schlussendlich ein wohlüberlegtes
und genaues Abwägen, wann Kooperation, wann Distinktion angebracht ist,
wobei in entscheidenden Augenblicken der Wille zur Macht geradezu erforderlich ist. Dieser scheint vor allem dann von Erfolg gekrönt zu sein, wenn er
sich hinter einer emotional kontrollierten und rhetorisch beherrschten Fassade
zu tarnen weiß, wie sie Illouz' „reflexives Selbst" (Illouz 2009: 163) modellhaft
zur Schau trägt.

„Also es ist sehr stark eine rhetorische Frage. [...] Man kann Ellbogen ausfahren,
auf eine ganz geschickte rhetorische Art und Weise. Man kann es aber auch durch
Schreien machen. Da ist die rhetorisch geschickte Variante die bessere (...), ja, also
das ist schon ein wesentlicher Punkt, ja. Da gehört [...] das, in gewissen Grad, das
Fachwissen dazu, da gehört der Over All-Blick dazu [...] und auch eine gewisse

---

[140] Diese Differenz ist signifikant nach Cramers V: Näherungsweise Signifikanz 0,022, Stärke
0,173.

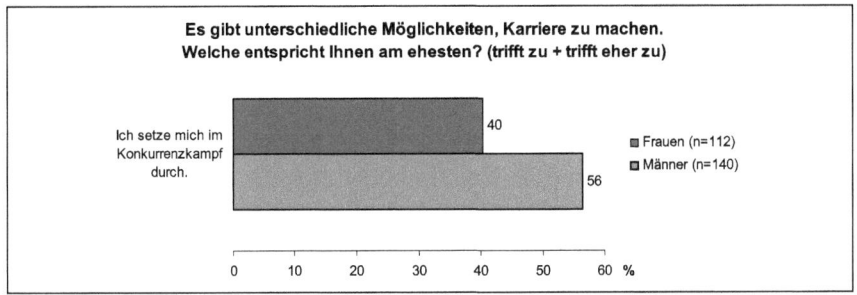

Akzeptanz. Was, was sehr stark ist, ist die Ruhe und äh Sachlichkeit in dem Moment. Man kann durchaus ‚nein' sagen, aber eben in einer ruhen und sachlichen Argumentation." (weiblich)

Indem folglich Organisationen in ihren Leitbildern und Kompetenzkatalogen das kooperative Subjekt als Ideal deklarieren, macht es den Anschein, als ob das berufliche Reüssieren alleine denjenigen Organisationsmitgliedern vorbehalten sei, die sich willig in den ausgerufenen Kooperationsimperativ fügen. Andererseits ist die Zuschreibung von Kompetenz mit Aufmerksamkeit verknüpft, was Distinktion und damit automatisch Konkurrenz impliziert. Vor diesem Hintergrund treiben Unternehmen die Projektarbeiter in eine Art Dilemma (Widersinn): den hauptsächlich zweckdienlichen Gebrauch ihrer kooperativen Fähigkeiten. Denn: Im Dienste unternehmerischer Profitinteressen sind die Kompetenzen notwendigerweise einer ökonomischen Zweckrationalität unterworfen. Sie können deshalb karrieretechnisch lediglich den Status von Sekundärtugenden einnehmen, während sich in letzter Instanz gänzlich andere Qualitäten auszahlen werden: Durchsetzungsvermögen, eine virtuose Verstellungskunst, gepaart mit der Bereitschaft, Projekterfolge gegebenenfalls skrupellos für sich in Anspruch zu nehmen bzw. primär mit der eigenen Person zu assoziieren.

Damit ist einer der zentralen Brennpunkte benannt, die die Bewährungsprobe „Projekt" für die Akteure in sich birgt. Projekte werden aus Unternehmenslogik als Wertigkeitsprobe deklariert, erweisen sich faktisch jedoch als Kraftprobe. Denn konträr zur Ideologie der „Projektpolis", mit der diese Arbeitsform in Ratgebern und Management-Literatur ausgewiesen wird, entsprechen die Herausforderungen, die die Akteure als *Karriere*subjekte zu bewältigen haben, nicht deren kooperativem Label. Im Gegenteil. In einer nur dürftig formalisierten Arbeitsform wie dem Projekt haben es die Akteure zunehmend mit Bewährungen „durch Macht" (Boltanski/Chiapello) zu tun.

Diese Annahme bestätigen die von uns erhobenen Daten, in denen ein Drittel der befragten Frauen der Ansicht ist, dass die im Sinne der Projektpolis illegitime Ressource „Geschlecht" (Ideal der Geschlechtsambiguität) eine erhebliche Rolle bei Personalentscheidungen spielt (vgl. Kap. 2.3.3). Das verdeckte Prinzip „Kraftprobe", das sich eben auch hinter dem bestehenden Widerspruch zwischen organisationalem Kooperationsideal einerseits und der real eingeforderten Konkurrenzfähigkeit andererseits verbirgt, wurde von unseren Interviewpartnern ebenfalls problematisiert.

> „Ja, das ist so eine spannende Sache, denn wenn ich mir anschaue; nach welchen Werten handelt [das Unternehmen], ähm nach welchen Führungsprinzipien handelt das Management, da taucht das natürlich überhaupt nicht auf. Und je höher man in der Management-Hierarchie aufsteigen möchte, desto mehr Ellenbogen braucht man natürlich auch und es ist natürlich dann auch Konkurrenzkampf. [...] Ich denke mal, so lange das alles im Rahmen dieser Werte [bleibt], die wir uns gesetzt haben, ähm ist das alles fair [...]." (männlich)

In einer projektifizierten Arbeitswelt, in der sich informelle Handlungsweisen und Interaktionsmuster gewissermaßen institutionalisieren (vgl. Kap. 2.2.2), ist entlang der drei skizzierten Achsen (Legitimität, Reflexivität, Stabilität) generell ein erhöhter Grad an Ungewissheit zu beobachten: Mit den sich in Projekten auftuenden informellen Kommunikationsräumen gewinnen individuelle Mikropolitiken bzw. Akteursstrategien an Raum, so dass immer weniger der individuelle Leistungsnachweis, der im Kollektiv der Wissensarbeiter ohnehin schwer zu erbringen ist, sondern vielmehr die persönliche Einschätzung des individuellen *Impression Managements* zum entscheidenden Auswahlkriterium für den Aufstieg in der Hierarchie wird. Damit zusammenhängend wird das berufliche Fortkommen zunehmend von Erfolgen informeller Kontaktgenerierung abhängig. Ferner fallen wichtige karriererelevante Entscheidungen, etwa über anstehende Gehaltserhöhungen oder Beförderungen, in Kontexten, die keinen formalisierten Status haben. Beurteilungen basieren auf von den Arbeitenden als hochgradig subjektiv empfundenen Kriterien und sind so für diese oft nicht nachvollziehbar. Überdies sind sie häufig zutiefst kränkend, da sie – ausgerichtet am Kompetenzmodell—ins innerste Mark der Persönlichkeit treffen. All dies zusammengenommen stiftet ein Klima der Anspannung und Irritation.

Überhaupt kann die Parallelzuordnung zu Projektleiter und Linienvorgesetztem beim Einzelnen ein Gefühl der Verunsicherung bezüglich der personellen Zuständigkeiten für die eigene Karriere hervorrufen.[141] In diesem Zusammenhang ergaben die Interviews sehr deutlich, dass als karrierestrategisch bedeutsam keinesfalls ausschließlich die für Personalbewertungen oder -entscheidungen zuständigen (Linien-)Vorgesetzten gelten können. Denn zum einen führt das vorherrschende Modell der Matrix-Organisationen, in welcher die Mehrfachzuordnungen der Mitarbeiter an der Tagesordnung sind, zu höchst komplexen Chefumgebungen. Zum anderen können Vorgesetzte virtualisierter Unternehmen die Performanz der MitarbeiterInnen aufgrund der räumlichen Trennung oftmals nicht direkt beobachten und müssen stattdessen auf die Beobachtungen und Beurteilungen der Vorgesetzten und ProjektleiterInnen vor Ort zurückgreifen.

> „In Deutschland, ja, weil hier nicht nur Standortfunktionen zusammenkommen, sondern auch Funktionen aus globalen Organisationen […] sodass Mitarbeiter ein, zwei, drei Chefs haben, dann auch in ihrem Projekt arbeiten – also dieser Trend nimmt immer mehr zu und wir haben […] eine […] ganz starke Matrixorganisation mit unterschiedlichen Zuordnungen." (männlich)

> „Also, wovon man sich auf jeden Fall verabschieden muss ist […] dieses Liniendenken […] ‚am Ende beurteilt mich nur mein Manager, die anderen sind mir egal'. Man muss mit dem Bewusstsein rum rennen, dass eigentlich […] jeder Manager, der da irgendwie […] rum rennt, potenziell […] mein Mit-Manager ist. So ist es. Also, wenn ich ein Team habe, von denen zwei in Hamburg sitzen und ein Managerkollege von mir sitzt in Hamburg, dann sieht der die viel häufiger als ich. Und der wird mir viele Dinge über diese Mitarbeiter sagen. Also müssen diese Mitarbeiter auch darauf aufpassen, wie sie vor diesem Kollegen wirken. Gleiches gilt für mich. […]. Also jegliche Second Line Manager […] in welchen Lokationen auch immer […] sind für mich auch in gewisser Weise auch karriererelevant. Also, was tue ich? Letzten Endes versuche ich natürlich allen gegenüber einen positiven Beitrag zu leisten […], wenn ich mit ihnen […] Kontakt habe, damit sie sich dieses Gesicht merken ((lacht))." (weiblich)

---

[141] Diese Unsicherheit weitet sich trotz einer stetigen Zunahme von Monitoring-, Controlling- und Feedback-Prozessen auf das Lebensgefühl insgesamt aus: „Immer mehr Menschen auf dem Arbeitsmarkt oder in den Unternehmen sind sich nicht mehr sicher, was sie eigentlich ‚wert' sind. Und das trotz der ständigen, betriebsinternen, individuellen Leistungsbilanzierungen, die das Bewertungsniveau alles andere als verstetigen. Es macht sich vielmehr die Überzeugung breit, dass der Wert jedes Einzelnen in hohem Maße variabel ist und man sich jeden Tag wieder aufs Neue bewähren muss." (Boltanski/Chiapello 2003: 367) Zur allgemeinen Tendenz der Verflüssigung des institutionellen Lebens siehe Sennett (1998).

Der Widerspruch zwischen dem Ideal der „Projektpolis" und der Realität der Kraftprobe ist nur einer von vielen Brennpunkten innerhalb eines ganzen Bündels an Herausforderungen, die die Bewährungsprobe „Projekt" für die Karriereakteure in sich birgt. Der Projektstruktur scheint generell ein Grundmechanismus anzuhaften, welcher die „hybriden Subjekte" bis aufs Äußerste fordert bzw. sie mit schwer auszuhaltenden und bisweilen gegen jedes genuine Gerechtigkeitsempfinden verstoßende Widersprüchlichkeiten konfrontiert. Um es noch einmal hervorzuheben: Nicht derjenige wird belohnt, der de facto über die geforderten Kompetenzen verfügt und diese in die kollektiv zu leistende Wissensarbeit einbringt, sondern derjenige, dessen individuelle Performanz Kompetenz lediglich insinuiert, das heißt, dem es gelingt, sich als kompetentes Subjekt performativ darzustellen – unabhängig vom objektiv geleisteten Beitrag. Auch für das nicht selten an die Substanz gehende Dilemma aus organisationaler kooperationsbezogener Selbstkontrolle und karriereorientierter egoistischer Selbstbehauptung muss der Einzelne eine Umgangsweise finden, ohne seine persönlichen Grenzen zu überschreiten und der Gefahr der Selbstverleugnung zu unterliegen.

Ausgehend davon, dass das Projekt in Unternehmen als Bühne zur Kompetenzdarbietung fungiert und hier karriereentscheidende Zuschreibungen erfolgen, begreifen wir diese Arbeitsform als zentrale Bewährungsprobe der modernen Arbeitswelt und daher als besonders geeignet, um individuelle kommunikative Karrierestrategien identifizieren zu können. Im Projekt beweisen sich die Akteure. Hier können sie Aufmerksamkeit kommunikativ binden, Distinktionsgewinne erzielen und Karrierepfade anbahnen. Dabei spielen – mittlerweile verknappte – Face-to-Face-Situationen eine herausragende Rolle. Denn hier sind Akteure in ihrer leiblichen Anwesenheit beobachtbar. Hier wird *Impression Management* im Goffmanschen Sinne eingefordert. Doch auch mediatisierte Kommunikation birgt das Potential für die Zuschreibung von Kompetenz – Situationen medial vermittelter Kommunikation können folglich ebenfalls Bewährungsproben darstellen.

Im Folgenden werden exemplarische projektbezogene Kommunikationssituationen – das Kick-off als Face-to-Face-Situation sowie Telefon- und Videokonferenz als Beispiele mediatisierter Kommunikation – hinsichtlich der darin angewandten individuellen Karrierestrategien analysiert und diesbezüglich dem Personalgespräch als strukturell davon abweichender Bewährungsprobe gegenübergestellt. Insbesondere interessieren uns hier die Funktionsweise des *Impression Managements* und der damit verknüpfte Prozess der Aufmerksamkeitsbindung. Dabei werden wir der Frage nachgehen, inwiefern sich die Strategie der individuellen Sichtbarmachung in Face-to-Face-Situationen von der in medialen Kontexten unterscheidet. Im Gegensatz bzw. in Erweiterung zu Boltanski/Chiapello, die als Äquivalenzmaß der Projektpolis generell „Aktivität" fassen (vgl. Kap. 2.3.3), scheint uns ferner nur der Aktivitätstyp karriereträchtig zu sein, der sich an der strukturellen Beschaffenheit der jeweiligen Bewährungsprobe ausrichtet. Daher erfolgt die kommunikative Analyse eingebettet in eine vorangehende Situationsbeschreibung. Ziel und Zweck ist es, besser einschätzen zu können, inwieweit die individuelle Handlungsstrategie dem jeweiligen Kontext entspricht.

4.1.1 Bewährungsprobe „Kick-off-Meeting"

Die in Projekten zu leistende Wissensarbeit erfordert eine kommunikativ abgestimmte Vorgehensweise. Aufgrund der Komplexität der umzusetzenden Aufgabenstellungen sowie dem Experten-Status der beteiligten WissensarbeiterInnen, deren Kenntnisse bei anstehenden Entscheidungen berücksichtigt werden müssen, ergibt sich die Notwendigkeit, den kommunikativen Bedarf auch und gerade zu Projektbeginn durch Face-to-Face-Kontakte abzudecken. Den Auftakt von Projekten bilden daher in der Regel Kick-off-Meetings. Der Organisation dienen diese Treffen in erster Linie dazu, den Beteiligten die Gelegenheit zum persönlichen Kennenlernen zu geben und so das Projektteam, das sich während des Projektverlaufs in weiten Teilen auf technisch vermittelte Kommunikation stützen muss, gewissermaßen arbeitsfähig zu machen.

> „[...] die Erfahrung ist eindeutig; wenn man zu erst mal irgendwie so ein Kick-off macht und [...] die lernen sich mal kennen, [...] dann funktioniert das nachher reibungslos. Aber wenn die sich nicht kennen, ist das so schwierig, was Missverständnisse usw. anbelangt, also [...] die Leute müssen irgendwie mal eine Chance haben, sich kennenzulernen." (1: 7) Also das [...] ist wirklich etwas, [...] also einander Kennen, das ist das Benötigte, um wirklich effizient zu arbeiten." (weiblich)

Diese Beziehungsebene, auf der es darum geht, Vertrauen zu generieren, die Grundlage für ein „Wir-Gefühl" ebenso zu schaffen wie für eine einigermaßen störungsfreie Kommunikation in der zukünftigen Zusammenarbeit, ist jedoch nicht die einzige Dimension, auf die hin die Kick-offs angelegt sind.[142] Neben der die organisatorische Ebene betreffende Aushandlung von Normen, Werten und Spielregeln geht es auf inhaltlicher Ebene darum, die „lokalen

---

[142] Vgl. hierzu und im Folgenden Kuster et al. (2006) sowie Schiersmann/Thiel (2009: 93ff.) .

Rationalitäten" (Funken/Fohler 2003), sprich: die bereichsspezifischen Logi-
ken und Perspektiven der einzelnen Akteure sowie deren individuelle Routinen zu synchronisieren, um anschließend gemeinsame Aufgabenstellungen
und Problemlösungsstrategien entwickeln zu können (vgl. Böhle et al. 2008,
Heidenreich/Kirch/Mattes 2008). Des Weiteren muss das individuelle Wissen
dem Wissenspool des Kollektivs zugeführt und im Rahmen gemeinsamer
Routinen angewandt werden (vgl. Jäger/Weinzierl 2007). Es ist demzufolge
notwendig, dass die Akteure die gemeinsamen Ziele und konkreten Arbeits-
schritte kennen, um abschätzen zu können, welche Teile des eigenen Wissens
für die Strategiebildung und die Zielerreichung des Projekts relevant sind und
welche individuellen Aufgaben und Zuständigkeiten sich hieraus ergeben.

> „Kommunikation ist das A und O. Nur wenn ein Mitarbeiter [...] weiß, was wird
> von mir verlangt und was kann ich dazu tun, wo wollen wir gemeinsam hin, dann
> kann er was dazu tun. Sonst [...] kann er der beste Fachmann sein, er arbeitet an
> irgendwas dran vorbei, weil er es nicht gut weiß." (weiblich)

Gleichzeitig müssen – sofern nicht bereits bekannt – seitens der Projektleitung
projektrelevante Vorkenntnisse und Ressourcen (zeitliche Verfügbarkeit, hilf-
reiche Kontakte etc.) der einzelnen Projektbeteiligten eruiert werden. Die Projektleitung muss sich also ein Bild von den beteiligten Personen machen, um
einschätzen zu können, welche Rollen- und Zuständigkeitsverteilung adäquat
und im Sinne der Projektziele zweckdienlich erscheint.

> „Ich würde schon gucken [...], dass die Mischung zusammen kommt. [...] ich kann
> nie mit Lothar Matthäus alleine auflaufen, [...] Genauso ist es im Projektgeschehen
> [...] Unsere technischen Freaks – [...], das sind natürlich meistens auch kommuni-
> kationsarme Leute, [...] konfliktscheu etc. pp und da brauchen Sie dann Leute, die
> die dann ein bisschen [...] mal drin bohren, so von wegen ‚Ey, geht es dir wirklich
> noch gut?', ja, und ‚Sind wir irgendwie hier noch auf Linie?' und ‚Schaffen wir
> unser Projektziel noch?', ja, und da Sie zum Glück so eine große Vielfalt haben,
> werden Sie immer diese Rollen drin haben in so einer Gruppe und das regelt sich.
> Aber deswegen ist es wichtig, sich zum Anfang mal Face-to-Face anzugucken, [...]
> also gut, den obersten Job, den können Sie immer gleich so verteilen, ja, aber die
> anderen Rollen finden sich ja doch dann eher durch das direkte Gespräch und dann
> haben Sie da erst mal Ruhe im Karton an der Stelle." (weiblich)

Den organisationalen stehen die individuellen Karriereinteressen und -ziele
gegenüber. Da es sich bei der Regelfestlegung sowie generell der Definition

von Zielen und Lösungen nicht um direktive, sondern vielmehr um diskursive Verfahren handelt, ist Spielraum für kommunikative Inszenierungskämpfe gegeben. Für einen karrierestrategisch handelnden Akteur, der die Bedeutung von Kick-offs als Bewährungsprobe erkannt hat, wird es in dieser Situation wichtig sein, die eigene Person möglichst in einer Weise darzustellen, die sie/ihn als optimale(n) TrägerIn der individuell präferierten Rolle ausweist. Da Projektteams nicht hierarchisch organisiert sind, die jeweils individuelle Position in der Hierarchie der Linienorganisation in diesem Rahmen folglich ihre formale Gültigkeit verliert, kommen die Mitarbeiter ohnedies nicht umhin, sich ihren projektinternen Status erst erarbeiten bzw. diesen inszenieren zu müssen. Wer sich beispielsweise von Anfang an als besonders kompetenter Kommunikator darzustellen versteht, verbessert seine Chancen, auf zukünftigen Meetings Redebeiträge zugestanden zu bekommen, den Part des Moderators übernehmen oder Präsentationen vor Entscheidungsträgern halten zu dürfen. Die Rituale der Positionsklärung können sich – je nach Zusammensetzung und Größe[143] des Teams – mal unterschwellig, mal offen, gestalten.

Grundlegend für eine erfolgreiche Positionierung und eine erfolgreiche Performanz ist für die Akteure die richtige Einschätzung der Situation und der anwesenden Personen. Das Publikum umfasst die Teammitglieder selbst sowie die Projektleitung, gegebenenfalls aber auch das Management höherer Ebenen und fachfremder Bereiche bis hin zu Vorstandsmitgliedern, Vertretern der Kundenseite sowie externen Beratern. Je nach Zusammensetzung des Teams und der Einschätzung von impliziten Werten und Normen der Gruppe gilt es, die Selbstdarstellungsstrategie so abzustimmen, dass sie nicht zum ‚Eigentor' wird. Von eminenter Wichtigkeit ist es daher für die Akteure, Projektleitung sowie Teammitglieder aufmerksam in ihrem Verhalten zu beobachten, um das eigene strategische Handeln möglichst adäquat darauf einstellen zu können.

Kick-offs sind die erste Situation eines Projektes, in denen die Akteure in ihrem kommunikativen Verhalten beobachtbar sind. Die Art und Weise, wie sie sich und ihren Arbeitsbereich vorstellen, welche Schwerpunkte sie dabei setzen, welchen Beitrag sie in Diskussionen beisteuern, ob und inwiefern sie sich rhetorisch geschickt auszudrücken vermögen, ob sie zielführend an der Erarbeitung von Vorgehensweisen mitwirken – all das lässt Rückschlüsse auf die Qualität ihres zukünftigen Arbeitshandelns im Projekt zu. Aufgrund der

---

[143] Die Größe des Projektteams kann die Qualität der Statusdeklaration insofern beeinflussen, als die gelungene inszenatorische Aufwertung des/der einen mit einer impliziten Abwertung des/der anderen verbunden ist, der oder die dann entsprechend nachlegt.

Performanz der Akteure in der konkreten Situation des Kick-offs werden erste maßgebliche Kompetenzzuschreibungen vorgenommen. Diese sind besonders wichtig, da das Publikumsurteil des ersten Eindrucks schwer zu revidieren ist (vgl. Goffman 1983 [1959]: z. B. 14) und zudem der oft virtuelle Charakter von Projekten die Situationen gemeinsamer Anwesenheit zukünftig selten werden lässt. Im Kick-off als erster Face-to-Face-Situation des Projekts wird anscheinend der Grundstein gelegt, auf dem spätere Kompetenzzuschreibungen aufbauen.

> „Jeder Mensch hat seine eigene Matrix, sein Wertesystem, seine Normen und [...] deswegen sage ich ja, das erste Meeting, dieses Aug' in Aug' schauen ist schon wichtig, verführt aber dazu, dann wirklich die Leute gleich sofort in eine Schublade reinzupacken und sie da auch nie wieder rauszuholen, [...] gerade bei Menschen, die [...] auf den ersten Blick nicht sehr gewinnend sind, die haben im Prinzip verloren in so einer Geschichte." (weiblich)

Wie aus dieser Interview-Äußerung hervorgeht, ist der über den Körper vermittelte Eindruck von enormer Bedeutsamkeit für die Urteilsbildung der Interaktionspartner, so dass die Rolle, die gerade die optische Erscheinung in einer Face-to-Face-Interaktion spielt, nicht unterschätzt werden darf. Man muss im wahrsten Sinne des Wortes auf den ersten Blick etwas darstellen (vgl. Funken 2004: 118). Bei der Begegnung mit einem unbekannten Publikum zählt daher das Auftreten der gesamten Person. Individuelle Attribute wie Kleidungsstil, Accessoires oder auch persönliche Gegenstände (Mobiltelefon, Laptop, I-Phone etc.) sind Statussymbole, Ausweis der persönlichen Erfolgsbilanz und gelten als Bürgschaft für zu erwartende Erfolge (vgl. Funken 2004: 85, Neckel 2000: 63). Die identitätsstiftende Rolle der „Körperwahrheit" kommt im Kick-off folglich zu voller Geltung. Dabei werden auch die mit der physischen Präsenz zusammenhängenden Personenmerkmale wie beispielsweise das Geschlecht genauestens registriert.

> „Also, ich sag mal, Hosenanzüge. Ich ziehe eigentlich nie Röcke an. [...] Ähm, warum soll man sich verunsichern?" (weiblich)

> „Das ist ganz klar eine Ellenbogen-Situation ist, in dem Fall, das war auch klar, aber da hab ich dann wirklich die Frauenrolle, da gucken die anders hin." (weiblich)

„Aber wenn man mal einen bestimmten Level erreicht hat, ähm, dann halte ich doch einen Anzug oder Kostüm natürlich auch für absolut angemessen und ich glaube auch, dass das durchaus auch ähm wahrgenommen wird." (weiblich)

Diese (askriptiven) Merkmale können sich für die Betroffenen dann als verhängnisvoll erweisen, wenn sie im Fortlauf der Interaktion als unbewusster Wahrnehmungsfilter wirken und dabei gegebenenfalls negative stereotype Zuschreibungen sowie vorurteilsbehaftete geschlechtsspezfische Erwartungshaltungen aktivieren, die bei der Beurteilung von Leistungsfähigkeit und Kompetenz möglicherweise als Karrierehindernis wirksam werden.

Im Rahmen unserer Studie haben wir die Mitarbeiter nach ihren Karrierestrategien im Kick-off-Meeting befragt. Bezüglich der Frage „Was ist Ihnen bei einem Kick-off besonders wichtig?" gestaltete sich das Antwortverhalten wie folgt:

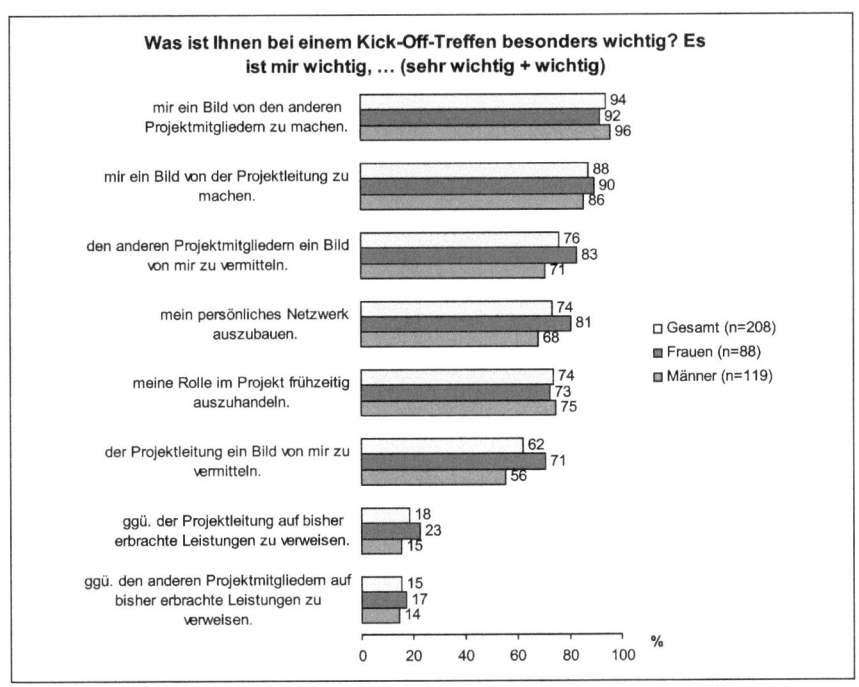

Die Absichtserklärungen der Akteure weisen darauf hin, dass diese ein gezieltes *Impression Management* betreiben. Die Items, die auf eine Nutzung der Situation zum Zwecke einer karrierewirksamen Selbstdarstellung schließen lassen, erfahren dementsprechend die größte Zustimmung: Primär geht es darum, „ein Bild von sich zu vermitteln", „sich ein Bild von den Anderen zu machen" sowie „die eigene Rolle auszuhandeln". Ebenfalls große Bedeutung hat für die Akteure der ‚Ausbau des eigenen Netzwerkes'. Dies bestätigt die Rolle von Projekten als Netzwerkmultiplikator, wie sie in Kapitel 3.1.3 beschrieben wurde.

Abgesehen davon, dass die hier dominierenden (kommunikativen) Strategien des *Impression Managements* die Physis der Adressaten mit einbeziehen – die Strategie der Aufmerksamkeitsbindung folglich in sehr starkem Maß an die Dimension der Körperlichkeit gekoppelt ist –, fällt auf, dass Frauen den Aspekt der performativen Selbstdarstellung („ein Bild von mir vermitteln") – sowohl den Kollegen als auch der Projektleitung gegenüber – erheblich stärker betonen als Männer (83 % vs. 71 % und 71 % vs. 56 %). An Aussagekraft gewinnt diese Äußerung, wenn man sich ein anderes Ergebnis aus der quantitativen Erhebung vor Augen hält: 90 % der Frauen sind davon überzeugt, dass die eigene Selbstdarstellung das entscheidende Kriterium bei Personalentscheidungen ist. Dagegen weisen nur 66 % der Männer diesem Aspekt die gleiche Bedeutung zu (vgl. Kap. 3.1.4).[144]

Unabhängig vom Geschlecht liegt der Fokus des eigenen Beobachtens vornehmlich auf den anderen Projekt-Teammitgliedern (94 %). Auch bilden das Publikum, an das sich das eigene Handeln richtet, in erster Linie die Kollegen (76 %), denn die sind Kooperationspartner, aber eben auch Konkurrenten.

An zweiter Stelle folgt bei beiden Geschlechtern die Adresse der Projektleitung. Den Akteuren ist es wichtig, „sich ein Bild von der Projektleitung zu machen" (88 %). Erst danach kommt das „Vermitteln eines Bildes der eigenen Person gegenüber der Projektleitung" (62 %).

In Bezug auf diese beiden Adressen scheint jeweils das Beobachten des Gegenübers Priorität vor der Darstellung der eigenen Person zu haben. Dies unterstreicht die oben ausgeführte Notwendigkeit, das eigene Inszenierungsgebaren am Verhalten der Anderen auszurichten. Aus dem Antwortverhalten geht ferner hervor, dass Kick-offs nicht der Ort sind, an dem Statusverweise angebracht sind. Die Wenigsten geben an, es sei ihnen wichtig, im Rahmen von Kick-offs auf die eigenen Leistungen hinzuweisen. Wenn doch, dann er-

---

[144] Diese Differenz ist signifikant nach Cramers V: Näherungsweise Signifikanz 0,000, Stärke 0,206.

folgt dies eher gegenüber der Projektleitung (18 %) als gegenüber den anderen Teammitgliedern (15 %) – und tendenziell von mehr Frauen als von Männern. Dies könnte darauf hindeuten, dass persönliche Leistung im Rahmen der Wertigkeitsprobe Kick-off keine legitim anerkannte Wertigkeit darstellt. Dass jedoch fast ein Viertel der Frauen und ein Sechstel der Männer dennoch auf einen Leistungsverweis setzt, könnte ebenso auf ein latentes Fortwirken alter Wertigkeitsordnungen wie dem Leistungsprinzip verweisen.

Festgehalten werden muss an dieser Stelle, dass grundsätzlich mehr Frauen als Männer gezielt auf Performanz, also auf *Impression Management* setzen. Allerdings scheinen Frauen nicht auf die Strategie der „Kompetenzdarstellungskompetenz" (Pfadenhauer 2003, Pfadenhauer 2005) allein vertrauen zu wollen und setzen zusätzlich auf den Leistungsverweis als eine Art flankierende Karrieremaßnahme. Zwar geschieht dies in weit geringerem Ausmaß als das performative Selbstmarketing, dennoch ist das von Frauen diesbezüglich erbrachte höhere Votum nicht von der Hand zu weisen.

4.1.2 Bewährungsprobe „Telefonkonferenz"

Telefonkonferenzen sind seit langem in Unternehmen etabliert (vgl. Clampitt 2001: 108 ff., Mast 2002: 186) und nicht zuletzt aufgrund moderner Technik[145] inzwischen weit verbreitet. Sie stellen eine kostengünstige Alternative zu Meetings dar, zumal mittels groß angelegter Konferenzschaltungen eine hohe Zahl an Gesprächsteilnehmern in die Kommunikation eingebunden werden kann. Im Falle der hier untersuchten virtualisierten Wissensarbeit erweisen sich Telefonkonferenzen als ein unabdingbares und relativ flexibel einzusetzendes Instrument für die alltägliche Koordination der Mitarbeiter an den unterschiedlichsten Standorten.

In den von uns befragten Unternehmen ist der Einsatz von Telefonkonferenzen gang und gäbe: Für die meisten gehören die Telefonkonferenzen zum Arbeitsalltag und sind damit zentrale Orte der Bewährung. Als Bewährungsprobe, die auf mediatisierter Kommunikation beruht, unterscheidet sich die Telefonkonferenz, vor allem was die karriererelevante Strategie der Aufmerksamkeitsbindung angeht, erheblich vom Kick-off, bei dem die Beteiligten kör-

---

[145] Neuere Systeme nutzen die Vorteile der Digitaltechnik, die das Telefon mit dem Computer bzw. dem Internet oder Firmennetz (LAN = Local Area Network/WAN = Wide Area Network) verbindet und somit das Telefonieren über Datenleitungen erlaubt (VOIP = Voice over IP, IP = Internet-Protocol).

perlich anwesend sind. In den Interviews wurde vor allem ein Punkt immer wieder hervorgehoben: Während etwa ein Meeting mit einem gewissen Grad an Informalität – in Form von Zwischenrufen oder persönlichen Auseinandersetzungen – umgehen kann, gestalten sich Telefonkonferenzen in weit stärker formalisiertem Maße. Den Beschreibungen der Mitarbeiter zufolge verlangen diese von den TeilnehmerInnen deshalb, neben der entsprechenden Vorbereitung, sehr viel mehr Gesprächsdisziplin, mit anderen Worten eine (vor-) strukturierte präzise und zielorientierte Kommunikation, als es in einer Face-to-Face-Situation erforderlich wäre, und von der Leitung eine entsprechende Moderation.

„Das Formale hat relativ ein großes Gewicht, also sprich keine Telefonkonferenzen, ohne eine Agenda dazu zu haben oder auch so Terminplanungen und solche Dinge, ziemlich restriktiv dann zu handhaben." (weiblich)

„[Da] ist auch eine […] eine Gesprächsdisziplin natürlich, eine sehr viel größere Disziplin zu beobachten, weil es sonst nicht anders geht." (weiblich)

„Da gehört halt dazu, dass man sich entsprechend vorbereitet, dass man solche Meetings, Telefonkonferenzen, Webkonferenzen mit einer genauen Agenda und Zeiteinteilung zuordnet, wer was macht, vorbereitet beziehungsweise auch der, der die leitet und das wird nach wie vor noch akzeptiert, wer sie leitet, dass, dass der entsprechend interveniert." (weiblich)

Kritisch angemerkt wird in diesem Zusammenhang von den Befragten eine hohe Zahl an Gesprächspartnern, die das Zustandekommen einer effektiven Kommunikation unter Umständen verhindert.

„Mit 50 Leuten, in eine Telco, Katastrophe" (weiblich)

„Bei einer Audio ist es […] manchmal […] schwer, sich einzubringen, vor allem, wenn es um eine bestimmte Größe geht. Also wir haben teilweise Audios, […] von teilweise zwanzig, fünfundzwanzig Leuten, […], das wird dann schon ein bisschen schwierig." (weiblich)

Abgesehen von dem höheren Grad an Formalisiertheit, der die Fähigkeit zur kommunikativen Präzision in den Stand karrierewichtiger Vermögen erhebt, hat die mediale Umgebung weitere Implikationen für die (kommunikativen) Strategien der Akteure – und zwar im unmittelbaren Sinne. Während man sich in einem persönlichen Treffen geradezu bildhaft in Szene setzen kann, ist das mediale Impression Management im Fall der Telefonkonferenz auf verbal-sprachliche Äußerungen reduziert. Die Performance ist folglich ausschließlich auf dem auditiven Kanal leist- und beobachtbar. Zumindest wurde die Bewäh-rungsprobe Telefonkonferenz dahingehend von den Mitarbeitern problema-tisiert. Die von uns befragten Beschäftigten sind sich über die Rolle, die die körperliche Dimension für das Impression Management, die Aufmerksam-keitsbindung spielt, weithin im Klaren.

> „Und, ähm, es fehlt einfach alles, was zur Kommunikation gehört. Also zur Kom-munikation gehört Mimik, Gestik, Augenkontakt, ne. Oder auch, irgendwie, ein persönliches Auftreten, um auch meinen Punkt durchzubringen. [...]." (weiblich)

Die Kanalordnung der Bewährungsprobe „Telefonkonferenz", die einem per-formativen *Impression Management* unter Einsatz der ganzen Person Grenzen setzt, hält für den Prozess der Aufmerksamkeitsbindung folglich erschwerte Umstände parat. Dieser für die individuelle Karrierepolitik und nicht zuletzt auch für die Gruppenkommunikation enorm wichtige Aspekt wurde von den Akteuren durchgehend thematisiert:

> „Ich finde das bei einer Telefonkonferenz ausgesprochen schwierig. Auch über die Stimme. Also, ich sage mal, ich bin jemand, der sehr leise spricht, oder der auch nicht wirklich laut werden kann. Und da durchzudringen ist für mich in einer Telefonkonferenz ausgesprochen schwierig [...]." (weiblich)

> „Es ist sehr schwer, [...], wenn ich wie bei uns auf eine bestimmte Sprache festgelegt bin und wenn ich nicht hinreichend Englisch kann. Ich muss mich ja irgendwie in das Gespräch – ich sage das mal – hineinmuskeln. Also ich muss über Tech-niken verfügen, eine rein mündliche Kommunikation zu übernehmen; das heißt, ich muss im Englischen klarmachen können, wie melde ich mich und wie bringe ich meine Argumente vor und wie mache ich es klar, dass ich auch ein Argument habe – ich kann nicht aufzeigen." (männlich)

Von der in einer globalisierten Arbeitswelt gängig gewordenen Anforderung, auch in einem fremdsprachigen Kontext dialogfähig zu sein, einmal ganz abgesehen und unabhängig vom sachlichen Gehalt eines Beitrags, erlangen Faktoren wie Sprechlautstärke, -tempo, Intonation etc. für den Prozess der Aufmerksamkeitsbindung in der Bewährungsprobe „Telefonkonferenz" enor-me Wichtigkeit. Entsprechend wird sich derjenige karrierewirksam hervortun,

der sein rhetorisches Geschick gekonnt einzusetzen weiß und der vor allem
das Spiel auf der paraverbalen Klaviatur beherrscht und damit das Fehlen
der sich auf dem verdeckten Kanal befindlichen Körpersprache kompensieren
kann. Umgekehrt gestaltet sich der Akt der Selbstdarstellung in einem medialen Umfeld, in dem nonverbale Botschaften vermittels der physischen Präsenz
genauso fehlen wie Blickkontakte oder mimische und gestische Signale, nicht
für jedermann gleichermaßen einfach.

> „[…] Ähm, also wenn man sich damit unwohl fühlt, ähm dass ich in der Regel so
> ein Gerät auf dem äh Tisch stehen hab und den anderen vielleicht nicht sehen
> kann in der Audiokonferenz, dann habe ich ein Problem. […] wenn ich mit der
> Situation halt nicht so gut umgehen kann. Also mir nicht gewahr mache, dass da
> noch andere Leute beteiligt sind, ähm wenn ich da unsicher bin, wenn ich eben
> keine Reaktion sehe auf das, was ich gerade gesagt habe, ähm das macht sich schon
> bemerkbar." (weiblich)

Dass die individuelle Strategie der Selbstdarstellung unter mediatisierten Bedingungen folglich andere Formen annehmen muss, darüber scheinen sich
die im Rahmen der Studie interviewten Mitarbeiter allesamt im Klaren zu
sein. Noch in viel stärkerem Maß als in einer Face-to-Face-Situation erweisen
sich für mediales *Impression Management* die klassischen Karrierefaktoren wie
Kommunikations- und Durchsetzungsstärke als *die* Persönlichkeitsattribute,
die auch mediale Sichtbarkeit zu generieren vermögen.

> „[…] es ist sehr einfach für dominante und rhetorisch geschickte Menschen, die
> Konferenz an sich zu ziehen […]." (männlich)

> „Klar, gibt es Inszenierungskämpfe. Das ist ähm ganz stark so ein, so ein Part ein-
> fach nur zu, zu reden, zu reden um der Reden willen, ja, das ist ein ganz starker
> Part. […]." (weiblich)

> „Wenn wir uns hier gegenüber sitzen und gleichzeitig angucken und Körperspra-
> che und Gesicht sehen, sehen wir eher, wenn jemand zum Reden ansetzt. Wenn wir
> nur telefonieren würden, würden wir diese Informationen nicht haben. Und dann
> […] kommt es aus Versehen schon häufiger zu der Situation, dass zwei gleichzeitig
> losreden. […] Und ich erlebe das, dass dann zwei Personen die ganze Zeit stur
> weiterreden. Und ich höre zu und denke, das ist ja unfassbar. Jetzt muss doch mal
> einer die Klappe halten. ((Lachen))." (weiblich)

„Also, ich finde, ja, es geht eigentlich so gut wie nie um nur Fakten, weil ich denke, dass immer ähm, ich weiß nicht, ob das ein menschliches Bedürfnis ist, immer da so ein Versuch gestartet wird, die eigene Macht und […] den Hierarchierang, den man dann vermeintlicher Weise sich selber zugesteht oder vielleicht sogar ähm, qua Position hat, ähm, schon ein bisschen rauszustellen. Das Ganze findet dann nicht statt, wenn das wirklich sehr eingespielte Teams sind, aus meiner Sicht, wo man sich einfach abgeschnuppert hat, man weiß, der eine reagiert so, der ist nun mal so, aber das stört dann halt auch nicht weiter, also, dann verblasst so ein bisschen, dieses Status raushängen lassen, oder dominante Verhalten." (weiblich)

Insgesamt spiegeln die erhobenen Daten ein relativ hohes Maß an Skepsis, mit der die Akteure die Bewährungsprobe Telefonkonferenz im Hinblick auf die Erhöhung der Sichtbarkeit der eigenen Person betrachten. Denn obgleich die Mehrzahl der Befragten (84 %) keine Probleme hat, sich in Telefonkonferenzen einzubringen, sieht mehr als die Hälfte der Befragten den karrierestrategischen Prozess der Aufmerksamkeitsbindung kritisch. Lediglich 40 % der Befragten stuften die Telefonkonferenz als eine Situation ein, die über das Potential verfüge, entfernte Vorgesetzte aufmerksam auf die eigene Person zu machen. Auch wenn prozentual etwas mehr Frauen (20 %, n = 92) als Männer (14 %, n = 123) der Meinung sind, sie hätten Schwierigkeiten, sich in einer Telefonkonferenz einzubringen, bewerten Frauen die Telefonkonferenz in dieser

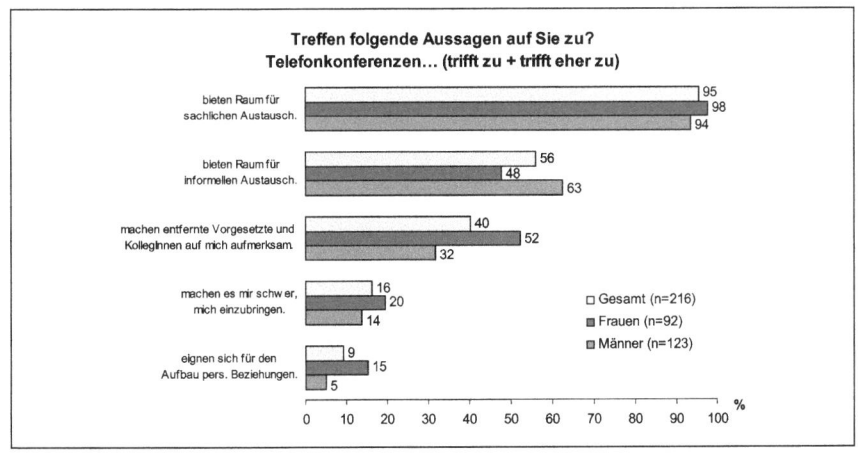

Hinsicht weit positiver (52 %) als Männer (32 %).[146] Möglicherweise sehen Frauen in der mediatisierten Umgebung der Telefonkonferenz, in der die individuelle Performanz auf das Medium der Stimme reduziert ist, weniger die Gefahr unmittelbar qua Geschlecht diskriminiert zu werden. Die Annahme, dass die Mediatisierung körperlich-maskuline Machtdemonstrationen bzw. auf äußerliche Merkmale abzielende chauvinistische Zuschreibungen verhindert oder zumindest einschränkt, erhärtet sich in Anbetracht der folgenden Aussage einer Mitarbeiterin:

> „Der Ablauf in einer Telefonkonferenz [ist] schon anders wie in einer [...] Konferenz, da sage ich immer als Frau, man hat erst mal 20 Minuten Balzgehabe vorne weg in den [...] Meetings [...]. Das ist bei Telcos ganz eindeutig anders." (weiblich)

Gestützt wird die Vermutung, dass das mediatisierte Setting der Bewährungsprobe Telefonkonferenz einer tendenziell geschlechtsneutraleren Aufmerksamkeitsbindung den Weg weist, von dem Antwortverhalten, das die Mitarbeiter – und Frauen mehr noch als Männer – hinsichtlich einer anderen Frage zeigen: Fast alle Interviewpartner (95 % n = 216) sehen in Telefonkonferenzen einen Ort, der in erster Linie Raum für rein sachlichen Austausch bietet (Frauen 98 % vs. Männer 94 %), auch wenn hinterrücks weiterhin geschlechtliche Diskriminierungen stattfinden mögen.

> „Also ist immer, also auch in Telefonkonferenzen beobachte ich das, wenn, wenn Frauen, da sagen wir mal ja, die ziehen, ja, also, ich bin in einer Telefonkonferenz mit einer Gruppe so wie hier, wenn jetzt hier ein Telefon ist, eine Frau spricht da hinten dran, die Männergruppe hier machen dann eben ihre Grimassen dazu. [...] Das machen sie in 90 % bei Frauen und in 10 % bei Männern." (weiblich)

Generell scheint der Rahmen einer Telefonkonferenz in den Augen der interviewten Beschäftigten nicht an das karrierestrategische Potential einer Face-to-Face-Situation heranzureichen: So sieht nur knapp mehr als die Hälfte der Beschäftigten in Telefonkonferenzen die Möglichkeit zum informellen Austausch gegeben: Insgesamt 56 % stimmten der Frage zu – von den befragten Frauen (48 % n = 92) allerdings weitaus weniger als von den befragten Männern

---

[146] Diese Differenz ist signifikant nach Cramers V: Näherungsweise Signifikanz 0,007, Stärke 0,213.

(63 % n = 123).[147] Noch mehr Pessimismus spricht aus dem Antwortverhalten bezüglich der Frage nach dem Knüpfen von Kontakten. Nur 9 % konzedieren der Telefonkonferenz ein Potential für den Aufbau persönlicher Beziehungen – darunter allerdings dreimal so viele Frauen wie Männer (15 % vs. 5 %).[148] Im Gegensatz beispielsweise zum Kick-off scheinen Telefonkonferenzen demzufolge weniger geeignet zu sein, um in karrierestrategischer Hinsicht Networking zu betreiben.

4.1.3 Bewährungsprobe „Videokonferenz"

Im Unterschied zur Telefonkonferenz handelt es sich bei Videokonferenzen um einen Kooperationsmodus neueren Datums. Während Bismarck et al. vor zehn Jahren noch feststellten, dass vor allem „ärmere" Kommunikations- und Informationsmedien wie E-Mail oder gemeinsame Datenverarbeitung im Unternehmensalltag erfolgreich zu sein scheinen und Medien, die wie Videokonferenzsysteme die „Telepräsenz" erhöhen, sich zum damaligen Zeitpunkt noch nicht durchgesetzt hatten (vgl. von Bismarck et al. 1999: 76), lässt sich mittlerweile ein zunehmender Verbreitungsgrad dieses Mediums feststellen.

Moderne, auf der Nutzung von Breitband-IP-Netzen basierende Videokonferenzsysteme zeichnen sich durch eine sehr gute Übertragungsqualität aus und ermöglichen außerdem die Option einer Teilnahme per Video-Handy. Sie kommen nicht nur aus Zeit- und Kostengründen, sondern mittlerweile auch aufgrund ökologischer Gesichtspunkte in Unternehmen als eine Alternative zu Face-to-Face-Treffen in Betracht (vgl. Sassenberg 2000, Stroisch 2008).

Zwar ist der Einsatz von Videokonferenzen den Interviews zufolge noch nicht überall Bestandteil des Arbeitsalltags.[149] Dort wo er erfolgt, nehmen Videokonferenzen jedoch den Status einer überaus gewichtigen Bewährungsprobe ein. Im Gegensatz zur Telefonkonferenz, bei der die Mitarbeiter lediglich akustisch wahrzunehmen sind, ist in Videokonferenzen die individuelle Performanz jedoch auch auf dem visuellen Kanal beobachtbar. In Anbetracht der sich in virtualisierten Organisationen vollziehenden Verknappung von

---

[147] Diese Differenz ist signifikant nach Cramers V: Näherungsweise Signifikanz 0,051, Stärke 0,166.

[148] Diese Differenz ist signifikant nach Cramers V: Näherungsweise Signifikanz 0,033, Stärke 0,177.

[149] 45 % der Befragten (n = 252) geben an, Videokonferenzen zu nutzen, davon fast doppelt so viele Männer (58 %; n = 139) wie Frauen (30 %; n = 112). Nach Unternehmen differenziert fällt jedoch auf, dass dieses Medium nur in den Unternehmen 7 und 11 weit verbreitet ist.

persönlichen Treffen erfolgen Personalbeurteilungen und Kompetenzzuschreibungen daher immer häufiger auf der Grundlage des in Videokonferenzen beobachteten individuellen Arbeitshandelns.

„Ich [werde] eben zum Teil von meinem Vorgesetzten hier in Deutschland beurteilt [...], aber eben äh zum anderen Teil tatsächlich auch von unserem Vize-Präsidenten ähm für Europa beurteilt werde. Wobei der mich halt nicht viel sieht. Sondern wenn, dann in solchen Situationen [Videokonferenzen]." (weiblich)

„Ähm, es gibt sicherlich viele Situationen die karriererelevant sind, wo man zum Beispiel in einer, was wir Pictel nennen, also in einer Videokonferenz, Dinge präsentieren muss vor, vor Management [...]." (weiblich)

Im Gegensatz zur Telefonkonferenz, bei der die Gesprächsteilnehmer ausschließlich anhand ihrer Stimme vernehm- und identifizierbar sind, sind die Teilnehmer im Falle der Videokonferenz zumindest teilweise in ihrer Körperlichkeit wahrzunehmen, was sich aus organisationaler Perspektive für die Beobachtung der individuellen Performanz überaus vorteilhaft erweist. Der zur Verfügung stehende visuelle Kanal verringert den Anonymisierungseffekt, der mediatisierter Kommunikation üblicherweise anhaftet, um ein wesentliches, was sowohl die Rückbindung der Leistung an ihren Träger als auch den Aufbau personalisierter Bindungen erleichtert.

„Aber es ist erstaunlich, das hätte ich vor drei, vier Jahren nicht geglaubt, dass es tatsächlich so ist, dass man jemanden, ohne den gesehen – persönlich – gesehen schon – ohne den persönlich getroffen zu haben, ein Beziehungsmanagement aufbauen kann. [...] Und Telefon hätte nicht funktioniert. Nein. Das kann ich definitiv sagen. Man kann, ohne denjenigen – die Augen zu sehen, sag ich jetzt mal, nicht so eine Beziehung aufbauen. Definitiv nicht." (weiblich)

Als Bewährungsprobe für Arbeits- und Karriereakteure erweist sich die mediale Umgebung hingegen bisweilen als Herausforderung. So wurde zum einen die fehlende körperliche Präsenz der Kollegen („Präsentieren ohne Publikum"), die der Anforderung der interaktiven Teamarbeit diametral entgegensteht, von den Interviewpartnern als irritierend empfunden:

„Wissen Sie, wenn Sie es Face-to-Face machen, können Sie jemanden vielleicht mit Mimik oder mit Gestik oder mit Malen etwas ganz anders erklären. Es ist wesentlich anspruchsvoller, gemeinsam interaktiv was zu erarbeiten, wenn die Leute nicht an einem Tisch sitzen. Das ist echt eine Herausforderung. Das ist verdammt schwer. Das ist verdammt schwer. Malen Sie mal ein Chart, wo Sie eigentlich keiner sehen kann!" (weiblich)

Die mediale Umgebung der Videokonferenz, die einer interaktiven Vorgehensweise folglich nicht gerade förderlich ist,[150] ist von erheblichem Einfluss auf die Ausgestaltung der kommunikativen Handlungsstrategie der Akteure. Als erfolgversprechende Handlungsmaxime für den Prozess der Aufmerksamkeitsbindung in der Bewährungsprobe „Videokonferenz" empfiehlt sich daher, genauso wie im Fall der Telefonkonferenz, ein überaus zielorientiertes sowie äußerst durchdachtes und strukturiertes Vorgehen. Zumindest lautet so der Tenor aus den Interviews.

> „Die [Videokonferenzen] sind natürlich immer ein bisschen noch beschwerlich, weil natürlich der eine, wenn er sehr schnell spricht, so wie ich, dann der andere auf der anderen Seite ja verrückt wird. Das heißt, man muss an seiner eigenen Behavior arbeiten, viel disziplinierter, viel langsamer zum Teil, viel strukturierter." (weiblich)

Die Daten aus der quantitativen Erhebung ergeben ein ähnliches Bild wie im Falle der Telefonkonferenz: Obwohl grundsätzlich die wenigsten Mitarbeiter Probleme darin sehen, sich bei Videokonferenzen einzubringen – auch hier sind unter den 16 %, die diese Frage bejahen, mehr weibliche (24 %) als männliche Zustimmungen (12 %) – werden Videokonferenzen mehrheitlich nicht als Plattform angesehen, um die Sichtbarkeit der eigenen Person zu erhöhen. Weniger als die Hälfte (49 %) der befragten Nutzer (n = 115) sind der Meinung, dass Videokonferenzen auch entfernte Vorgesetzte auf die eigene Person aufmerksam machen – darunter etwas mehr Frauen (53 %) als Männer (47 %). Gleichwohl sagen relational fast doppelt so viele Frauen als Männer von sich, Schwierigkeiten zu haben, sich in dieser medialen Umgebung einzubringen.

Auch sehen deutlich mehr Männer (61 %; n = 81) als Frauen (47 %; n = 34) in einer Videokonferenz das Potential für einen informellen Austausch. Insge-

---

[150] Die sich in den Befragungen abzeichnende Tendenz wird von aktuellen Studien bestätigt, aus denen hervorgeht, dass es den TeilnehmerInnen oft schwer fällt, die Inhalte von Videokonferenzen aufzunehmen und zu verarbeiten (vgl. Ferran/Watts 2008). Ferran/Watts (2008) vermuten, dass eine Videokonferenz höhere geistige Anforderungen stellt, als die Präsentation von Informationen im Vortrag unter Anwesenden. So bleibe weniger Kapazität, um die Inhalte zu verarbeiten. Die Kommunikation muss hier gut strukturiert und vorbereitet erfolgen.

samt wird diese Möglichkeit, wenn auch geringfügig, überwiegend positiv eingeschätzt (57 %). Ähnlich wie im Falle von Telefonkonferenzen wird jedoch auch in diesem Rahmen kein Potential für karrierenotwendiges Networking vermutet: Nur 21 % – darunter mehr Männer (22 %) als Frauen (18 %) – sehen in diesem Medium einen Weg, um persönliche Beziehungen aufzubauen. Stattdessen gelten Videokonferenzen einhellig als eine Kommunikationssituation, die Raum für sachlichen Austausch bietet (97 %; n = 115). Hier stimmen prozentual etwas mehr Männer (99 %; n = 81) zu (Frauen: 94 %; n = 34).

Im Gegensatz zu den gering formalisierten projektbezogenen Bewährungsproben, handelt es sich beim Personalgespräch um eine hochgradig formalisierte Bewährungsprobe. Inwiefern sich hieraus Unterschiede in der karrierestrategischen Ausrichtung ergeben, wird im Folgenden erörtert.

4.2   Bewährungsprobe „Personalgespräch"

Unternehmen vergewissern sich in Personalgesprächen, ob die in das Humankapital getätigten Investitionen, polemisch formuliert, auch „Rendite" abwerfen. Für sie verkörpern Personalgespräche institutionalisierte Überprüfungsroutinen, die an Feedbackprozesse[151] gekoppelt sind, um auf dieser Grundlage die Kompetenzentwicklung von Führungskräften voranzutreiben (vgl. Scherm/Kaufel 2005) und so letztendlich die Interessen der Organisation zu wahren. Für die Akteure birgt das Personalgespräch die Chance, Entwicklungsmöglichkeiten, das heißt Karriereoptionen innerhalb der Organisation einzufordern bzw. aufgezeigt zu bekommen. Der Abgleich von Selbst- und Fremdbeurteilung in Form des Feedbacks dient dem Mitarbeiter als zusätzlicher Entwicklungsanreiz.

Personalgespräche finden in einem regelmäßigen Turnus statt. Der quantitativen Erhebung zufolge zumeist im Jahres- oder Halbjahresrhythmus. Im Gegensatz zu den projektbezogenen Bewährungsproben, bei dem das adressierte Publikum vom Kollegenkreis über Vorgesetzte bis hin zu Firmenexternen reicht, handelt es sich hier um ein Einzelgespräch mit dem disziplinarischen (Linien-)Vorgesetzten des Mitarbeiters. Unmittelbarer und einziger Adressat

---

[151] Teilweise wird in derartige Prozesse offiziell das komplette berufliche Umfeld der betreffenden Person einbezogen, das heißt neben den Vorgesetzten auch KollegInnen, unterstellte MitarbeiterInnen sowie gegebenenfalls Kunden. Eine derartige Rundum-Bewertung wird oft als 360°-Feedback bezeichnet. Scherm/Kaufel (2005) nennen „Rundum-Beurteilung", „Multisource-Feedback" und „Multi-Rater-Feedback" als Begriffe für das gleiche Prinzip.

des individuellen Handelns ist in dieser Situation folglich die übergeordnete Führungskraft, die den Mitarbeiter in schriftlicher Form beurteilt. Diese Beurteilung beruht zum einen auf der erbrachten Leistung, wobei den Maßstab, an dem die Leistungserbringung gemessen wird, die zuvor vereinbarten Zielerreichungsparameter darstellen, und zum anderen auf der Bewertung der über die beobachtete Performanz zugeschriebenen Kompetenzen.

Die Bewertung basiert folglich auf zwei qualitativ unterschiedlichen Kriterien: einerseits auf formal überprüfbaren Ergebnissen, andererseits auf der registrierten individuellen Performanz. Anders als in den projektbezogenen Bewährungsproben, die im Vorangegangenen analysiert wurden, wird im Personalgespräch die performativ dargebotene Kompetenz der Akteure jedoch nicht beobachtet. Vielmehr versucht man, Kompetenzen anhand von Kompetenzmodellen formal festzuschreiben. Es handelt sich folglich um eine Bewährungsprobe mit definitivem Charakter. Personalgespräche unterscheiden sich demnach strukturell von Kick-off sowie von Telefon- und Videokonferenzen.

Ein weiteres Distinktionsmerkmal der Bewährungsprobe Personalgespräch ist ihr Verhandlungscharakter. Denn die Beurteilung anhand der organisationalen Richtlinien und Maßstäbe (Kompetenzmodelle, Zielvorgaben) ist ebenso Gegenstand der Verhandlung zwischen Organisation und Akteur wie die neu zu treffenden Zielvereinbarungen. Beides, die konkreten Inhalte der Zielvereinbarungen genauso wie die organisationale Beurteilung, kann demzufolge als Ergebnis eines intersubjektiven Aushandlungsprozesses betrachtet werden, das in nicht unerheblichem Maß auch vom Verhandlungsgeschick des einzelnen Mitarbeiters abhängig ist.

> „Also die Formulare, die da verwendet werden, haben eben auch ein Großteil, das einfach vom Mitarbeiter, Mitarbeiterin erst mal ausgefüllt wird, dann geht's zum Vorgesetzten und der sagt dann eben, nee, also kannst du so nicht stehen lassen, musst du ändern [...] Das ist schon so ein bisschen so ne Verhandlungssituation [...]." (weiblich)

Vor allem im Hinblick auf die individuellen Zielsetzungen ist der Verhandlungsspielraum – nicht zuletzt aufgrund der Komplexität, der Verzahnungen und des Ineinandergreifens organisationaler Prozesse sowie der bestehenden gegenseitigen Abhängigkeiten – natürlich begrenzt.[152] Inwieweit der einzelne

---

[152] So erreicht auch die Führungskraft ihre Ziele nur dann, wenn die MitarbeiterInnen ihre Teilziele erreichen; die Projektleitung ist auf die Kooperationsleistung des Teams angewiesen, um die Projektziele zu erreichen usw.

Mitarbeiter auf den Prozess der Zielvereinbarung nichtsdestotrotz Einfluss nehmen kann – ob dessen Ergebnis eher einem Top-down-Diktat entspricht oder doch eher im subjektiven Verhandlungsvermögen des Akteurs gründet – wird von den Interviewpartnern jedoch höchst unterschiedlich eingeschätzt:

„Ein Ziel wird verhandelt. Der Vorgesetzte hat ja auch seine eigenen Zielvereinbarungen [...] bis zum Vorstand hin äh abgeschlossen. [...] wenn seine Leute ihre Ziele nicht erreichen, erreicht er seine auch nicht. [...] Insofern leiten sich ganz bestimmte Dinge [...] schon top-down ab, aber sie werden trotzdem auch verhandelt, ja. Es können auch selber Ziele definiert werden." (männlich)

„Wir kriegen Vorgaben. Es ist auch eigentlich ein Unding. Aber okay. Die Abkürzung PBC steht für ‚Personal Business Commitment'. Das suggeriert, dass man sich selbst zu etwas committet, [...] sagt, das und das und das verspreche ich für das Unternehmen zu tun. Und am Ende des Jahres wird geschaut, ist das erfolgt. In der Realität wird es aber etwas anders gelebt, denn der Mitarbeiter gibt nicht selber sein PBC ein, sondern das kommt vom Manager top-down. Also, im Prinzip bestimmt der Manager, dazu committest du dich dieses Jahr. Und das sind konkrete Leistungspunkte." (weiblich)

„Ja, ich kann diskutieren. Das steht mir frei. Ich kann auch sicherlich einzelne Punkte in diesem PBC abändern lassen." (weiblich)

„Ich sag mal 80 % wird vorgegeben und 20 % ist dann individuell in der Anpassung." (männlich)

Wie die gesetzten Ziele im Einzelfall erreicht werden, bleibt weitestgehend offen. Das Prinzip der Selbstorganisation – sowie die entsprechende Einsatzbereitschaft – werden von der Organisation stillschweigend vorausgesetzt. Dazu gehört auch, dass die Mitarbeiter in den Projekten aufkommende Schwierigkeiten sowie etwaige Fehlentwicklungen rechtzeitig an die Verantwortlichen kommunizieren, um so einer Ausweitung der Problemzonen entgegenzuwirken. Als Handlungsstrategie im Vorfeld der Bewährungsprobe „Personalgespräch" empfiehlt sich daher, so der Tenor der Interviews, dafür Sorge zu tragen, dass Vorgesetzte nicht erst zu diesem Zeitpunkt mit mangelhaften Resultaten konfrontiert werden. Nur der rechtzeitige Hinweis auf zielgefährdende Problemlagen erspart nachträgliche Argumentationsnöte in der konkreten Bewertungssituation. Und nur für den Fall, dass Kommunikation bezüglich anstehender Probleme situationsadäquat initiiert wird, wird der Umgang mit der Situation von der Organisation als positive Performanz quittiert. Erfolgt dies nicht, muss das vergangene Arbeitshandeln im Nachhinein legitimiert werden. Wie die folgende Aussage einer Entscheidungsträgerin eindrücklich demonstriert, spielt gerade die problembezogene Kommunikation für einen reibungslosen Ablauf des Arbeitsprozesses eine immens wichtige Rolle – und infolgedessen auch für die Mitarbeiterbeurteilung.

> „[…] wenn man im regelmäßigen Austausch ist, sind Zielerreichungsgespräche in vielen Bereichen nachher ziemlich stressfrei ähm für beide Beteiligten, weil im Endeffekt man unterm Jahr ja immer wieder gesehen hat […], in einigen Bereichen hängt man ja auch von anderen, von Dritten ab. Wenn man das rechtzeitig vermittelt zu seinem Vorgesetzten, dass er eine Chance hat einzugreifen, korrigierend einzugreifen, […] Prioritäten neu zu setzen,[…], das ist nicht das Thema, […] aber ich möchte nicht dann erst im Zielgespräch ein Jahr später erfahren, das und das habe ich alles nicht geschafft, weil das und das und das und das und mir die Möglichkeit genommen wurde korrigierend einzugreifen." (weiblich)

Während im Falle der projektbezogenen Bewährungsproben (Kick-off, Telefon- und Videokonferenz) die Zuschreibung von Kompetenz im unmittelbaren Handlungsvollzug erfolgt, ist die individuelle Performanz retrospektiv im Grunde nicht mehr beurteilbar. Karrierezuträglich ist es daher aus Sicht der Mitarbeiter, für die Argumentation der Selbstbewertung auf Ergebnisse zu rekurrieren. Die situationsadäquate Strategie im Personalgespräch scheint folglich der Leistungsverweis zu sein. So muss sich der Mitarbeiter dahingehend darauf vorbereiten, dass beispielsweise stattgefundene Kommunikationsprozesse durch dokumentierten E-Mail-Verkehr oder Gesprächsnotizen nachweislich verbal angeführt werden können, um als Beweis der erbrachten Performanz dienen zu können.

> „Ich hab zum Beispiel auch schon eine Situation erlebt, wo mein Chef ähm mir versucht hat, […] mir ein nicht erfolgreich abgeschlossenes Projekt in die Schuhe zu schieben in so einem Gespräch, was er aus meiner Sicht aber komplett verbaselt hat und […] da ähm habe ich, Gott sei Dank, den Braten im Vorfeld schon ein bisschen riechen können und ähm habe dann wirklich gezielte Situationen, gezielt Schriftwechsel mir noch mal vor Augen gehalten und […] hab das also nicht akzeptiert, ähm, aber in der Form, dass ich es eben auch widerlegen konnte. Also meine Position auch darstellen konnte. Dagegen konnte er dann auch wiederum wenig sagen […]." (weiblich)

„Und während dieses Gespräches ist natürlich schon sehr wichtig, wie argumentieren Sie dann, da müssen Sie gut vorbereitet sein, Sie dürfen nicht ,Ich hab aber, weil der hat aber auch' argumentieren [...] das dürfen Sie nicht argumentieren, weil Sie müssen schon [...] bei Ihrem Ziel bleiben und Sie dürfen auch nicht rum jammern und sie dürfen auch nicht irgendwie so sagen ,Aber wenn du mir das jetzt nicht, kündige ich' und so. Und das sind so die Dinger, da bereite ich mich immer einen Tag darauf vor, aber das ist einfach äh wichtig, äh, wie mache ich was, ne." (weiblich)

Auffällig ist, dass der Verweis auf Leistungen ausschließlich von Frauen betont wird, sind sie doch davon überzeugt, dass ihre Performanz aufgrund ihres Geschlechts anders wahrgenommen und beurteilt wird als die ihrer männlichen Kollegen.

Der Messbarkeit von individueller Leistung sind allerdings gerade im Falle der hier im Fokus stehenden Wissensarbeit Grenzen gesetzt. Denn diese beruht auf kollektiven Arbeitsformen und -prozessen, in denen das Resultat in den seltensten Fällen auf Einzelpersonen zurückzuführen ist, sondern vielmehr einen Kooperationserfolg darstellt. Nicht zuletzt deswegen werden im Personalgespräch die formalen Bewertungskriterien zur beobachteten Performanz in Bezug gesetzt. Wie groß der Stellenwert dieses Kriteriums, vor allem der einer personal und sozial kompetenten Performanz, für die Mitarbeiterbeurteilung ist, illustrieren folgende Aussagen:

„Das sind die Kompetenzen. [...] Und dann vier oder fünf Kategorien. Überragend. Erfolgreich. M-hm so dieses. Aber das waren, sind komplett äh Soft Skills. Das waren gar keine äh fachlichen Kompetenzen. [...] Selbstführung. Mitarbeiterführung [...] Teamfähigkeit, Kommunikation. Ähm, Geschäftsprozesse kennenlernen. Ähm, (...) auch Fachwissen ist auch noch einer." (weiblich)

„Weil in die Gesamtbeurteilung eines Mitarbeiters fließen letztlich doch noch andere Kriterien ein als die, die da jetzt so messbar in diesem PBC [Zielvereinbarungen] sind." (weiblich)

Hinsichtlich der eigenen Leistungsbewertung zeichnen sich allerdings erhebliche Geschlechterdifferenzen ab. So reproduzieren sich im Falle von Personalgesprächen, das ergaben die von uns geführten Interviews deutlich, bestimmte stereotype Muster bzw. Schemata bezüglich der Selbstattribution von Kompetenz, wie sie aus der Fachliteratur hinlänglich bekannt sind: Während sich die Mitarbeiterinnen tendenziell selbstkritisch zeigen und Gefahr laufen, in die „Perfektionismusfalle" zu tappen, neigen ihre männlichen Kollegen in der Regel eher zu einer affirmativen und offensiven Selbstdarstellung.

„Also ich äh – ich sehe es schon ein bisschen, Frauen sind im Zweifelsfall selbstkritischer und auch eher bereit offen zu sagen ähm, das hab ich jetzt hier nicht ganz so klasse gemacht oder ähm das ist mir durchgegangen, sag ich mal, einfach offener mit äh – ich will es jetzt noch nicht mal Fehler nennen, aber Versäumnisse in irgendeiner Form oder so Sachen einfach selbstkritisch mit sich umzugehen." (weiblich)

„Wenn ein Mann sagt, ich habe 10 Dinge erreicht von 11, ja, ich bin der King [...] und bin der Größte, habe alle 10 gemacht und die Frau erzählt nur von dem einen, was sie noch nicht gemacht hat. Und ähm, der Mann neigt dann dazu und sagt, ich habe die 10 gemacht und habe alles gemacht, ich habe ja alles erledigt. Das ist aber nicht wahr, weil das 11. noch aussteht." (weiblich)

Die Strategien, welche die MitarbeiterInnen für ihr *Impression Management* im Personalgespräch anwenden, unterscheiden sich erheblich von denen in den projektbezogenen Bewährungsproben. Auf die Frage „Was ist Ihnen in einem Personalgespräch besonders wichtig?" gaben die Mitarbeiter folgende Prioritäten bezüglich ihrer Karrierestrategien an:

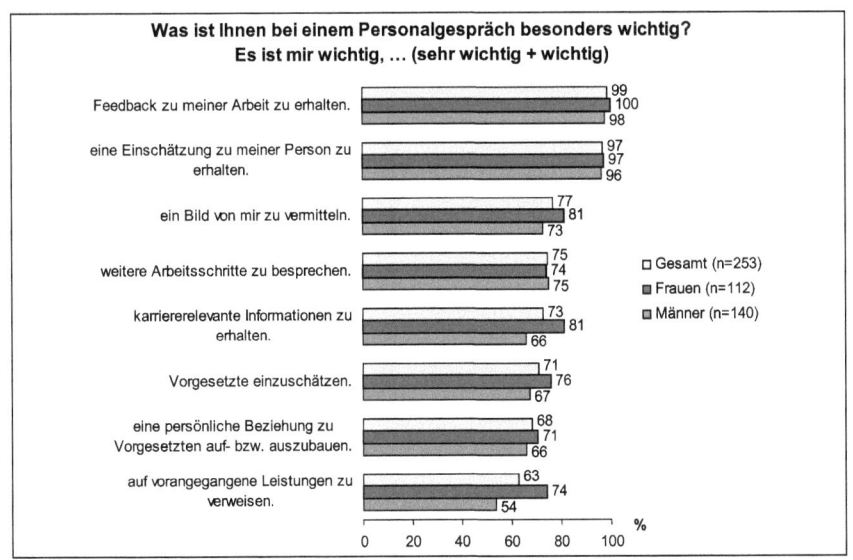

Die mit Abstand größte Zustimmung erfahren hier – unabhängig vom Geschlecht – Items, die auf das Einholen von Feedback abzielen. Das verwundert
insofern nicht, da Personalgespräche per definitionem Feedback-Instrumente
darstellen, die die organisationale Beurteilung der persönlichen Zielerreichung ebenso an die Mitarbeiter rückkoppeln sollen wie die Einschätzung
von deren individueller Performanz.

Überaus instruktiv sind hingegen die Aspekte, die aus dem geschlechterdifferenten Antwortverhalten hervorgehen. Den hier abgebildeten Selbstbeschreibungen zufolge legen Frauen ein karrierestrategisch erheblich
bewussteres Verhalten an den Tag als Männer: Zum einen setzen sie, wie
bereits im Falle des Kick-off, stärker auf die von ihnen als wichtig erachtete
Komponente der Selbstdarstellung (81 % der Frauen sagen aus, dass sie das
Personalgespräch dazu nutzen würden, ein Bild von sich zu vermitteln; selbi-
ges sagen lediglich 73 % der Männer). Zum anderen nutzen 15 % mehr Frauen
als Männer – nämlich ebenfalls 81 % der Frauen versus 66 % der Männer – die
sich ihnen im Rahmen des Personalgesprächs bietende Chance, karriererelevante Informationen einzuholen[153].

Äußerst vielsagend ist jedoch vor allem die große Geschlechterdifferenz
im Hinblick auf die Frage nach dem Leistungsverweis: 20 % mehr Frauen als
Männer erachten den expliziten Hinweis auf von ihnen erbrachte Ergebnisse
für die Bewährungsprobe „Personalgespräch" als wichtig[154]. An Plausibilität
gewinnt dieses Votum, wenn man dazu das Antwortverhalten, das Frauen mit
Blick auf die Kriterien von Personalentscheidungen an den Tag legen, in Bezug
setzt. Nahezu ein Drittel (30 %) der Frauen ist der Ansicht, dass Geschlecht
diesbezüglich die ausschlaggebende Kategorie sei (lediglich 11 % der Männer
teilen diese Einschätzung) (vgl. Kap. 2.3.3). Die befragten Frauen scheinen zwar
das vorherrschende Prinzip der Kompetenzzuschreibung über Performanz
internalisiert zu haben – und reagieren darauf, wie die Analyse des Kick-off
zutage fördert, stärker als Männer –, zeigen sich zugleich aber skeptisch, dass
die Zuschreibung von Kompetenz aufgrund von Performanz unter Absehung
des Geschlechts erfolgt. Da Frauen die ‚gerechte' Umsetzung dieses Prinzips
laut quantitativer Untersuchung bezweifeln, könnte es folglich sein, dass sie in
Personalgesprächen weitaus mehr als Männer die Notwendigkeit sehen, ihre

---

[153] Diese Differenz ist signifikant nach Cramers V: Näherungsweise Signifikanz 0,019, Stärke
0,177.
[154] Diese Differenz ist signifikant nach Cramers V: Näherungsweise Signifikanz 0,002, Stärke
0,225.

Kompetenz auch durch den nachdrücklichen Verweis auf erbrachte Leistungen unter Beweis zu stellen.

Fazit

Arbeitsbezogene Situationen, in denen auf der Grundlage des beobachteten Akteurshandelns eine Zuschreibung von Kompetenz erfolgt, wurden hier in Anschluss an Boltanski/Chiapello als Bewährungsproben bezeichnet. Den Status einer Bewährungsprobe haben in der heutigen Arbeitswelt vor allem projektbezogene Situationen. Unter Karrieregesichtspunkten sind sie von treibender Kraft. Hier steht das Handeln der Akteure, das im Rahmen von Wissensarbeit vornehmlich ein kommunikatives Handeln ist, im Zentrum der organisationalen Aufmerksamkeit. Je nach dem, ob die Bewährungsproben formalisierten Charakter aufweisen bzw. auf offiziell gültigen Bewertungs- und Auswahlkriterien beruhen oder nicht, handelt es sich um Wertigkeits- oder um Kraftproben.

Das Projekt erweist sich allerdings als äußerst prekäre Bewährungsprobe. Denn entgegen organisationalen Verlautbarungen, die es als Wertigkeitsprobe ausgeben, ist hier faktisch das verdeckte Prinzip der Kraftprobe am Werk. Vor allem die darin gültige organisationale Anforderungskategorie namens ‚Kompetenz' ist nicht, wie ihr Vorläufer ‚Qualifikation', an formalen Bemessungskriterien dingfest zu machen. Ob jemand kompetent ist oder nicht, geht in den projektbezogenen Bewährungsproben Kick-off, Telefon- und Videokonferenz ausschließlich aus der *Darstellung* seiner Kompetenz im unmittelbaren Arbeitsprozess hervor. „Kompetenzdarstellungskompetenz" (Pfadenhauer) sticht also im Zweifelsfalle die bloße Umsetzung von Kompetenzen. Ob der Mitarbeiter Punkte auf seinem Kompetenzguthaben gutgeschrieben bekommt oder nicht, ist zudem von der Beobachterperspektive abhängig. Das Konzept der Kompetenz ist folglich ein höchst subjektiver, wankelmütiger Zeitgenosse, der im Rahmen der Bewährungsproben irrationalen, manipulativen und vordergründigen Einschätzungen Tür und Tor öffnet. Hinzu kommt ja, dass die von Projekten zu leistende Wissensarbeit auf Teamarbeit gründet. Die Erreichung des Projektziels ist das Resultat einer kollektiven Intelligenz, nämlich der des Projektteams als ganzes. Die Frage, welcher der Akteure welchen Beitrag zum Ergebnis geleistet hat, muss sich im Personalgespräch, einer Bewährungsprobe, in der die erbrachte Leistung des Einzelnen formal festgeschrieben wird, zwangsläufig als äußerst schwierig erweisen. Umso mehr kommt es auf die subjektive Findigkeit an, den Gewinn für sich selbst einzustreichen.

In Anbetracht dessen entziehen sich die Kriterien, auf denen Mitarbeiterbeurteilungen heutzutage basieren, immer mehr einer formalen Nachweisbarkeit. Im Gegenzug wird die karrierewirksame Selbstdarstellung als Voraussetzung für den beruflichen Aufstieg immer wichtiger. Karrierepolitik in einer projektifizierten Arbeitswelt ist demnach vor allen Dingen ein sich performativ vollziehender Akt.

Das hat zur Folge, dass die Beschäftigten ihre Karrierelogistik dementsprechend dem neuen organisationalen Zugriff anpassen müssen. Welche Strategie wann greift, ist jedoch eine Entscheidung, die die Akteure situationsadäquat treffen müssen, wobei die Ausrichtung des individuellen Handelns von den strukturellen Bedingungen der jeweiligen Bewährungsprobe abhängig ist.

Der hier durchgeführten vergleichenden Analyse von kommunikativen Karrierestrategien zufolge wissen die Akteure zum einen um die hohe karrierewirksame Bedeutung der Bewährungsprobe „Projekt" und zum anderen um die Wichtigkeit der Selbstdarstellung. Die zuletzt genannte Schlussfolgerung lässt die hohen Zustimmungswerte bezüglich solcher Indikatoren zu, die Ausdruck einer „Kompetenzdarstellungskompetenz" sind, vielleicht auch einer „Inkompetenzkompensationskompetenz" (Marquard 1974). Gleichzeitig scheinen die Mitarbeiter ein ausgeprägtes Gespür für den jeweils situativ zu erfolgenden Zuschnitt ihrer Handlungsstrategie zu haben. Während im Kick-off-Meeting Männer wie Frauen sich teamkompatibel präsentieren und entsprechend auf den Karrieretreiber „Selbstmarketing" setzen, es dagegen mehrheitlich nicht für angebracht halten, auf vorangegangene Leistungen zu verweisen, nimmt die Strategie des Leistungsverweises im Personalgespräch bei beiden Geschlechtern einen viel größeren Stellenwert ein.

Aus der Gegenüberstellung von Kick-off-Meeting und Telefon- sowie Videokonferenz ging ferner hervor, dass die Aufmerksamkeitsbindung bzw. die Selbstdarstellung im Falle der Face-to-Face-Situation maßgeblich auch durch körperliche Präsenz, also überzeugenden Habitus, Erscheinungsbild und persönliches Auftreten funktioniert, wohingegen mediales *Impression Management* unabhängig von der Anzahl und Verfügbarkeit der verschiedenen Kanäle ein viel stärkeres Maß an verbalsprachlicher Kompetenz sowie an kommunikativer Diszipliniertheit, Strukturiertheit und Ergebnisorientiertheit einfordert.

Beide hier analysierten medialen Umgebungen werden von Frauen hinsichtlich des karrierewichtigen Vorgangs der Aufmerksamkeitsbindung bei weitem positiver eingeschätzt als von Männern. Ein möglicher Grund für die weibliche Bevorzugung könnte die tendenziell geschlechtsneutralisierende Wirkung des mediatisierten Raumes sein. Zudem sticht die Zweigleisigkeit der kommunikativen Karrierestrategie der Frauen ins Auge. Gleichermaßen betonen sie Selbstmarketing und Leistungsverweis als Richtmaß, und vor allem Letzteres viel vehementer als Männer. Diese Strategie macht den Anschein einer doppelten Rückversicherung: Während Frauen in der „neuen" Bewährungsprobe „Projekt" eine performative Karrierestrategie fahren, scheinen sie im Personalgespräch nicht darauf zu vertrauen, dass ihre Performanz entsprechend honoriert wird und rekurrieren vorsorglich auf das in der ‚alten' Wertigkeitsordnung verankerte Leistungsprinzip. Genauso scheinen Frauen, indem sie in Personalgesprächen im Gegensatz zu ihren männlichen Kollegen keine fähigkeits-, sondern anstrengungsbetonte Selbstattributionsmuster vornehmen (vgl. Baitsch/Katz 2006, Baitsch/Steiner 2004, Fried et al. 2001), eher traditionellen geschlechtsspezifischen Sozialisations- und Handlungsmustern anzuhängen, denn trotz nachdrücklicher Verweise auf ihre Leistung neigen sie in Personalgesprächen dazu, ausgesprochen selbstkritisch zu sein bzw. weniger die Erfolge als die noch ausstehenden Aufgaben zu reflektieren.

5   Illusion der Gleichheit

Die Organisation wissensbasierter und kooperativer Arbeitsprozesse im Projekt, die damit eng verbundene doppelte Subjektivierung sowie die Ausrichtung der neuen „hybriden" Subjekte an den Erfordernissen einer permanenten karrierestrategischen (Selbst)bearbeitung und Selbststilisierung sind wegweisend für ein gewandeltes Paradigma der Arbeitswelt, das veränderte Chancen und Karriereperspektiven eröffnet. Doch ungeachtet einer stetig wachsenden Anzahl von Frauen in Unternehmen und ungeachtet der für viele Frauen attraktiven neuartigen Tätigkeitsprofile macht unsere Studie unbezweifelbar, dass nach wie vor markante Geschlechterdifferenzen die Szenerie bestimmen. Hervorgerufen werden die neuen Varianten der Ungleichheit zum einen durch den hinlänglich bekannten Tatbestand eines forcierten Flexibilitäts- und Mobilitätsbedarfs im Rahmen projektifizierter Arbeitsabläufe[155], zum anderen aber – und dies erscheint uns frappant – durch die fatale Interdependenz von Leistungsbewertung und Leistungsdarstellung und die damit verknüpfte systemimmanente Logik spezifischer Bewährungsproben.

Das heißt genauer betrachtet: In der Wissensökonomie werden Personalbeobachtungen und -entscheidungen nicht länger ausschließlich in Bezug auf Leistungs*nachweise* getroffen, sondern eher hinsichtlich der erwartbaren Leistungs*fähigkeit* einer Person. Diese Potentiale wiederum sollen am Verhalten der Kandidatinnen und Kandidaten abgelesen und mit Hilfe sogenannter Kompetenzmodelle auch objektiv messbar gemacht werden. Die Vermutung,

---

[155] Die (doppelte) Subjektivierung von Arbeit (und Karriere) und das Ideal der Projektpolis, das durch stringente Ausblendungspolitik (vgl. Holtgrewe 2007) gekennzeichnet ist, fordern von ihren Akteuren ständige zeitliche Verfügbarkeit (24/7) und Mobilität in räumlich entgrenzten Arbeitszusammenhängen. Diese subjektivierte und projektifizierte Arbeitsform stellt insbesondere für Frauen, die familiäre Sorgearbeit leisten und aus diesem Grunde häufig in Teilzeit arbeiten, nur begrenzt Überstunden leisten können oder auch weniger mobil sind, neue unberechenbare Unvereinbarkeitsprobleme dar. Zum einen verlieren sie den karrierestrategischen Anschluss an weiterführende Projekte aufgrund mangelnder Vernetzungskapazität und -aktivität (soziale Kompetenz!). Zum anderen wird ihnen mit der Forderung nach raum-zeitlicher Begrenzung der Arbeitsbedingungen mangelnde Motivation unterstellt und mangelndes Streben nach Selbstverwirklichung (personale Kompetenzen!). D. h. Ressourcen, also in diesem Fall mangelnde Verfügbarkeit und Mobilität, und Akteure konstituieren einander (vgl. auch Holtgrewe/Voswinkel 2002, Winker, 2007).

dass eine Person die notwendigen Kompetenzen mit sich bringt, wird also primär aus ihrer Performanz abgeleitet. Durch diese Herangehensweise aber rückt unvermeidlich und nachdrücklich – weit mehr als im Rahmen formalisierter Leistungsbewertung – das Geschlecht der Akteure in den Vordergrund und treibt Frauen in eine Sackgasse ohne entsprechende Eingangsbeschilderung, die, wie wir meinen, einer Art „spätmodernen Geschlechterfalle" gleichkommt.

Unter dem Blickwinkel des Geschlechts stellt sich die Situation folgendermaßen dar: Zum einen müssen Frauen – geleitet von einer allgemein vorausgesetzten Gleichheitsnorm – sich und ihre Leistungsfähigkeit so präsentieren, dass ihre Geschlechtszugehörigkeit neutralisiert wird oder zumindest doch in den Hintergrund tritt. Andererseits müssen sie den neuen Anforderungsprofilen einer Wissensökonomie gerecht werden, die gerade auch auf personale und soziale Kompetenzen (*Soft Skills*) setzen. Diese Eigenschaften aber, die neuerdings zu erlernbaren Schlüsselkompetenzen umcodiert werden, galten in der traditionellen Unternehmenssemantik als typisch weibliche Störfaktoren. Trotz der Umwertung und kommerziellen Indienstnahme ehemals als weiblich gekennzeichneter Verhaltensschnittmuster ergeben sich für Frauen fatale Konsequenzen: Ein Zuviel an *Soft Skills* in ihrem individuellen Portfolio würde den Genderstatus geradezu heraufbeschwören und sie in die Ecke des Typisch-Weiblichen drängen, ein Zuwenig wiederum würde mangelnde Kompetenz anzeigen und sie aus der Crew der Erfolgversprechenden per se ausschließen. Anders ausgedrückt: Die Heraushebung der heute unverzichtbaren sozialen Kompetenzen evoziert im Blick auf die Frau ‚archaische' Bewertungsreflexe, die sich zu ihrem Nachteil auswirken (können).

Kompetenz *und* Performanz – eine (un)heimliche Allianz

Allem Anschein nach deuten Frauen den oben skizzierten Prozess der Umcodierung geschlechtsspezifischer (d. h. mit Weiblichkeit verknüpfter), gleichsam natürlicher Fähigkeiten in erlernbare, geschlechtsneutrale Kompetenzen als besondere Karriere-Chance für sich. Sie unterstellen mit dieser Annahme offenbar, dass nunmehr von allen Akteuren verlangt wird, virtuos und den Arbeitsanforderungen der Wissensökonomie angemessen mit *sex/gender*-Codierungen zu experimentieren und diese bricolage-förmig zu applizieren (vgl. u. a. Reckwitz 2006: 487). Entsprechend setzen sie in deutlich gesteigertem Umfang auch jene ihnen zur Verfügung stehenden und vormals als weiblich geltende Kompetenzen, sprich: *Soft Skills* ein, welche ja nicht primär durch

Leistungszertifikate ausgewiesen werden können, sondern als erwünschte und erlernbare Eigenschaften gelten, die nur an direkt wahrnehmbaren, performativen Handlungsvollzügen und Präsentationsweisen ablesbar sind. Unsere Ergebnisse zeigen, dass Frauen die Abhängigkeit einer Personalbeurteilung von dem Gelingen der Performanz klar erkennen. Offensichtlich wird jedoch auch, dass rein ‚weiblich' konnotierte Formen des *Impression Managements* nicht dieselben Erfolge erzielen, die Männer mit ihren Strategien erlangen. Für diese nämlich erweist sich der situationsgerechte alleinige Einsatz ‚maskuliner' Formen des *Impression Managements* (abgeleitet aus den männlichen Stereotypen) weiterhin als höchst erfolgreich und führt nachweislich zu besseren *Performance*-Beurteilungen, Gehaltserhöhungen etc. Aber selbst dann, wenn Frauen auf Formen des *Impression Managements* zurückgreifen, die nicht unmittelbar klischeeartige Geschlechtsattribuierungen in Gang setzen, sind sie weniger erfolgreich. Jeder Versuch, sich jenseits gängiger Geschlechterrollenmuster gewissermaßen frei, das heißt nur der Notwendigkeit der Situation verpflichtet, zu präsentieren, erweist sich in der Praxis sogar als ein Unterfangen, das sich letztlich gegen die Frauen kehrt. Sie müssen nämlich die irritierende und frustrierende Erfahrung machen, dass mit jeder expliziten performativ ausgerichteten Aktivität – statt der erwarteten Neutralisierung und Ausblendung von Geschlechtlichkeit – entweder eine markante Akzentuierung scheinbar spezifisch weiblicher Eigenheiten erfolgt oder aber sie werden bei durchsetzungsstarkem und scheinbar männlich-konnotiertem Auftreten als unsympathisch und sozial unverträglich etikettiert (vgl. hierzu auch Guadagno & Cialdini 2007, Rudman/Glick 2001 etc.). Nicht einmal die Kombination der beiden Ausdrucksmuster scheint eine Lösung zu bieten. Es hat demnach den Anschein, als gebe es für Frauen in unternehmerischen Kontexten keine adäquaten Verhaltensmöglichkeiten, um ihre Geschlechtszugehörigkeit zu neutralisieren bzw. als Bewertungskategorie auszuschalten. Handlungsleitend ist für Frauen deshalb oft die entmutigende Erkenntnis, in Sachen Karriere und Selbstmarketing nicht nur mehr leisten zu müssen als Männer, sondern diesbezüglich auch eine fast unzumutbare Gratwanderung zwischen den Geschlechterordnungen vollbringen zu müssen. Wohl aufgrund der daraus erwachsenden Unwägbarkeiten suchen sie – im krassen Gegensatz zu ihren Kollegen – mitunter täglichen Kontakt zu ihren Vorgesetzten. Gleichwohl birgt gerade diese *Impression Management*-Strategie erhebliche Risiken in sich. Denn ein solch ungewöhnlich intensiver und regelmäßiger Kontakt kann zum Eigentor werden, wenn nicht gute Gründe wie beispielsweise eine neue Informationslage, Problemlösungen, oder auch konstruktive Ideen das Treffen rechtfertigen. Ist dies nicht der Fall, dann kann die häufige Kontaktsuche vom

Vorgesetzten als Betreuungsbedarf einer höchst unselbständigen Mitarbeiterin gewertet werden.

Leistungsdarstellung und Leistungsbewertung – eine unheilvolle Wechselwirkung

Verschiedene Studien dokumentieren (vgl. z. B. auch Sinus Sociovision 2010), dass männliche Topmanager und Vorgesetzte unübersehbare Vorbehalte gegenüber weiblichen Führungskräften erkennen lassen. Für karriereorientierte Frauen sind diese deutlich spürbar, und zwar nicht nur subtil und informell in täglichen, zumeist projektifizierten Arbeitsabläufen, sondern gleichermaßen auch bei Personalentscheidungen, in denen Statusunterschiede bzw. Personalrekrutierungen scheinbar ausschließlich über Leistung und Qualifikation erfolgen. Denn auch hier – so der geäußerte Verdacht – ist davon auszugehen, dass das Geschlecht ausschlaggebend für das Verdikt der Karriereeignung ist. Das heißt, auch hier schlagen geschlechtstypisierende Attributionsmuster ungebrochen auf die Bewertung der Funktions- bzw. Leistungsrolle der Frauen durch, obgleich man so vorgeht, als beruhten die Personalentscheidungen auf sachbezogenen, formal verankerten Kriterien. Geurteilt wird zwar einerseits auf der Basis passgerechter Lebensläufe, Zeugnisse und weiterer schriftlicher Leistungsnachweise, andererseits aber spielen in solchen Entscheidungsprozessen Bewerbungsgespräche sowie die systematische Beobachtung persönlicher Befähigung und Eignung eine maßgebliche Rolle, nicht zuletzt mit dem Hilfsparameter neu entwickelter Kompetenzmodelle. Sodann teilt das Unternehmen das Ergebnis des personellen Auswahlprozesses formell mit.

Auf den ersten Blick ist eine nachdrückliche geschlechtliche Einschreibung bei diesen vordergründig eher formalisierten Prozessen nicht erkennbar. Natürlich bestimmt sie auch hier allein schon deshalb das Geschehen, weil Interaktionen in einem ersten Schritt immer auf der wechselseitigen Wahrnehmung der körperlichen Merkmale einer Person und damit immer auch unwillkürlich auf der Einordnung des Gegenübers als Mann oder Frau (vgl. Ridgeway 2001) beruhen. Dabei kommt es nicht darauf an, mit wie viel Eloquenz und situativem Geschick jemand sich selbst geschlechtsneutral zu inszenieren vermag, denn nach wie vor gilt: Der Unterschied Mann/Frau wird in jeder Interaktion laufend aktualisiert und an den körperlichen Merkmalen einer Person abgelesen. Diese spontane geschlechtliche Zuordnung wiederum generiert häufig Rückschlüsse auf außerkontextuelle Zusammenhänge und weckt daran geknüpfte Erwartungen, die mit der Reaktualisierung von

Geschlecht verbunden sind. Nicht selten erwachsen daraus auch Vorbehalte bezüglich der Leistungsfähigkeit von Frauen.

Doch erst im Zusammenspiel mit einer weiteren bemerkenswerten Gegebenheit erhalten solche Ad-hoc-Attribuierungen eine durchschlagende Relevanz. Wie unsere Erhebungen bestätigen, gehen nahezu alle Frauen und immerhin noch mehr als die Hälfte aller Männer davon aus, dass Personalentscheidungen maßgeblich aufgrund der **Selbstdarstellung** der Kandidatinnen und Kandidaten getroffen werden, aufgrund einer Performanz also, die in den **Personalgesprächen** selbst und in den zahllosen professionellen und organisierten Interaktionen – vorzugsweise in Projekten – beobachtbar ist. Im Gegensatz jedoch zur unternehmerischen *Logik der Ungleichheit*, die im Personalgespräch und der anschließenden Personalentscheidung zur Geltung gelangt (nur der/die Bessere wird rekrutiert), setzen Projekte auf eine *Logik der Gleichheit*, denn die projektförmige Kollektivierung von Intelligenz erfordert unabdingbar die Abstinenz von Konkurrenz und verlangt Kooperation. Um diesem Gleichheitsparadigma (Ambiguitätsprinzip) gerecht zu werden, braucht es den virtuosen und selbstverständlichen, d. h. authentischen Einsatz von *Soft Skills* – Kommunikationsfähigkeit, Teamgeist, Kooperationsbereitschaft oder auch Konfliktfähigkeit sind die **Kompetenzen**, die jemand erkennbar mitbringen muss, um ein gutes Projektmitglied zu sein.

Je nachdem, wie die Anforderungsprofile also im jeweiligen interaktiven Setting der Bewährungsproben ausgerichtet sind, steht und fällt augenscheinlich die Entscheidung, ob die Geschlechtszugehörigkeit als karriererelevantes Interpretationsschema eher aktiviert oder aber eher neutralisiert wird. Es war deshalb ein zentraler Fragegesichtspunkt dieser Studie, inwieweit die Rahmenbedingungen solcher Bewährungsproben es den Beteiligten erlauben, eine vorurteilsbehaftete und damit ungerechtfertigte Beurteilung nach Geschlecht auszuschalten. Wir sehen uns auf dieser Grundlage zu einer Reihe von Rückschlüssen veranlasst, die es im Folgenden zu aspektieren gilt.

Bewährungsproben: Kräftemessen unter falschen Vorzeichen

1) Personalgespräche und -entscheidungen

Personalgespräche und -entscheidungen sind *der* berufliche Kontext, der im Prinzip die höchste Stufe einer Neutralisierung des Geschlechts („Beachtungsverbot") (Heintz 2008: 241) markiert: denn Personalentscheidungen repräsentieren – wie ausgeführt – formal und offiziell die gängige, betriebswirtschaftlich legitimierte Leistungsrhetorik eines Unternehmens, nach der die personellen Auswahlverfahren ausschließlich „in Absehung der Person" (Weber 1980) auf der Unterscheidung von individuellen Leistungen und Qualifikationen beruhen, also einer Logik der Ungleichheit folgen müssen. Diese Wertigkeitsordnung, die Statusunterschiede ausschließlich aufgrund von objektiv und formal messbaren Kriterien festschreibt (Leistung und Qualifikation), soll selbst bei den neuen Leistungskriterien der Wissensökonomie aufrechterhalten und durch Formalisierung in Gestalt von Kompetenzmodellen objektiviert werden.

Die offiziell verhandelte Wertigkeitsprobe „Personalentscheidung", die eine Beurteilung ausschließlich auf der Basis von Stärken und Schwächen zulässt, wird, so konnten wir zeigen, durch die unausgesprochene Einbeziehung des Genderstatus in ein Kräftemessen mit ungleichen Ressourcen verwandelt, die von unternehmerischer Seite zwar inoffiziell aktiviert[156], von Akteursseite jedoch nicht offiziell thematisiert werden dürfen. Anders gesagt: Die legitime (offizielle) Logik der Ungleichheit, die im Personalgespräch *ohne Ansehung der Person* Leistung und Qualifikationen bemisst, wird im Verborgenen gewissermaßen durch eine illegitime (inoffizielle) zweite Logik der Ungleichheit *mit Ansehung der Person* ausgehöhlt. Dies bedeutet konkret, dass Frauen zwar wissen, dass ihre Geschlechtszugehörigkeit die Beurteilung ihrer Person beeinflusst, sie aber auf Strategien zurückgreifen müssen, die der offiziellen Logik des Unternehmens gerecht werden.

Diese Strategien beinhalten (1) die Logik des *Impression Managements*, d. h. der professionellen Selbstdarstellung zur Sichtbarmachung von Leistungen und individuellen Stärken, und (2) den gezielten Einsatz von Medien zur Demonstration von Medienkompetenz.

Zu 1: In Reaktion auf das heute allgegenwärtige illegitime und inoffizielle Kräftemessen folgen inzwischen Frauen ebenso dem Mythos der Selbstvermarktung und setzen auf Performanz, um einerseits das gesamte Spektrum an persönlichen Kompetenzen zu ‚vermarkten' und andererseits die – häufig ignorierten oder unberücksichtigten – Leistungen sichtbar zu machen. Die Fähigkeit zur professionellen Selbstdarstellung, also zur gezielten Inszenierung der eigenen Potenziale und Leistungen wird dabei von den meisten zur

---

[156] Diese Einschätzung wird in der Literatur hinlänglich bestätigt: Die Erwartungen an die Produktivität von Managerinnen – so die einhellig beschriebene Sachlage – sind maßgeblich von Vorstellungen über die „typische" Frau geprägt. Frauen werden demnach aufgrund ihrer Minderheitenposition über den Genderstatus – also stereotyp als Vertreterinnen ihres Geschlechts – wahrgenommen und nicht etwa durch ihre persönlichen Stärken und Schwächen (vgl. u. a. Becker 1985).

karrierestrategischen Notwendigkeit (v)erklärt. In dieser Hinsicht zeigt sich der bisher auffälligste Unterschied zwischen den Geschlechtern: Während fast alle Frauen der Selbstdarstellung die größte Bedeutung zuweisen, gilt dies nur für gut die Hälfte der Männer. Diese gehen etwas stärker davon aus, dass vor allem auch die Ergebnisse ihrer Arbeit und ihre Fach- und Führungskompetenz beurteilt werden. Demgegenüber sind sich beide Geschlechter relativ einig, wenn sie die Bedeutung von Sympathie, Beziehungen und *Soft Skills* bei der Personalbeurteilung mit bedenken und diese Faktoren sogar als ausschlaggebend einkalkulieren. Aber auch hier zeigt sich der Genderstatus als Hindernis. So entscheiden bekanntlich die homosozialen Solidaritätsbünde („old boys networks") der Männer – auch hier wieder inoffiziell und informell gesteuert – maßgeblich über Zugehörigkeit, Vertrauen, soziale Nähe und Akzeptanz in Netzwerkstrukturen (vgl. hierzu auch Tacke 2008). Im Vergleich dazu erweisen sich Frauennetzwerke als eher wirkungslos, zumal sie von Seiten der Unternehmen nicht selten auch dem Zweck dienen, eine weiterführende Thematisierung der Geschlechterfrage auszuschalten bzw. für überflüssig zu erklären.

Weitaus entscheidender ist aber nach unserem Ermessen die bereits angesprochene Markierung von Geschlechtszugehörigkeit durch ein *Impression Management*, das auch auf Soft Skills setzt: Indem die Frauen diesbezüglich auf das neue Karriereprinzip der Performanz, des ‚Sich-selbst-permanent-Sichtbarmachens' setzen, vertrauen sie darauf, einen Generalschlüssel für das berufliche Fortkommen zu benutzen. Sie müssen aber stets damit rechnen, dass sie auf diese Weise ihre Geschlechtlichkeit nur verstärkt nach außen tragen. Weibliche Performanz schlägt auf die Frauen, die sie einsetzen, negativ zurück. Sie werden noch erkennbarer als zuvor. Umgekehrt aber wirkt sich – wie schon erwähnt – auch die Übernahme einer männlich imprägnierten Karrierestrategie nicht zum Vorteil der Frauen aus.

Zu 2: Es scheint, als ob Frauen verstärkt auch auf Medien setzen, um diesem Dilemma zu entkommen. Sie nutzen – und dies mag auf den ersten Blick erstaunen – die avancierten Medientechnologien, die ihnen die Unternehmen zur Verfügung stellen, nicht nur häufiger und mitunter versierter, sondern sie stufen auch den Nutzen der Medienkompetenz höher ein und entdramatisieren die negativen Folgen des Medieneinsatzes.

Diese negativen Folgen, die durch die partielle Anonymisierung des Senders hervorgerufen werden (können) und – organisatorisch gewendet – in einer Entkopplung von Leistungsträger und Leistung bestehen, können aus geschlechtsspezifischer Perspektive positiv umgewertet werden. Medienvermittelte Kommunikation vermag – so die Vermutung, die bereits seit den

Anfängen der Internetforschung populär ist (vgl. Kiesler et al. 1984) – Geschlechterattribuierungen zu relativieren oder sogar zu neutralisieren, da der mediale Rahmen die permanente interaktive Aktualisierung der Geschlechtermarkierung verhindert bzw. stark einschränkt. Selbst wenn das Geschlecht durch die Signatur, ein Foto oder gar einen Videoclip bekannt ist, kann die mediale Kommunikation durch die Fokussiertheit der Kanäle die Aufmerksamkeit binden. Außerdem sind nonverbale Körperzeichen, die realweltlich von den eigentlichen Botschaften ablenken und ggf. unbeabsichtigte und scheinbar „verräterische" Körperwahrheiten offenbaren könnten, tendenziell ausgeblendet. Nicht zuletzt verhilft die medientechnisch induzierte Formalisierung der Kommunikationssituation dazu, einen als störend empfundenen geschlechtsspezifischen Habitus (z. B. Zitat: „…männliches Balzgehabe") einzudämmen und so den Interaktionszusammenhang für Frauen zu erleichtern. Diese mit der Mediennutzung verbundene Erhöhung von Kontroll- und Steuerungsmechanismen begünstigt – zumindest dem Prinzip nach – die Institutionalisierung eines „Beachtungsverbots" bezüglich der Geschlechterdifferenz.

Dass dieser Neutralisierungseffekt jedoch – wenn überhaupt – nur bedingt greift, wird in den Äußerungen der Frauen deutlich, wonach mitunter bereits das vermeintliche Wissen um die Geschlechtlichkeit einer Person oder die Tonalität der Stimme ausreichen, um außerkontextuelle Zuschreibungen und Erwartungen zu generieren. In diesem Falle wäre auch schon auf medialer Ebene jener Denkfigur der Naturalisierung Raum gegeben, indem die als Schlüsselkompetenz inszenierten *Soft Skills* gleichsam automatisch auf den Geschlechtscharakter der Frau als ihren vermeintlich genuinen Sitz zurückverweisen.

Die (un)heimliche Allianz, also die unabdingbare Kopplung von (unsichtbarer, nur anhand bestimmter Indikatoren erschließbarer) *Kompetenz* und (sichtbarer, im Kommunikations- und Verhaltensgeschehen erzeugter) *Performanz* wird somit zum entscheidenden Problem. Was zunächst als produktivitätssteigernde bzw. funktionsgerechte Integration sogenannter weiblicher Kompetenzen in den Arbeitsprozess erschien, erweist sich genauer besehen als eine unter dem Deckmantel von Generalisierungs- und Lernprogrammen laufende Enteignung ohne Kompensation. Anders gesagt: Qualitäten, die Frauen eigentlich im Rahmen der Wissensökonomie begünstigen sollten, transformieren sich unter der Hand zu gefährlichen Fallstricken. Sie unterminieren die angestrebte und proklamierte Geschlechterneutralität, sobald sie forciert zum Einsatz gebracht werden. Da die gezielte Demonstration von *Soft Skills* aber zugleich ein unverzichtbarer Karrierebaustein ist, befinden sich ambitionierte Frauen in einer äußerst widersinnigen Lage.

Wie stark allerdings die Paradoxie der performativen Vorteilsnahme von Frauen zu gewichten ist, lässt sich erst dann ermessen, wenn ihre fatalen Effekte mit den Befunden verglichen bzw. abgeglichen werden, die die Organisationsforschung hinsichtlich der Geschlechterproblematik ergeben hat. Hier ist nämlich festgestellt worden, dass primär formalisierte Vorgänge und Abläufe „die im Berufsleben hochgehaltene Norm, zugeschriebene Merkmale zu ignorieren und berufliche Interaktionen ohne ‚Ansehen des Geschlechts‘ zu vollziehen" (Heintz 2008: 236), Frauen begünstigen, weil sie tendenziell dafür sorgen, dass das notorische Abrufen von Geschlechtsstereotypen unterbleibt oder zumindest unter das „Beachtungsverbot" (ebd.: 241) fällt. Dieser geschlechtsneutralisierende Formalisierungseffekt wird, wie gezeigt, insbesondere für die Rekrutierung und Beurteilung von Personal reklamiert. Da formalisierte Abläufe bzw. Situationen aber immer auch von der Produktion neuer Arten informeller Beziehungen begleitet sind und die Neutralisierung von Geschlecht überhaupt erst im zweiten Schritt, und zwar nach der basalen Geschlechterunterscheidung erfolgen kann (vgl. auch Hirschauer 2001), fällt der Gewinn, den Frauen aus solch formalisierten Kontextbedingungen ziehen, – so zeigt sich augenfällig – nach wie vor gering aus.

Es ist deshalb in höchstem Maße zweifelhaft, ob diese Gewinne überhaupt noch zu Buche schlagen, wenn gleichzeitig der Faktor „Kompetenz" und die mit ihm (wie oben erläutert) verknüpften ungünstigen Nebenfolgen für Frauen zur Geltung kommen. Man könnte daher die Forschungshypothese wagen: Sobald das Kompetenz-Paradigma und damit die Paradoxie der performativen Signalisierung von Leistungspotenzialen in der Organisation Herrschaft erlangt, wird der positive Einfluss der formalisierten Wertigkeitsordnung auf die Personalentscheidungen wieder verspielt. Es ist naheliegend und erstaunt nur wenig, dass diese fatale Wendung auch und gerade für die nur schwach formalisierten Projekte symptomatisch ist. Sie erweist sich hier gleichsam als systemimmanente Logik spezifischer Bewährungsproben, in denen anstelle der propagierten Wertigkeitsproben faktisch Kraftproben stattfinden.

2) Inhärente Paradoxie der Projektarbeit

Projekte sind Bewährungsproben, in denen Spielregeln – wie z. B. die Forderung nach Geschlechtsambiguität oder aber Vermeidung von Distinktion bzw. Konkurrenz – zwar offiziell gefordert, von den Akteuren tatsächlich aber gezielt und zumeist verdeckt missachtet werden, um sich innerhalb der kooperativen Projektarbeit zu profilieren und damit Aufstiegschancen zu erhalten.

Das Gros der Männer, die sich in ihrer Karriereplanung für die **Führungs-laufbahn** entschieden haben, setzt – und dies ist vor dem Hintergrund ihrer Karriereplanung durchaus konsequent – auch in Projekten gegen die Norm der Projektpolis auf die unternehmerische *Logik der Ungleichheit* und strebt durch Distinktionsgewinne Achtungserfolge an. Diese Männer gestehen offen ein, dass sie auch hier auf *Konkurrenz* setzen, zumal sie davon ausgehen, dass sie ihrer Laufbahn entsprechend von der Linie her beurteilt werden, und zwar immer mit Blick auf den potentiellen Aufstieg in der Hierarchie des Unternehmens. Konkurrenzkampf gehört selbstverständlich zum Tagesgeschäft, in dem strategisches Selbstmarketing ungeachtet relativierender Selbsteinschätzungen zwingend gefordert ist. Aus dieser Perspektive beklagen Männer auch die Risiken einer Mediatisierung der Arbeitswelt, durch die häufige Abwesenheit hervorgerufen werden könnte. Sie monieren häufiger als Frauen, dass sie an wichtigen Besprechungen nicht teilhaben können und damit nicht an karrierestrategisch und mikropolitisch wichtigen Prozessen der Entscheidungsfindung mitwirken können.

Frauen hingegen kritisieren aus anderen Gründen, wenn sie bei wichtigen Entscheidungen nicht präsent sein können. Maßgeblich an den Inhalten interessiert, fürchten sie wesentliche Sachinformationen zu verpassen bzw. an Sachentscheidungen nicht beteiligt zu sein – eine Haltung, die sich ungebrochen bei ihrer Arbeit in Projekten fortsetzt. Auch hier erfüllen sie kooperationsorientiert die ihnen gestellten Aufgaben, bedienen gewissenhaft die Ideale der Projektpolis und performen ihre *Soft Skills*, allerdings im Gegensatz zu ihren Kollegen hochgradig selbstreflexiv. Auch dies überrascht nicht, da sie doch davon ausgehen, dass im Rahmen ihrer gewählten **Projektlaufbahn/** Fachlaufbahn auch dem Projektleiter ihre Personalbeurteilung obliegt und dieser ihre Anschlussfähigkeit an weitere/folgende Projekte nach den Maßstäben der Projektpolis bewertet. Es findet hier, wie es scheint, seitens Frauen eine Art Überidentifizierung mit der innovativen Kompetenzwertigkeit statt. Übersehen oder ausgeblendet wird dabei, dass es für den beruflichen Aufstieg nach wie vor eher auf eine Profilierung der eigenen Person in Abgrenzung zu anderen ankommt. Denn paradoxerweise scheint gerade die ‚Überschreitung' der projektinternen *Logik der Gleichheit* mit Erfolg gekrönt zu sein und aus den Projekten hinaus in die Führungslaufbahn zu führen, während die ‚Einhaltung' der Regeln Frauen für eine Projektlaufbahn prädestiniert, die jedoch keineswegs in die obersten Führungsebenen führt.

Beobachtbar ist also Folgendes: Die Logik der Ungleichheit als letztendliche Basis jeder wichtigen Personalentscheidung reicht immer schon in die Sphäre der Projektarbeit hinein und unterminiert die hier geltenden Gleichheitsansprüche. Wollte man dies in der ideologisierenden Terminologie einer anachronistischen Geschlechterordnung formulieren, so ließe sich sagen, dass die ‚weibliche' Sphäre der Kooperation durch die ‚männliche' Sphäre der Konkurrenz unterwandert wird bzw. dass ‚weibliche' Kompetenzen immer, auch dann, wenn sie von Männern umgesetzt werden, in den Dienst einer nach wie vor klassisch-männlich geprägten Karrierestrategie genommen werden. Dieses – für Frauen spezifische – Dilemma, verdankt sich einer der Projektarbeit inhärenten Paradoxie: ‚Weibliche' Stärke in der Handhabung der Soft Skills wird unversehens als ‚weibliche' Schwäche ausgelegt. Diese Verkehrung erfolgt vor dem Hintergrund einer Firmenideologie, die im Sinne einer „semantischen Klangwolke" (Prisching 2003: 54) Sozialkompetenz zwar auf ihre Fahnen schreibt, diese aber auf Profitmaximierung hin instrumentalisiert. Im Rahmen einer solchen Herangehensweise kann und darf Sozialkompetenz nicht mehr bedeuten als eine eintrainierte und abrufbare Verhaltensroutine. Nimmt man (besser frau) die ‚authentische' Umsetzung der neuen Wertigkeit allzu ernst, so manövriert man sich in eine karrieretypische Abseitsposition, aus der heraus auch die größten Treffer nicht zählen. Frauen tappen auf Grund ihrer sozialisationsbedingten Nähe zu den neuen attraktiven Teamimperativen gewissermaßen in diese Abseitsfalle. Ohne es zu wollen und vermutlich auch ohne die Lage voll und ganz zu überschauen, bedienen sie dabei sowohl altbekannte Vorurteile und werden auch in altbekannter Weise in den Dienst männlicher Geschäftsinteressen genommen. Sie sind das geschmeidig machende Öl in der Maschinerie der Projekte, die als Ganze aber immer noch hauptsächlich unter maskulinem Kommando stehen. Im Projekt erfolgreich zu sein, heißt nämlich, immer schon über das Projekt hinauszudenken, heißt in letzter Instanz, die Logik der Gleichheit – oft unmerklich für andere – im Blick auf eigene Triumphe auszuschlachten. Doch selbst wenn Frauen dieser Siegermentalität Folge leisten wollen und die Profilierungsschachzüge perfekt beherrschen, laufen sie auch durch eine bloß strategisch angelegte Demonstration sozialer Kompetenzen Gefahr, in die Ecke des Typisch-Weiblichen geschoben und dort vergessen zu werden.

Wie man es auch dreht und wendet: Es bestehen für Frauen weitaus geringere Aussichten, auf gerader Linie bis in höhere berufliche Sphären „durchzustarten" und das heute heißer denn je begehrte Gut „Aufmerksamkeit" für sich zu akkumulieren. „Wie in der materiellen, so kann man auch in der Ökonomie der Aufmerksamkeit nicht mit der eigenen ‚Hände' Arbeit reich werden. Man muss andere für sich arbeiten lassen", schreibt Franck (Franck 1998: 123). Auf dem Markt des Ansehens ist demnach der zum Misserfolg verdammt, der aus einer einsamen Position heraus agiert und ohne die Zuwendung anderer

Menschen auskommen muss, vor allem aber derjenige, dem die Zuwendung solcher Personen fehlt, die ihrerseits bereits ein satt gefülltes Konto an Beachtung aufweisen können. Um zu Prestige zu gelangen, ist es unerlässlich die Vertreter der Linienhierarchie für sich einzunehmen. Werden aber alle verfügbaren Szenarien, über die Aufmerksamkeit eingetrieben werden kann, unversehens zum Einfallstor für blockierende Vorurteile und irrationale Gegenwehr, dann wird niemals ein ordentliches Einkommen an Reputation zustande kommen.

Die fatale Verflechtung der arbeitsweltlichen Individualisierung mit einer neuerlichen Akzentuierung geschlechtstypischer Merkmale zum Nachteil der Frau soll abschließend noch einmal herausgestellt und einer weitergehenden Deutung unterzogen werden.

Individualisierung *und* Vergeschlechtlichung

Die organisatorischen und (medien-)technischen Herausforderungen der Wissensökonomie haben einen Wandel der Unternehmensstrukturen und -kulturen hervorgerufen, der sich in einem ersten Zugriff treffsicher mit Begriffen wie „Virtualisierung", „Mediatisierung", „Projektifizierung", „Entgrenzung" oder „Subjektivierung" erfassen lässt. Mit diesem Modernisierungsschub wird auf bisher ungeahnte und mitunter nicht berechenbare Weise Rationalisierung durch Innovation, individuelle durch kollektive Intelligenz, Formalität durch partielle Informalität, Qualifikation durch Kompetenz abgelöst. Die Strukturmerkmale solch post-tayloristischer bzw. post-bürokratischer Organisationen schaffen dabei ein Klima, in dem sich eine Kultur der selbstverantworteten, gleichwohl kollektiv gebündelten Kreativität und der ökonomischen Innovation gegenseitig verstärken. Entsprechend müssen die Arbeitssubjekte die therapeutische Selbstkontrolle zum Zwecke der Individualisierung *ihrer* Fähigkeiten permanent mit den Fremderwartungen des Marktes in Übereinstimmung bringen. Dies bedeutet konkret, die Karriereakteure der Wissensökonomie müssen ihr Umfeld von sich selbst als systemgerechte und kompetente Leistungsträger überzeugen und zwar einerseits innerhalb der engen Zeitfenster der Face-to-Face-Begegnungen und andererseits innerhalb der vom Unternehmen bereitgestellten medialen Umgebung. Teil der neuen Kunst des Karrieremanagements ist es u. a., die jeweils karriererelevanten Orte/Situationen der Bewährung zu erkennen, die günstigen, eben auch geschlechtlich codierten ‚Subjektanteile' für die entsprechende Situation zu erfassen und diese zum eigenen Vorteil und mit der bestmöglichen Performanz auszuspielen. Zentrale Orte für dieses situationsspezifische Karrieremanagement sind – wie beschrieben – das Personalgespräch und das Projekt. Hier werden allerdings genau solche Kompetenzen (*Soft Skills*) und Strategien verlangt, die Frauen in ein schier unlösbares Dilemma führen. Wir fassen noch einmal zusammen:

1. Obgleich Frauen die geschlechtlichen Einschreibungen erkannt haben, die in ihre Leistungsbewertung und Kompetenzerwartungen einfließen, müssen sie verstärkt auf Strategien der Selbstdarstellung setzen, die die geforderten (vermeintlich umcodierten!) *Soft Skills* markieren. Dies ist fatal, denn mit dieser – im neuen Organisationsnexus vehement eingeklagten – Performanz setzen sie sich als Frau geradezu in Szene und rufen ungewollt, aber mehr denn je außerkontextuelle Geschlechtsattribuierungen hervor, die wiederum ihre adäquate Wertschätzung und Gratifikation verhindern. Dies führt zu permanenter Irritation.

2. Obgleich Frauen fortlaufend und forciert Selbstmarketing, also Überzeugungsarbeit in eigener Sache betreiben, demontieren sie mit ihrer kritischen Selbstreflexion im Personalgespräch den Aufbau einer verlässlichen Reputation. Die gleichrangige Teilhabe am mikropolitischen Spiel um Autonomiegewinn und Chancenoptimierung bzw. um Karrierechancen und Macht setzen jedoch ungebrochene versierte Praktiken der Souveränität und Individualisierung voraus.

3. Obgleich Frauen die Karriererelevanz von Personalgesprächen und Projektarbeit erkannt haben und die offiziellen Spielregeln der Wertigkeitsordnungen befolgen, erlangen sie weder Personalleitung noch Entscheidungsmacht. Offenbar erweist sich der subtile und inoffiziell auszutragende Balanceakt zwischen Kooperation und Konkurrenz, der unabdingbar gekoppelt ist an souveräne Praktiken des Selbstmarketings (2) und der gewinnbringenden Performanz von *Soft Skills* (1) als *der* Wendepunkt, an dem der vieldiskutierte Modernisierungsschub zur Modernisierungsfalle für Frauen wird.

Frauen nehmen die neuen Anforderungen der Wissensökonomie dennoch und wider alle Schwierigkeiten beim Wort – und zwar mit appellativem Nachdruck. Diese Paradoxie ergibt sich aus der aktuellen Erfahrung der Frauen, dass keine Strategie die bestehenden Sperren durchbrechen kann, sie aber dennoch versuchen, probate Mittel zu finden und einzusetzen, um diese Schranken zu überwinden.

Frauen sehen sich gegenwärtig einer Lage ausgesetzt, die einer *double-bind-situation* vergleichbar ist: Einerseits verlangt man von ihnen, die ihnen

verfügbaren Kompetenztrümpfe auszuspielen, andererseits verdammt man
sie auf Grund dessen dazu, auch weiterhin die zweite Geige zu spielen. Er-
gänzend zu den schon angeführten Ursachen für diese Zwangslage, aus der
es keinen rechten Ausweg zu geben scheint, sind nach unserem Ermessen
einige weiterführende Überlegungen anzustellen. Denn letztlich fruchten die
durch eine versierte *Soft-Skill-Performance* ausgelösten konservativen Attribu-
ierungsreflexe nur, wenn eine grundsätzliche Bereitschaft gegeben ist, sich
unkritisch diesen überholten holzschnittartigen Denkweisen zu überantwor-
ten. Vor allem das Denkmuster der Naturalisierung oder *Re*naturalisierung
stand und steht im Zeichen einer „Gegenmoderne", die – so Beck – *„herge-
stellte, herstellbare Fraglosigkeit"* ist, um die Fragen vom Tisch zu fegen, „die
die Moderne aufwirft, auftischt und auffrischt." (Beck 1996: 58) In Bezug auf
die Frau sind solche Intentionen der „Vernatürlichung" seit den Tagen der
Aufklärung eine unüberhörbare dauernde Begleitmusik; sie gereichen und
gereichten immer dem Zwecke, männliche Privilegien zu biologisieren und
argumentativ unantastbar zu machen. Auch heute oder erst recht heute kann
man keineswegs davon ausgehen, dass derartige Zuschreibungen einfach nur
unterlaufen. Wenn Frauen, die Karriere machen wollen, wegen ihrer „weiblich" akzentuierten Selbstdarstellung für einen Aufstieg in der Linienhierarchie gerade nicht in Frage kommen, dann spielen hier aller Wahrscheinlichkeit
nach einige uneingestandene irrationale Motive eine Rolle. Zu vermuten wäre
einerseits, dass die (sozialisationsbedingt) kompetenz-begabteren Kolleginn-
nen angesichts der spezifischen kommunikativen Herausforderungen der
Wissensökonomie als ernsthafte, ja bedrohliche Konkurrenz wahrgenommen
werden. Zum anderen aber mag man die aktiv von Frauen umgesetzte er-
folgstaktische Instrumentalisierung sozialer Fähigkeiten als einen Verrat am
althergebrachten unverwüstlichen Mythos Weiblichkeit einordnen. Denn im
neuen Geist des Kapitalismus verliert die Sozialkompetenz zweifelsohne ihre
„Unschuld", mutiert zur sozialkompetenten Durchtrainiertheit im Dienste
eines Projektparadigmas, das ganz im Gegensatz zur traditionellen Rolle der
Frau, Ungebundenheit, Flexibilität und Wandlungsbereitschaft fordert, während uneigennützige soziale Impulse nur noch gelegentlich – und auf der
Basis einer klugen Berechnungsgrundlage – möglich sind. Hierzu bedarf es
eines Maximums an Wachsamkeit und rational geschärfter Selbstkontrolle,
denn das Leben von Projekt zu Projekt bedeutet unermüdlich-kreative Aktivität, permanente Revision der Maßstäbe, bedeutet grenzenlose Bereitschaft,
sich im Temporären zu beheimaten. Es geht hier nicht um die Selbstverwirklichung des Einzelnen, sondern um die Anpassung an ein Normmaß projekt-
kompatiblen Verhaltens. „Es geht nicht um Identität, sondern um ein Training

für eine neue, die richtige." (Prisching 2009: 141) Wer hiermit konform gehen will, kommt – entgegen aller Anpreisung von Sozialkompetenz – ohne eine Portion Abgebrühtheit vermutlich nicht sehr weit. Stoßen ambitionierte Frauen im Beruf nach wie vor gegen die vielzitierte gläserne Decke, so mag hierfür nicht zuletzt eine Art Klammerreflex ausschlaggebend sein, der in dem längst aussichtslosen Wunsch wurzelt, an einer weiblichen Gegenwelt festzuhalten. Auch wenn die Realitäten unwiderruflich anders aussehen, hängt die bürgerliche Gesellschaft dennoch bis in die Gegenwart dem Glauben an, sich in den privaten Rekreationsräumen einen Hort des Unverdorbenen, Unverfälschten bewahren zu können. Aus vielfältigen Gründen zerbröselt diese private Gegenwelt, gleichermaßen verwischen die Grenzlinien zwischen Privatsphäre und Beruf, kein Lebensbereich bleibt von Überregulierung und therapeutischer Zurichtung verschont. Ohne diese Prozesse im Einzelnen ausbuchstabieren zu können, kann dennoch angenommen werden, dass neben vielem anderen nicht zuletzt auch Verlustängste die notwendige Thematisierung beruflicher Gerechtigkeit blockieren. Nahezu unheimlich erscheint es nämlich, wenn der zum Design-Produkt gewordenen Persönlichkeit jede Hoffnung – sei sie auch noch so illusorisch – auf einen heimischen Zufluchtsort jenseits der Vermarktlichung genommen würde. So hält man hartnäckig fest, auch wenn diese Strategie lange schon gescheitert ist, an wohl vertrauten Rollenklischees und konterkariert – in diffuser Hoffnung auf einen Ausweg – den professionellen Aufstieg erfolgsorientierter Frauen.

6 Anhang: Forschungshistorie und angewandte Methoden

Bezugnehmend auf den erstmalig von Denzin (1989 [1970]) vertretenen Ansatz der methodischen Triangulation wurde ein „Methodenmix" aus *Experteninterviews, quantitativer Online-Erhebung* und *Fokussierten Interviews* durchgeführt.

Stichprobe: Unternehmen

Ausschlaggebendes Kriterium für die Auswahl der Unternehmen war ein hohes innerbetriebliches Kommunikationsaufkommen. In diesem Zusammenhang spielt zum einen die Größe des Unternehmens mit mind. 500 MitarbeiterInnen in Deutschland eine Rolle. Des Weiteren ist bei einer regen Forschungstätigkeit von einer hohen Kommunikationsdichte auszugehen. Auch Unternehmen, die vor allem Dienstleistungen anbieten, weisen typischerweise eine hohe innerbetriebliche Kommunikationsdichte auf.

Es wurden insgesamt zwölf Unternehmen (U) akquiriert:

- 2 Finanzdienstleister (U 1 und 2)
- 2 Automobilhersteller (U 3 und 11)
- 1 Elektronikeinzelhandel (U 4)
- 1 Energieversorger (U 5)
- 1 IT-Unternehmen (Hardware, Software und Dienstleistungen (U 6)
- 1 Biotechnologieunternehmen (U 7)
- 1 Mischkonzern für Elektro-, Antriebs-, Medizin- + Kraftwerkstechnik (U 8)
- 1 Unternehmen der Telekommunikationsbranche (U 9)
- 1 Unternehmen der Pharmaindustrie (U 10)
- 1 Unternehmen für Facility Management (U 12)

Experteninterviews

Für die 16 Experteninterviews wurden zwei verschiedene Personenkreise als relevante Experten identifiziert, erstens MitarbeiterInnen der Personalabteilungen (aufgrund ihres Kontextwissens über die Bedingungen von Karriere im jeweiligen Unternehmen) und zweitens Führungskräfte der mittleren Ebene mit Erfahrung in der (standortverteilten) Projektarbeit.

Der Interviewleitfaden umfasst folgende Themenbereiche: Einschätzung der Ausprägung von Virtualisierungstendenzen, Identifikation von Karrierebedingungen, Faktoren der Personalbewertung und -führung unter Bedingungen der Virtualisierung, Formen der Karriereförderung, bestehende Reflexion bzgl. der neuen Anforderungen durch Virtualisierung und elektronische Medien. Dabei wurde immer auch danach gefragt, ob, wie und warum ggf. geschlechtsspezifische Differenzen wahrgenommen und erlebt wurden.

Fragebogen

Die Stichprobe der quantitativen Erhebung umfasste 253 Personen, davon 140 Männer und 112 Frauen aus 8 Unternehmen.

Der Fragebogen enthält Fragen zu den Themenbereichen: Arbeitsorganisation, Virtualisierung und Projektifizierung, persönliches Kommunikationsverhalten, eigene Karrierestrategien, Einschätzung der Folgen medienvermittelter Kommunikation, Anforderungen an Mitarbeiter und Führungskräfte, Unternehmenskultur, Personalentwicklung und -bewertung, Karriere, soziodemografische Daten.

Fokussierte Interviews

Die 12 fokussierten Interviews wurden ebenfalls mit MitarbeiterInnen der Personalabteilungen und Führungskräften der mittleren Ebene durchgeführt.

Dieser Interviewleitfaden konzentrierte sich maßgeblich auf die von uns als karrierewichtig identifizierten Bewährungsproben: Projekt, Kick-off, medial vermittelte Kommunikationssituationen wie Telefon- und Videokonferenzen, Personalgespräch. Dabei wurde insbesondere auch auf die Beschreibung geschlechterdifferenter Verhaltensweisen geachtet. Weitere Aspekte des Leitfadens waren a) die Frage nach anderen als den von uns identifizierten Situationen mit ähnlich karriereträchtigem Charakter und b) die Frage nach dem Verhältnis von Kooperation und Konkurrenz im eigenen karrierestrategischen Handeln.

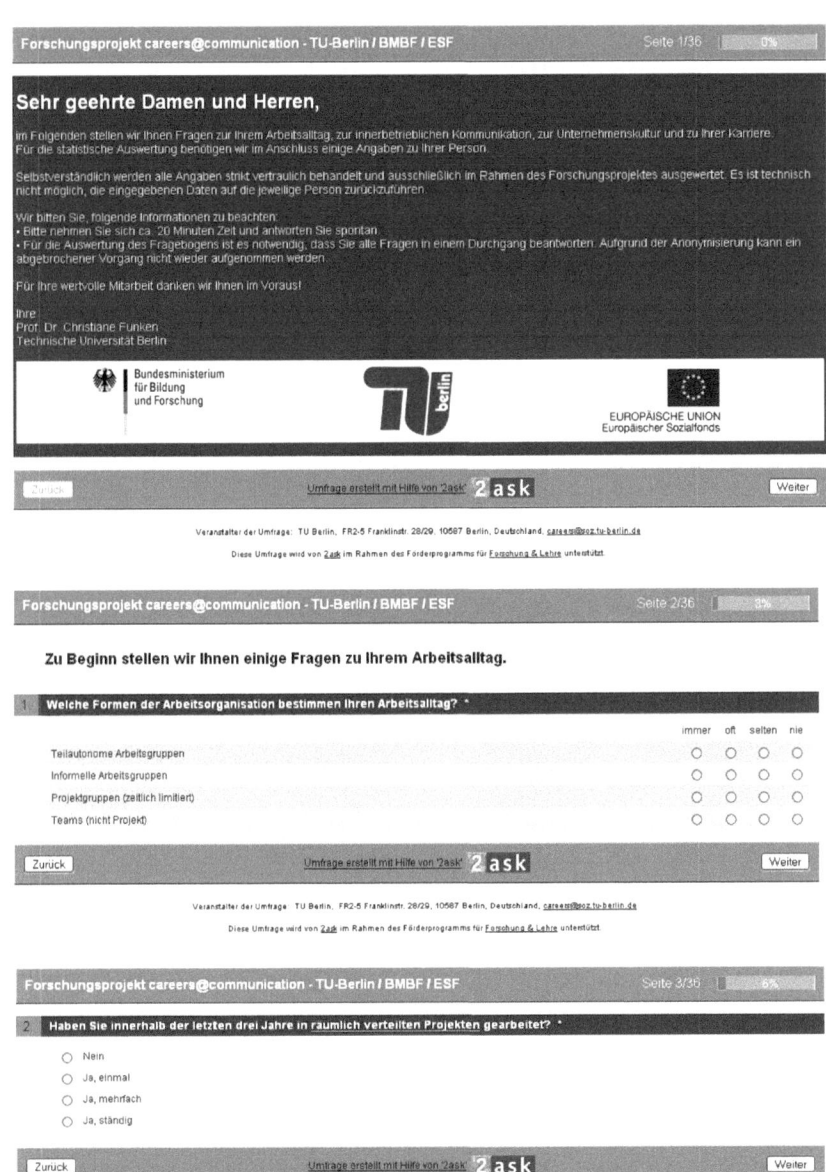

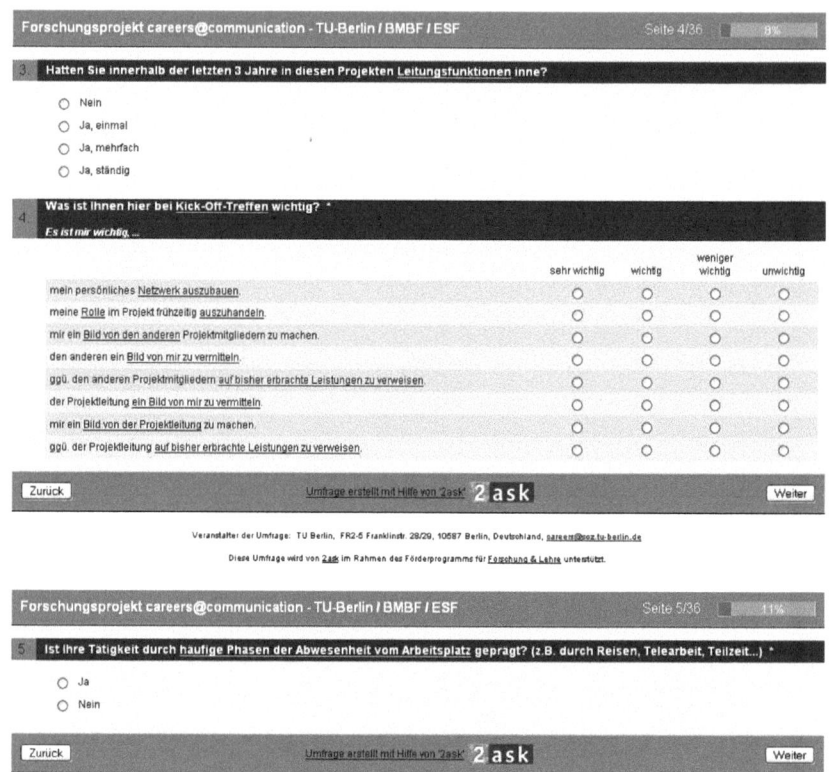

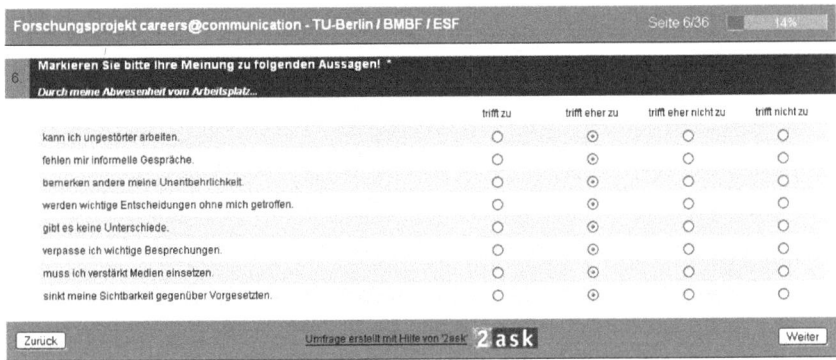

Veranstalter der Umfrage: TU Berlin, FR2-5 Franklinstr. 28/29, 10587 Berlin, Deutschland, careers@soz.tu-berlin.de

Diese Umfrage wird von 2ask im Rahmen des Förderprogramms für Forschung & Lehre unterstützt.

Forschungsprojekt careers@communication - TU-Berlin / BMBF / ESF Seite 7/36 17%

Wie oft treffen Sie im Schnitt folgende Personen persönlich? *

7.

Ich treffe ...

	mehrmals täglich	täglich	mind. wöchentlich	mind. monatlich	seltener	nie
mir unterstellte MitarbeiterInnen	O	O	O	O	O	O
KollegInnen aus meiner Arbeitsgruppe	O	O	O	O	O	O
Mitglieder meines Teams	O	O	O	O	O	O
Mitglieder meiner Projektgruppe	O	O	O	O	O	O
Linienvorgesetzte (disziplinarische Vorgesetzte)	O	O	O	O	O	O
Fachvorgesetzte (z.B. ProjektleiterInnen)	O	O	O	O	O	O

Zurück   Umfrage erstellt mit Hilfe von '2ask' **2 ask**   Weiter

Veranstalter der Umfrage: TU Berlin, FR2-5 Frankinstr. 28/29, 10587 Berlin, Deutschland, careers@soz.tu-berlin.de

Diese Umfrage wird von 2ask im Rahmen des Förderprogramms für Forschung & Lehre unterstützt.

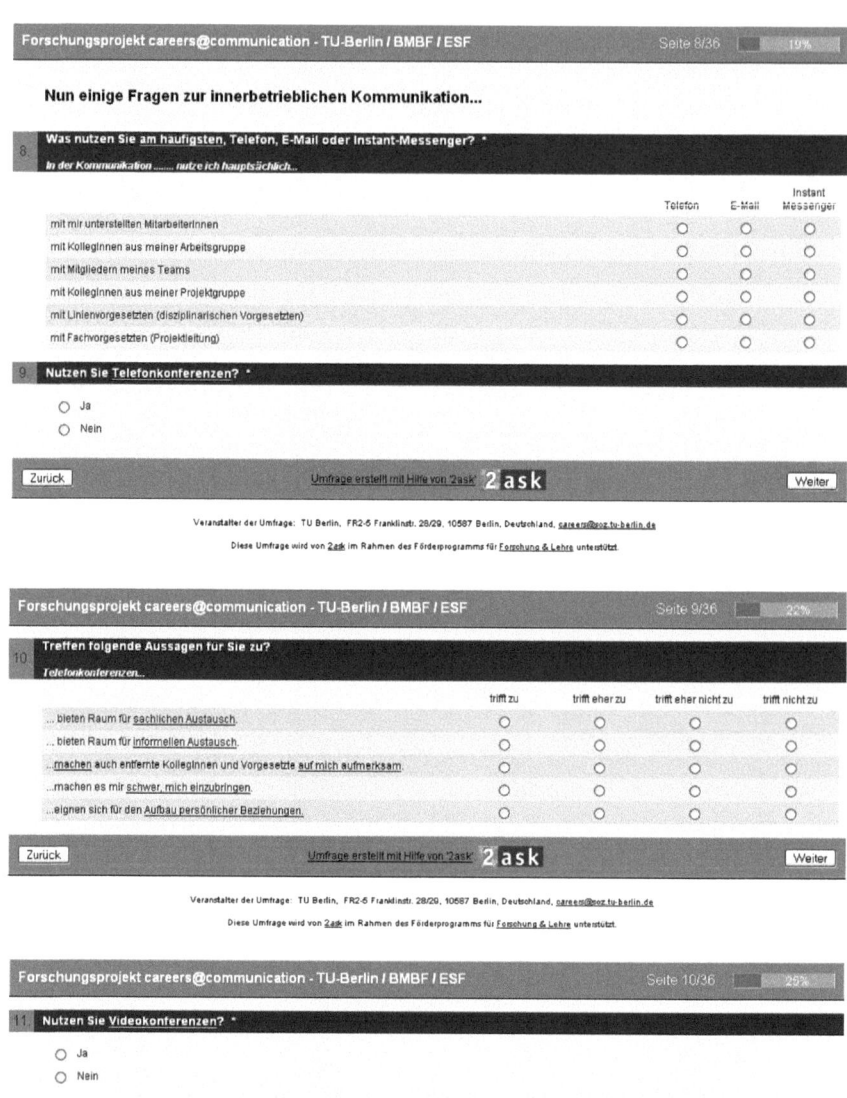

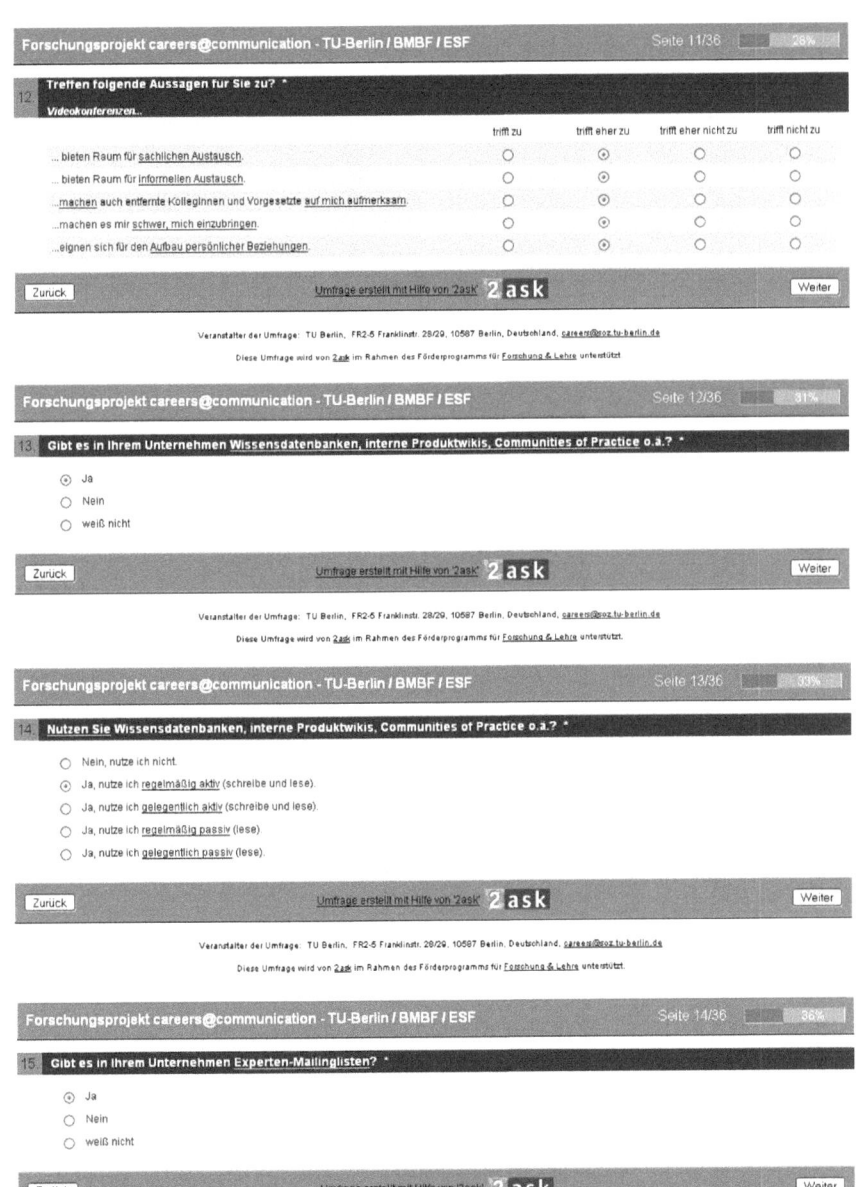

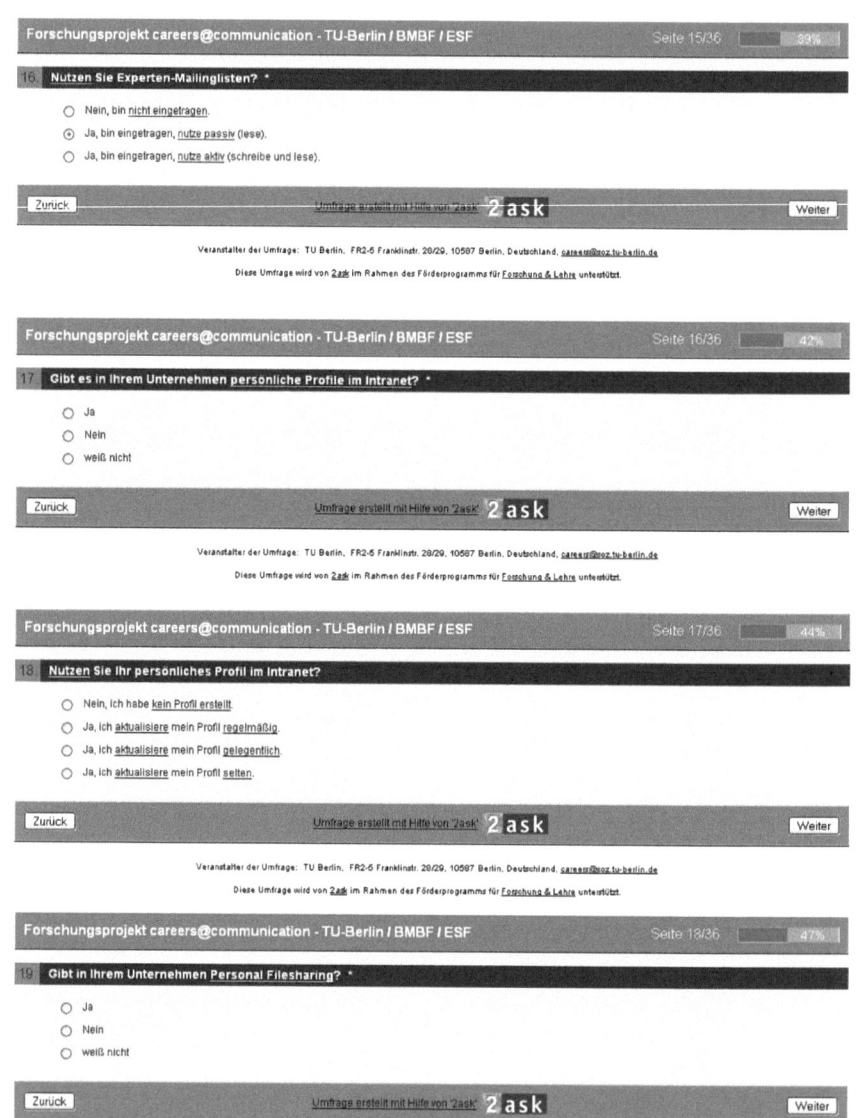

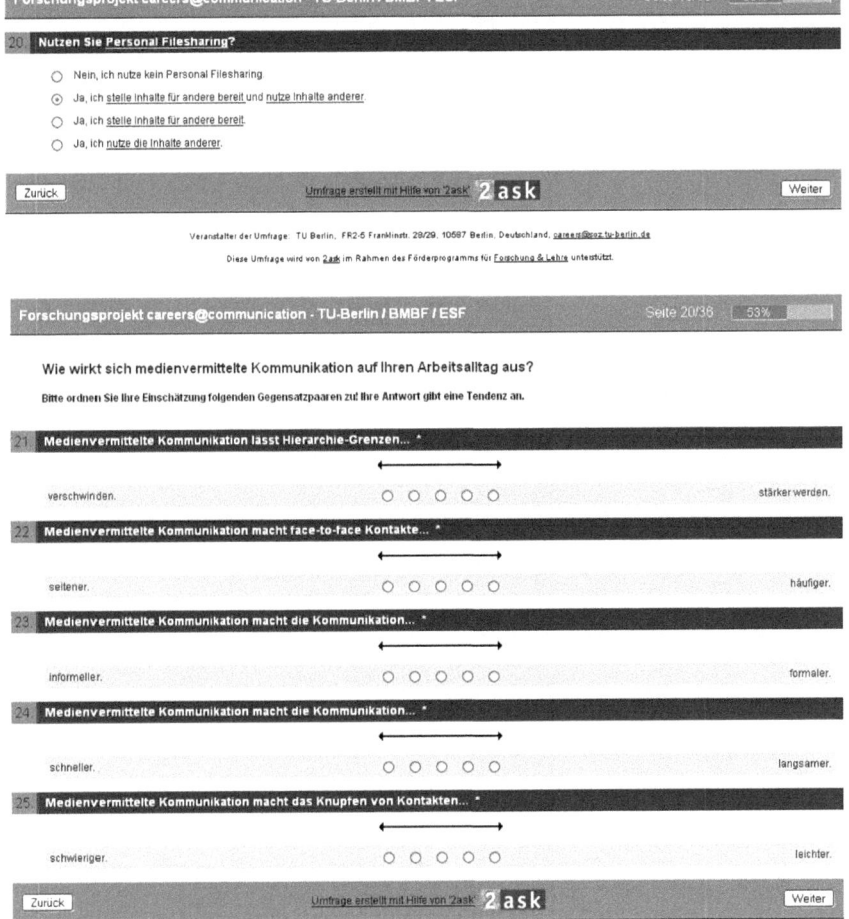

Forschungsprojekt careers@communication - TU-Berlin / BMBF / ESF   Seite 21/36   56%

26. Medienvermittelte Kommunikation macht Missverständnisse... *

häufiger.   ○ ○ ○ ○ ○   seltener.

27. Medienvermittelte Kommunikation macht Konflikte... *

lösbarer.   ○ ○ ○ ○ ○   komplizierter.

28. Medienvermittelte Kommunikation macht persönliche Treffen... *

wichtiger.   ○ ○ ○ ○ ○   unwichtiger.

29. Medienvermittelte Kommunikation macht Soft Skills... *

wichtiger.   ○ ○ ○ ○ ○   unwichtiger.

30. Medienvermittelte Kommunikation lässt die Sichtbarkeit von Leistungen... *

sinken.   ○ ○ ○ ○ ○   steigen.

[Zurück]   Umfrage erstellt mit Hilfe von '2ask' **2 ask**   [Weiter]

Veranstalter der Umfrage: TU Berlin, FR2-5 Franklinstr. 28/29, 10587 Berlin, Deutschland, careers@soz.tu-berlin.de

Diese Umfrage wird von 2ask im Rahmen des Förderprogramms für Forschung & Lehre unterstützt.

Forschungsprojekt careers@communication - TU-Berlin / BMBF / ESF   Seite 22/36   58%

31. Welche der folgenden Eigenschaften braucht man Ihrer Meinung nach für räumlich verteiltes Arbeiten in Teams? *

	sehr wichtig	wichtig	weniger wichtig	unwichtig
Durchsetzungsfähigkeit	○	○	○	○
Einfühlungsvermögen	○	○	○	○
Fachkompetenz	○	○	○	○
Konfliktlösungskompetenz	○	○	○	○
Kommunikationsfähigkeit	○	○	○	○
Medienkompetenz	○	○	○	○
Präsentationskompetenz	○	○	○	○
Selbstvermarktungskompetenz	○	○	○	○
Selbstreflektion	○	○	○	○

[Zurück]   Umfrage erstellt mit Hilfe von '2ask' **2 ask**   [Weiter]

Veranstalter der Umfrage: TU Berlin, FR2-5 Franklinstr. 28/29, 10587 Berlin, Deutschland, careers@soz.tu-berlin.de

Diese Umfrage wird von 2ask im Rahmen des Förderprogramms für Forschung & Lehre unterstützt.

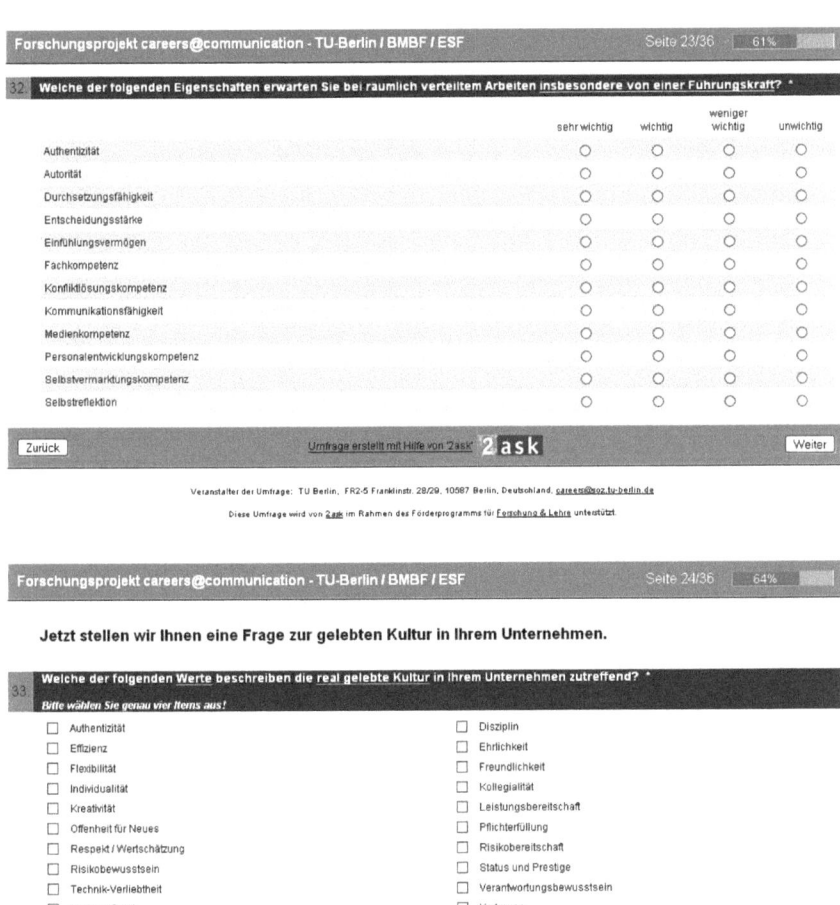

Im Folgenden stellen wir Ihnen einige Fragen zu den Personalentwicklungs- und -bewertungsprozessen in Ihrem Unternehmen.

34. Wer ist maßgeblich für Ihre persönliche Bewertung verantwortlich?

	immer verantwortlich	manchmal verantwortlich	nie verantwortlich
Linienvorgesetzte (disziplinarische Vorgesetzte)	○	○	○
Fachliche Vorgesetzte wie ProjektleiterIn	○	○	○
sonstiges	○	○	○

35. Nach welchen Kriterien werden Ihrer Meinung nach Personalentscheidungen getroffen? *

	trifft zu	trifft eher zu	trifft eher nicht zu	trifft nicht zu	weiß nicht
Ergebnisse	○	○	○	○	○
Fachkompetenzen	○	○	○	○	○
Führungskompetenzen	○	○	○	○	○
Geschlecht	○	○	○	○	○
Medienkompetenzen	○	○	○	○	○
Persönliche Beziehungen	○	○	○	○	○
Selbstdarstellung	○	○	○	○	○
Soft Skills	○	○	○	○	○
Sympathie	○	○	○	○	○
sonstige ...	○	○	○	○	○

Zurück   Umfrage erstellt mit Hilfe von '?ask' 2 ask   Weiter

Veranstalter der Umfrage: TU Berlin, FR2-5 Franklinstr. 28/29, 10587 Berlin, Deutschland, careers@zoz.tu-berlin.de

Diese Umfrage wird von 2ask im Rahmen des Förderprogramms für Forschung & Lehre unterstützt.

36. Wie oft finden Personalgespräche zwischen Ihnen und Ihren Vorgesetzten statt? *

○ monatlich   ⊙ vierteljährlich   ○ halbjährlich   ○ jährlich   ○ seltener   ○ gar nicht

37. Was ist Ihnen bei einem solchen Personalgespräch wichtig? *

Es ist mir wichtig, ...

	sehr wichtig	wichtig	weniger wichtig	unwichtig
ein Bild von mir zu vermitteln.	○	○	○	○
weitere Arbeitsschritte zu besprechen.	○	○	○	○
auf vorangegangene Leistungen zu verweisen.	○	○	○	○
Feedback zu meiner Arbeit zu erhalten.	○	○	○	○
karriererelevante Informationen zu erhalten.	○	○	○	○
eine persönliche Beziehung zu Vorgesetzten auf- bzw. auszubauen.	○	○	○	○
eine Einschätzung zu meiner Person zu erhalten.	○	○	○	○
Vorgesetzte einzuschätzen.	○	○	○	○

38. Würden Sie sich mehr bzw. weniger Personalgespräche wünschen? *

○ mehr   ○ genau richtig   ○ weniger

Zurück   Umfrage erstellt mit Hilfe von '?ask' 2 ask   Weiter

Veranstalter der Umfrage: TU Berlin, FR2-5 Franklinstr. 28/29, 10587 Berlin, Deutschland, careers@zoz.tu-berlin.de

Diese Umfrage wird von 2ask im Rahmen des Förderprogramms für Forschung & Lehre unterstützt.

Forschungsprojekt careers@communication - TU-Berlin / BMBF / ESF   Seite 27/36 72%

Nun stellen wir Ihnen einige Fragen zum Thema Karriere.

39 **Wie wurden Sie Ihre eingeschlagene Laufbahn bezeichnen? ***

Mehrfachauswahl möglich!

☐ Projektlaufbahn   ☐ Führungslaufbahn   ☐ Fachlaufbahn   ☐ Vertriebslaufbahn   ☐ _____

40 **Es gibt unterschiedliche Möglichkeiten, Karriere zu machen. Welche entspricht Ihnen am ehesten? ***

	trifft zu	trifft eher zu	trifft eher nicht zu	trifft nicht zu
Ich bringe mich häufig bei Sitzungen ein.	○	○	○	○
Ich verkaufe' meine eigenen Leistungen gut.	○	○	○	○
Ich reagiere flexibel auf Anforderungen des Unternehmens.	○	○	○	○
Ich suche Kontakte zu Entscheidungsträgern.	○	○	○	○
Ich beteilige mich aktiv am Sozialleben des Unternehmens.	○	○	○	○
Ich lege mir ein möglichst breites Wissen zu.	○	○	○	○
Ich lege mir ein möglichst spezialisiertes Wissen zu.	○	○	○	○
Ich vernetze mich gut mit KollegInnen.	○	○	○	○
Ich arrangiere möglichst viele informelle Treffen mit Vorgesetzten.	○	○	○	○
Ich setze mich im Konkurrenzkampf durch.	○	○	○	○
Ich verlasse mich auf den Zufall.	○	○	○	○
Ich profiliere mich mit Präsentationen und Vorträgen.	○	○	○	○
Ich bringe mich stets mit kreativen Ideen ein.	○	○	○	○

[Zurück]   Umfrage erstellt mit Hilfe von '2ask' **2ask**   [Weiter]

Veranstalter der Umfrage: TU Berlin, FR2-5 Franklinstr. 28/29, 10587 Berlin, Deutschland, careers@soz.tu-berlin.de

Diese Umfrage wird von 2ask im Rahmen des Förderprogramms für Forschung & Lehre unterstützt.

Forschungsprojekt careers@communication - TU-Berlin / BMBF / ESF   Seite 28/36 75%

41 **Karriere hing früher von der Entscheidung einer/eines Vorgesetzten ab, heute - so sagt man - gibt es oftmals mehrere Vorgesetzte. Wie ist das momentan bei Ihnen? ***

○ Ein/e Vorgesetzte/r
○ Mehrere Vorgesetzte

[Zurück]   Umfrage erstellt mit Hilfe von '2ask' **2ask**   [Weiter]

Veranstalter der Umfrage: TU Berlin, FR2-5 Franklinstr. 28/29, 10587 Berlin, Deutschland, careers@soz.tu-berlin.de

Diese Umfrage wird von 2ask im Rahmen des Förderprogramms für Forschung & Lehre unterstützt.

Forschungsprojekt careers@communication - TU-Berlin / BMBF / ESF   Seite 28/36 75%

41 **Karriere hing früher von der Entscheidung einer/eines Vorgesetzten ab, heute - so sagt man - gibt es oftmals mehrere Vorgesetzte. Wie ist das momentan bei Ihnen? ***

○ Ein/e Vorgesetzte/r
○ Mehrere Vorgesetzte

[Zurück]   Umfrage erstellt mit Hilfe von '2ask' **2ask**   [Weiter]

Veranstalter der Umfrage: TU Berlin, FR2-5 Franklinstr. 28/29, 10587 Berlin, Deutschland, careers@soz.tu-berlin.de

Diese Umfrage wird von 2ask im Rahmen des Förderprogramms für Forschung & Lehre unterstützt.

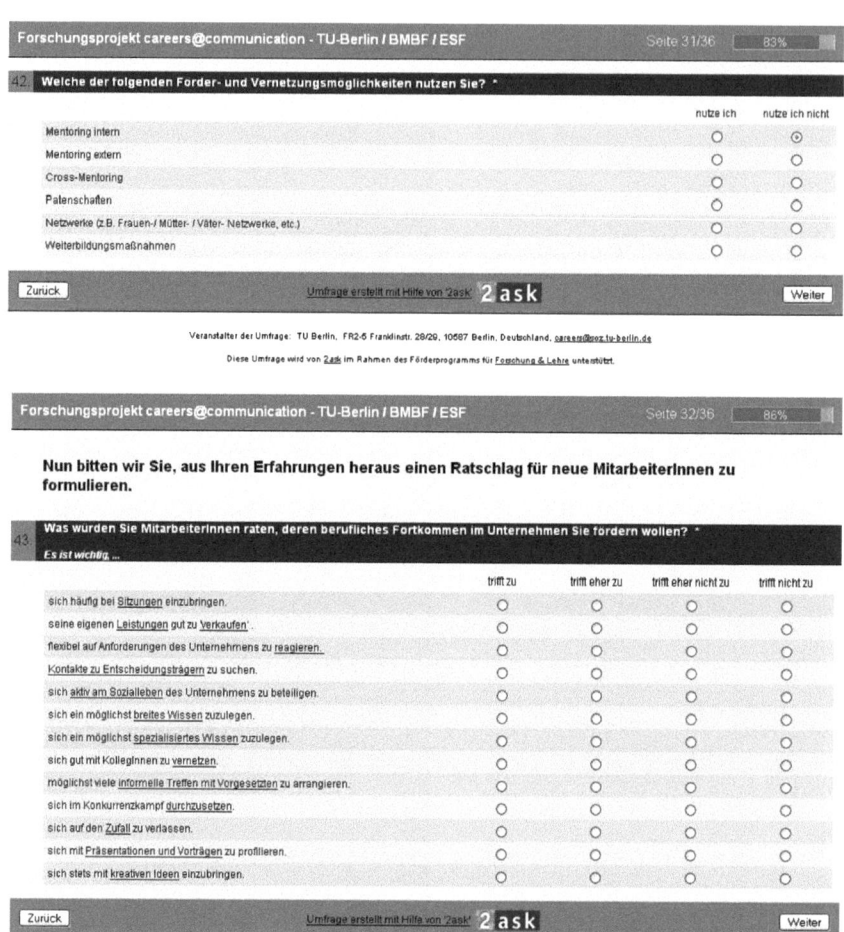

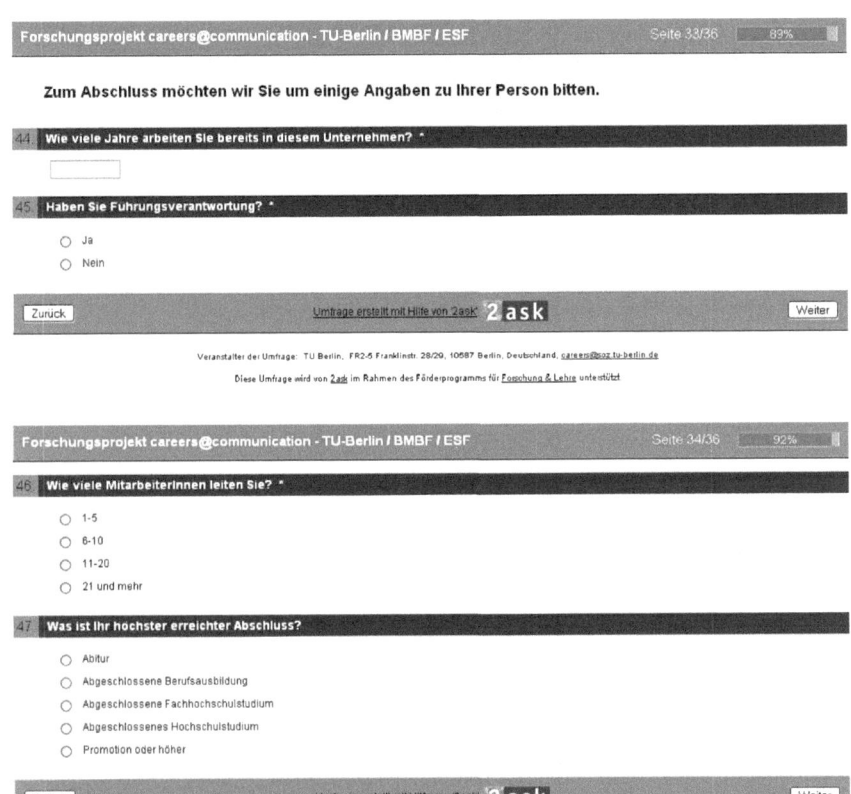

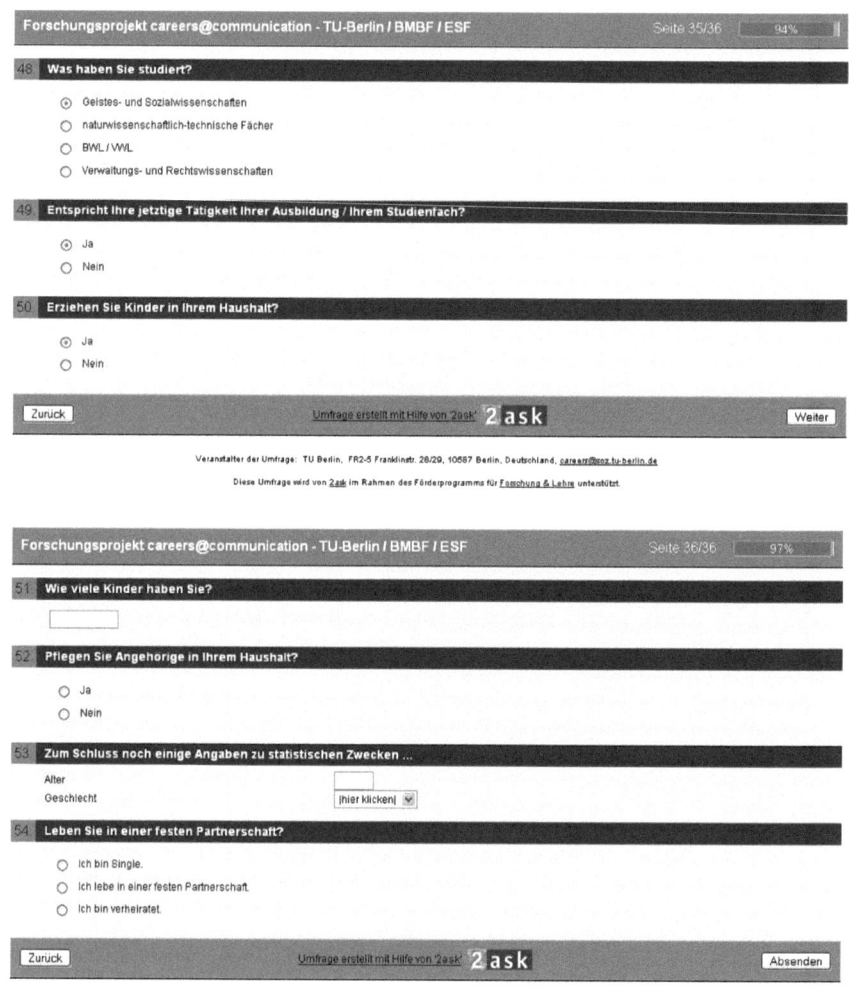

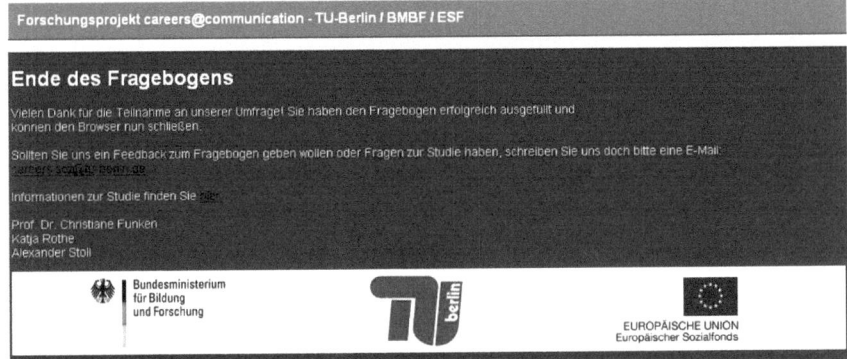

Literatur

Abelshauser, Werner (Hrsg.): Die BASF: Eine Unternehmensgeschichte. München 2002

Abelshauser, Werner: Deutsche Wirtschaftsgeschichte seit 1945. München 2004

Ahrens, Daniela: Vom Management zur Gestaltung von Wissen durch neue Medien. In: Wyssusek, Boris (Hrsg.):Wissensmanagement komplex. Berlin 2004, S. 159–175

Akademie für Führungskräfte der Wirtschaft: Führen in der Krise – Führung in der Krise? Befragung von 267 Führungskräften durch die Akademie für Führungskräfte der Wirtschaft GmbH. 2003. http://www.die-akademie.de/download/studien/Akademie-Studie2003.pdf, vom 20.07.2003, letzter Zugriff: 20.08.2009

Albers, Willi; Zottmann, Anton: Handwörterbuch der Wirtschaftswissenschaft, zugleich Neuauflage des Handwörterbuchs der Sozialwissenschaften. Göttingen 1983

Androutsopoulos, Jannis; Schmidt, Gurly: SMS-Kommunikation: Ethnografische Gattungsanalyse am Beispiel einer Kleingruppe. In: Zeitschrift für angewandte Linguistik 36, 2001, S. 49–79

Arkin, Robert M.; Shepperd, James A.: Self-Presentation Styles in Organizations. In: Giacalone, Robert A.; Rosenfeld, Paul (Hrsg.): Impression Management in the Organization. Hillsdale, New Jersey 1989, S. 125–139

Arthur, Michael B.; Inkson, Kerr; Pringle, Judith K.: The New Careers. Individual Action and Economic Change.London/Thousand Oaks 1999

Arthur, Michael B.; Rousseau, Denise M. (Hrsg.): The Boundaryless Career. A New Employment Principle for a New Organizational Era. Oxford/New York 1996

Baethge, Martin: Arbeit, Vergesellschaftung, Identität – Zur zunehmenden normativen Subjektivierung der Arbeit.In: Soziale Welt. Zeitschrift für sozialwissenschaftliche Forschung und Praxis 42, 1, 1991, S. 6–19

Baitsch, Christof; Katz, Christian P.: Personalbeurteilung und Geschlecht: Einige Probleme und das Gegenmittel ABAKABA Person. In: Baer, Susanne; Englert, Dietrich (Hrsg.): Gender Mainstreaming in der Personalentwicklung. Diskriminierungsfreie Leistungsbewertung im öffentlichen Dienst. Bielefeld 2006, S. 103–122

Baitsch, Christof; Steiner, Ellen: Zwei tun das Gleiche. Kommunikation zwischen Frauen und Männern im Berufsalltag (DVD mit 15 Kurzfilmen plus Begleittexte und Schulungsmaterial). Zürich 2004

Bardmann, Theodor M.: Wenn aus Arbeit Abfall wird. Aufbau und Abbau organisatorischer Realitäten. Frankfurta. M. 1994

Barlösius, Eva: Über den gesellschaftlichen Sinn der Sinne. In: Koppetsch, Cornelia (Hrsg.): Körper und Status. Zur Soziologie der Attraktivität. Konstanz 2000, S. 17–39

Baumann, Zygmund: Gewalt – modern und postmordern. In: Miller, Max; Soeffner, Hans-Georg (Hrsg.): Modernität und Barbarei. Frankfurt a. M. 1996, S. 36–68

Baumgartner, Hans M. ; Höffe, Otfried ; Wild, Christoph (Hrsg.): Philosophie – Gesellschaft – Planung. Kolloquium, Hermann Krings zum 60. Geburtstag. Bayerisches Staatsinstitut für Hochschulforschung und Hochschulplanung, München 1974

Bausch, Constanze: Die Inszenierung des Sozialen. Erving Goffman und das Performative. In: Wulf, Christoph; Göhlich, Michael; Zirfas, Jörg (Hrsg.): Grundlagen des Performativen. Weinheim und München 2001, S. 203–226

Beck, Ulrich: Das Zeitalter der Nebenfolgen und die Politisierung der Moderne. In: Beck, Ulrich; Giddens, Anthony; Lash, Scott(Hrsg.): Reflexive Modernisierung – Eine Kontroverse. Frankfurt a. M. 1996, S. 19–112

Beck, Ulrich; Giddens, Anthony; Lash, Scott: Reflexive Modernisierung – Eine Kontroverse. Frankfurt a. M. 1996

Becker, Gary S.: Human Capital, Effort, and the Sexual Division of Labor. In: Journal of Labor Economics, Universityof Chicago Press 3, 1, 1985, S. 33–58

Becker, Gary S.: Human Capital: A Theoretical and Empirical Analysis with Special Reference to Education. Chicago1993

Becker, Manfred: Die Rolle der Personalentwicklung. In: Thom, Norbert; Zaugg, Robert J. (Hrsg.): Moderne Personalentwicklung. Mitarbeiterpotenziale erkennen, entwickeln und fördern. Wiesbaden 2009, S.

Becker, Manfred; Schwertner, Anke (Hrsg.): Personalentwicklung als Kompetenzentwicklung. München/Mering 2002

Behr, Michael: Regressive Gemeinschaft oder zivile Vergemeinschaftung? Ein Konzept zum Verständnis posttraditionaler Formen betrieblicher Sozialintegration. In: Zeitschrift für Soziologie 24, 1995, S. 325–344

Bell, Bradford S.; Kozlowski, Steve W. J.: A Typology of Virtual Teams: Implications for Effective Leadership. In: Group & Organization Management 27, 14, 2002, S. 14–49

Bell, Daniel: The Coming of Post-Industrial Society. A Venture in Social Forecasting. New York 1973

Berger, Peter; Luckmann, Thomas: Die gesellschaftliche Konstruktion der Wirklichkeit. Eine Theorie der Wissenssoziologie. Frankfurt a. M. 1969

Blome, Eva; Erfmeier, Alexandra; Gülcher, Nina; Smykalla, Sandra: Handbuch zur universitären Gleichstellungspolitik. Wiesbaden 2005

Bogner, Alexander; Littig, Beate; Menz, Wolfgang: Das Experteninterview. Theorie, Methode, Anwendung. Wiesbaden 2005

Böhle, Fritz; Bolte, Annegret: Die Entdeckung des Informellen. Der schwierige Umgang mit Kooperation im Arbeitsalltag. Frankfurt a. M. 2002

Böhle, Fritz; Bolte, Annegret; Porschen, Stephanie; Pfeiffer, Sabine: Kooperation und Kommunikation in dezentralen Organisationen – Wandel von formalem und informellem Handeln. In: Schulz-Schaeffer, Ingo; Funken, Christiane (Hrsg.): Digitalisierung der Arbeitswelt: Zur Neuordnung formaler und informeller Prozesse in Unternehmen. Wiesbaden 2008, S. 93–115

Bolino, Mark C.; Kacmar, K. Michele; Turneley, William H.; Gilstrap, J. Bruce: A Multi-Level Review of Impression Management Motives and Behaviors. In: Journal of Management 34, 6, 2008, S. 1080–1109

Boltanski, Luc; Chiapello, Ève: Der neue Geist des Kapitalismus. Konstanz 2003

Boos, Magarete Computergestützte Problemstrukturierung in Arbeitsgruppen. In: Boos, Magarete; Jonas; Sassenberg (Hrsg.): Computervermittelte Kommunikation in Organisationen. Göttingen/Bern 2000, S. 73–87

Bosetzky, Horst: Die instrumentelle Funktion der Beförderung. In: Verwaltungsarchiv 63, 1972, S. 372–384

Braczyk, Hans-Joachim: Die möglichen Folgen technisierter Kommunikation in Arbeitsorganisationen. In: Bullinger, Hans-Jörg (Hrsg.): Technikfolgenabschätzung. Stuttgart 1994, S. 211–244

Bratton, John; Gold, Jeffrey: Human Resource Management: Theory and Practice. New York 2001

Braun-Thürmann, Holger: Innovation. Bielefeld 2005

Bridgehead: Archiving Set To Dominate Storage Concerns For 2008. New survey reveals IT departments' top storage concerns as they plan for the New Year. 2007. http://www.bridgeheadsoftware.com/downloads/Press/BH_PR_ILMAudit_Storage_Concerns_for_08.pdf, vom 30.11.2007, letzter Zugriff: 31.03.2008

Bridges, William: The End of the Job. In: Fortune, 1994, http://money.cnn.com/magazines/fortune/fortune_archive/1994/09/19/79751/index.htm

Briscoe, Jon P.; Hall, Douglas T.: The interplay of boundaryless and protean careers: Combinations and implications. In: Journal of Vocational Behavior 69, 1, 2006, S. 4–18

Bröckling, Ulrich: Projektwelten. Anatomie einer Vergesellschaftungsform. In: Leviathan 33, 3, 2005, S. 364–383

Bröckling, Ulrich: Das unternehmerische Selbst: Soziologie einer Subjektivierungsform. Frankfurt a. M. 2007

Bröckling, Ulrich; Krasmann, Susanne; Lemke, Thomas: Glossar der Gegenwart. Frankfurt a. M. 2004

Burt, Ronald S.: Structural Holes. Cambridge [u. a.] 1992

Büser, Tobias: Kompetenzen von Managern: Ergebnisse der angelsächsischen Competency-Forschung. In: Gonon, Philipp; Stolz, Stefanie (Hrsg.): Betriebliche Weiterbildung – Empirische Befunde, theoretische Perspektiven und aktuelle Herausforderungen. Bern 2004, S. 263–278

Büssing, André: Identität und Vertrauen durch Arbeit in virtuellen Organisationen? . In: Boos, Margarete; Jonas, Kai J.; Sassenberg, Kai (Hrsg.): Computervermittelte Kommunikation in Organisationen. Göttingen/Bern 2000, S. 57–70

Büssing, André; Moranz, C.: Initiales Vertrauen in virtualisierten Geschäftsbeziehungen. In: Zeitschrift für Arbeitsund Organisationspsychologie 47, 2003, S. 95–103

Butler, Judith: Psyche der Macht. Das Subjekt der Unterwerfung. Frankfurt a. M. 2001

Castells, Manuel: Der Aufstieg der Netzwerkgesellschaft – Teil 1 der Trilogie „Das Informationszeitalter". Opladen 2001

Castells, Manuel: Die Macht der Identität – Teil 2 der Trilogie „Das Informationszeitalter". Opladen 2002a

Castells, Manuel: Jahrtausendwende – Teil 3 der Trilogie „Das Informationszeitalter". Opladen 2002b

Chi, Michelene T. H.; Feltovich, Paul J.; Glaser, Robert: Categorization and representation of physics problems by experts and novices. In: Cognitive Science 5, 1981, S. 121–152

Clampitt, Phillip G.: Communicating for Managerial Effectiveness. Thousand Oaks 2001

Clement, Michel; Papies, Dominik; Boie, Harder-Johann: Kosten und Kostentreiber von unerwünschten Werbemails – Eine empirische Analyse auf Provider- und Anwenderseite. In: Zeitschrift für Betriebswirtschaft 78, 4, 2008, S. 339–366

Crozier, Michel; Friedberg, Erhard: Die Zwänge kollektiven Handelns. Über Macht und Organisation. Frankfurt a. M. 1993 [1979]

Davenport, Thomas H.; Jarvenpaa, Sirkka L.; Beers, M. C.: Improving Knowledge Work Processes. In: Sloan Management Review Summer, 1996, S. 53–65

Dederichs, Andrea Maria: Struktur und Strukturierung in und von Organisationen. 2000. http://www.tu-harburg.de/tbg/Deutsch/Projekte/Sozionik2/wp5.pdf, vom Januar 2000, letzter Zugriff: 16.03.2010

Degele, Nina: Einführung in die Techniksoziologie. München 2002

Denton, Keith D. : Better decisions with less information. In: Industrial Management 43, 4, 2001, S. 21–25

Denzin, Norman K.: The research act: a theoretical introduction to sociological methods. New York 1989 [1970]

Devine, Patricia G.: Stereotypes and prejudice: Their automatic and controlled components. In: Journal of Personality and Social Psychology 56, 1989, S. 5–18

Dewe, Bernd: Medienkompetenz in der betrieblichen Weiterbildung. 2005. http://www. ccc-ag.de/cms/Downloads/Publikationen/Fachartikel/Medienkompetenz.pdf, vom 14.06.2005, letzter Zugriff: 31.08.2010

Dewe, Bernd; Sander, Uwe: Medienkompetenz und Erwachsenenbildung. In: Rhein, A. v. (Hrsg.): Medienkompetenz als Schlüsselbegriff. Bad Heilbrunn 1996, S. 125–142

Domsch, Michel: Fachlaufbahn – ein Beitrag zur Flexibilisierung und Mitarbeiterorientierung der Personalentwicklung. In: Domsch, Michel; Siemers, Sven (Hrsg.): Fachlaufbahnen. Heidelberg 1994, S. 5–21

Domsch, Michel E.: Chancengleichheit quergedacht: Wer trifft eigentlich die Entscheidungen? In: HR Today Schweizer Human Ressource Management 10, 2009, S. 7–9

Domsch, Michel; Lindner, Christina: Personalentwicklung und Karrieremanagement. Präsentation. 2008. vom 28.10.2008, letzter Zugriff: 18.06.2009

Döring, Nicola: Mediale Kommunikation in Arbeitsbeziehungen. Wie lassen sich soziale Defizite vermeiden? In: Boos, Magarete; Jonas, Kai J.; Sassenberg, Kai (Hrsg.): Computervermittelte Kommunikation in Organisationen. Göttingen/Bern 2000, S. 27–40

Döring, Nicola: Virtuelle Gemeinschaften als Lerngemeinschaften? Zwischen Utopie und Dystopie. 2001. http://www.die-frankfurt.de/zeitschrift/32001/positionen4. htm, vom März 2001, letzter Zugriff: 10.02.2009

Drucker, Peter F.: The Age of Discontinuity. New York 1969

Drucker, Peter F.: Die postkapitalistische Gesellschaft. Düsseldorf, Wien 1993

Drucker, Peter F.: The next society – a survey of the near future. London 2001

Dürscheid, Christa: Medienkommunikation im Kontinuum von Mündlichkeit und Schriftlichkeit. Theoretische und empirische Probleme. In: Zeitschrift für Angewandte Linguistik 38, 2003, S. 35–54

Edwards, Paul; Wajcman, Judy: The Politics of Working Life. New York 2005

Ellrich, Lutz; Funken, Christiane: Problemfelder der Emergenz. Vorüberlegungen zur informatischen Anschlußfähigkeit soziologischer Begriffe. In: Malsch, Thomas

(Hrsg.): Sozionik. Soziologische Ansichten über künstliche Sozialität. Berlin 1998, S. 345 – 393

Faust, Michael: Der „Arbeitskraftunternehmer" – eine Leitidee auf dem ungewissen Weg der Verwirklichung. In: Kuda, Eva (Hrsg.): Arbeitnehmer als Unternehmer? Herausforderungen für Gewerkschaften und berufliche Bildung. Hamburg 2002, S. 56–80

Fayol, Henri: Administration Industrielle et Generale (deutsch: Allgemeine und industrielle Verwaltung). München [Paris] 1929 [1916]

Ferran, Carlos; Watts, Stephanie: Videoconferencing in the Field: A Heuristic Processing Model. In: Management Science 54, 2008, S. 1565–1578

Festinger, Leon: A theory of social comparison processes. In: Human Relations 7, 1954, S. 117–40

Field, David: Der Körper als Träger des Selbst. In: Hammerich, Kurt; Klein, Michael (Hrsg.): Materialien zur Soziologie des Alltags. Opladen 1978, S. 244–264

Fielding, Nigel G. ; Fielding, Jane L.: Linking Data. London 1986

Fiske, Susan T.: Stereotyping, prejudice and discrimination. In: Gilbert; Fiske; Lindzey (Hrsg.): The handbook of social psychology. Boston 1998, S. 357–411

Flick, Uwe; von Kardorff, Ernst; Keupp, Heiner; von Rosenstiel, Lutz; Wolff, Stephan (Hrsg.): Handbuch qualitative Sozialforschung – Grundlagen, Konzepte, Methoden und Anwendungen. München 1991

Franck, Georg: Ökonomie der Aufmerksamkeit. Ein Entwurf. München [u. a.] 1998

Frenzel, Karolina; Sottong, Hermann; Müller, Michael: Storytelling – Studie zum Thema Frauen und Führung. Bleibt Dornröschen ungeküsst? München 2001

Fried, Andrea; Wetzel, Ralf; Baitsch, Christof: Leistungsbeurteilung und Geschlechtsdiskriminierung. Kritisch konstruktive Bemerkungen. In: Arbeit 10, 2, 2001, S. 122–134

Friedberg, Erhard: Zentrale Begriffe der strategischen Organisationsanalyse – Manuskript. 1984

Friedli, Vera: Die betriebliche Karriereplanung. Bern 2002

Friedli, Vera: Betriebliche Karriereplanung. In: Thom, Norbert; Zaug, Robert J. (Hrsg.): Moderne Personalentwicklung. Wiesbaden 2009, S. 247–261

Frieling, Ekkehard; Kauffeld, Simone; Grote, Sven; Bernard, Heike: Flexibilität und Kompetenz. Schaffen flexible Unternehmen kompetente und flexible Mitarbeiter? Münster [u. a.] 2000

Fuchs, Jürgen: Die neue Art – Karriere in schlanken Unternehmen. In: Harvard Business Manager 20, 4, 1998, S. 83–91

Füchtner, Stephan: Karriereplanung im Wandel. In: Personal. Zeitschrift für Human Ressource Management 12, 1998, S. 602–607

Funken, Christiane: Geld statt Macht? Weibliche und männliche Karrieren im Vertrieb – eine organisationstheoretische Studie. Frankfurt a. M. 2004

Funken, Christiane: Digitalisierung betrieblicher Kommunikation. In: Thimm, Caja; Wehmeier, Stefan (Hrsg.): Organisationskommunikation online: Grundlagen, Fallbeispiele, empirische Ergebnisse. Frankfurt am Main/New York 2008, S. 107–123

Funken, Christiane: Hacker. In: Moebius, Stephan; Schroer, Markus (Hrsg.): Diven, Hacker, Spekulanten. Frankfurt a. M. 2010, S. 190–205

Funken, Christiane „Managerinnen 50plus" – Karrierekorrekturen beruflich erfolgrei-
cher Frauen in der Lebensmitte. Hg.: BMFSFJ, Berlin 2011
Funken, Christiane; Fohler, Susanne: (Sich) Verkaufen. Zur modernitäts- und geschlechts-
spezifischen Bedeutung der ‚Geldkarriere' im Vertrieb. In: Dackweiler, Regina-
Maria; Hornung, Ursula (Hrsg.): Frauen – Macht – Geld. Münster 2003, S. 164–183
Funken, Christiane; Ingenschay, Cosima; Oloff, Aline: careers@communication. Digitalisierte Kommunikation in Unternehmen. Karrierehindernis oder -chance für
Frauen? Abschließender Bericht zum Forschungsprojekt im Auftrag von BMWA
und BMBWK (Österreich). Berlin 2008
Funken, Christiane; Schulz-Schaeffer, Ingo: Das Verhältnis von Formalisierung und In-
formalität betrieblicher Arbeits- und Kommunikationsprozesse und die Rolle der
Informationstechnik. In: Funken, Christiane; Schulz-Schaeffer, Ingo (Hrsg.): Digi-
talisierung der Arbeitswelt: Zur Neuordnung formaler und informeller Prozesse
in Unternehmen. Wiesbaden 2008a, S. 11–39
Funken, Christiane; Schulz-Schaeffer, Ingo (Hrsg.): Digitalisierung der Arbeitswelt: Zur
Neuordnung formaler und informeller Prozesse in Unternehmen. Wiesbaden
2008b
Gemünden, Hans Georg; Hölzle, Katharina: Ergebnispräsentation der Best Practice
Studie „Karrieren im Projektmanagement". Vortrag für das PMI-Chapter Berlin/
Brandenburg am 29. Juni 2006 an der TU-Berlin. 2006 http://www.pmi-berlin.org/
files/060629/062906_PraesentationPMI_kurz.pdf, vom 29.06.2006, letzter Zugriff:
22.06.2009
Gerst, Detlef: „Arbeitskraftunternehmer" – Leitbild der neoliberalen Arbeitsgesellschaft?
In: Forum Wissenschaft,2, 2005, http://www.bdwi.de/forum/archiv/themen/arbeit/
www.boeckler.de/pdf/97626.html
Giddens, Anthony: The Constitution of Society: Outline of the Theory of Structuration.
Cambridge 1984
Giddens, Anthony: The consequences of modernity. Cambridge 1990
Glick, Peter; Fiske, S. T. : Sexism and other „isms": Interdependence, status, and the
ambivalent content of stereotypes. In: W. B. Swann, J. H. Langlois, & L. A. Gilbert
(Hrsg.): Sexism and stereotypes in modern society: The gender science of Janet
Taylor Spence. Washington DC 1999, S. 193–221
Goffman, Erving: Behavior in Public Places. Notes on the Social Organization of Gathe-
ring. New York 1963
Goffman, Erving: Stigma : über Techniken der Bewältigung beschädigter Identität.
Frankfurt a. M. 1973
Goffman, Erving: Rahmen-Analyse. Ein Versuch über die Organisation von Alltags-
erfahrungen. Frankfurt a. M. 1980
Goffman, Erving: Wir alle spielen Theater. München 1983
Goffman, Erving: The Presentation of Self in Everyday Life Harmondsworth 1984
Grabbe, Yvonne; Berger, Judith; Nolting, Hans-Dieter; Krämer, Katrin: DAK Gesund-
heitsreport 2005. Arbeitsplatz Büro. 2006. http://www.presse.dak.de/ps.nsf/Show
/4BCAECFA1C8901C4C125726B0043C0E7/$File/Bueroberufe_Teil_123_2kpl.pdf,
vom 07.09.2006, letzter Zugriff: 31.01.2008
Graham, Paul: Hackers and Painters: Big Ideas from the Computer Age. Sebastopol 2004

Guadagno, Rosanna E.; Cialdini, Robert B.: Gender Differences in Impression Management in Organizations: A Qualitative Review. In: Sex Roles, 56, 2007, S. 483–494

Güldenberg, Stefan: Wissensmanagement und Wissenscontrolling in lernenden Organisationen: ein systemtheoretischer Ansatz. Wiesbaden 2004 [1997]

Gurtner, Hans; Habermayr, Jürg; Schmid, Barbara Saskia: Mentoring bei der Schweizerischen Post. In: Thom, Norbert; Zaugg, Robert J. (Hrsg.): Moderne Personalentwicklung. Wiesbaden 2007, S. 161–174

Habermas, Jürgen: Vorbereitende Bemerkungen zu einer Theorie der kommunikativen Kompetenz. In: Habermas, Jürgen; Luhmann, Niklas (Hrsg.): Theorie der Gesellschaft oder Sozialtechnologie. Frankfurt a. M. 1971, S. 101–141

Hall, Douglas T; Moss, J.E.: The new protean career contract: Helping organizations and employees adapt. In: Organizational Dynamics 26, 3, 1998, S. 22–37

Hall, Douglas T.; Mirvis, Philipp .H. : The new career contract: developing the whole person at midlife and beyond. In: Journal of Vocational Behavior 47, 3, 1995, S. 269–289

Haythornthwaite, Caroline; Wellman, Barry; Garton, Laura: Arbeit und Gemeinschaft bei computervermittelter Kommunikation. In: Thiedeke, Udo (Hrsg.): Virtuelle Gruppen. Charakteristika und Problemdimensionen. Wiesbaden 2000, S. 355–392

Heidenreich, Martin; Kirch, Brigitte; Mattes, Jannika: Die organisatorische Einbettung von Informationstechnologien in einem globalen Entwicklungsprojekt. In: Funken, Christiane; Schulz-Schaeffer, Ingo (Hrsg.): Digitalisierung der Arbeitswelt: Zur Neuordnung formaler und informeller Prozesse in Unternehmen. Wiesbaden 2008, S. 193–219

Heidling, Eckard: Strategische Netzwerke. Koordination und Kooperation in asymmetrisch strukturierten Netzwerken.In: Weyer, Johannes (Hrsg.): Soziale Netzwerke. Konzepte und Methoden der sozialwissenschaftlichen Netzwerkforschung. München/Wien 2000, S. 63–85

Heintz, Bettina: Ohne Ansehen der Person? De-Institutionalisierungsprozesse und geschlechtliche Differenzierung. In: Wilz, Sylvia Marlene (Hrsg.): Geschlechterdifferenzen – Geschlechterdifferenzierungen. Ein Überblick über die gesellschaftliche Entwicklung und theoretische Positionen. Wiesbaden 2008, S. 231–252

Heintz, Bettina; Nadai, Eva; Fischer, Regula: Ungleich unter Gleichen. Studien zur geschlechtsspezifischen Segregation des Arbeitsmarktes. Frankfurt a. M. 1997

Helga Stödter Stiftung: Ansichtssache: Potenziale & Vielfalt – Umfrage zum Fachkongreß WomenPower 2008. 2009. http://files.messe.de/cmsdb/001/18317.pdf, vom 26.03.2009, letzter Zugriff: 03.09.2010

Henn, Monika: Die Kunst des Aufstieg. Frankfurt a. M./New York 2008

Hertel, Guido; Geister, Susanne; Konradt, Udo: Managing Virtual Teams. A review of current empirical research. In: Human Resource Management Review 15, 2005, S. 69–95

Hinz, Thomas; Gartner, Hermann: Geschlechtsspezifische Lohnungleichheit in Betrieben, Berufen und Jobzellen. In: Berliner Journal für Soziologie 19, 2009, S. 557–575

Hirschauer, Stefan: Das Vergessen des Geschlechts. Zur Praxeologie einer Kategorie sozialer Ordnung. In: Kölner Zeitschrift für Soziologie und Sozialpsychologie Sonderheft 41, 2001, S. 208–235

Hirschfelder, Gunther; Huber, Birgit (Hrsg.): Die Virtualisierung der Arbeit. Zur Ethnographie neuer Arbeits- und Organisationsformen. Frankfurt a. M./New York 2004

Hofbauer, Johanna: Kontinuität und Wandel in betrieblichen Geschlechterbeziehungen – an Beispielen zur Mobilitäts- und Zeitkonkurrenz im Management. In: Goldberg, Christine; Rosenberger, Sieglinde (Hrsg.): Karriere – Frauen – Konkurrenz. Innsbruck 2002, S. 15–40

Höge, Helmut: Der Projektemacher als postmodernes Massenphänomen. In: Krajewski, Markus (Hrsg.): Projektemacher.Zur Produktion von Wissen in der Vorform des Scheiterns. Berlin 2004, S. 218–243

Holly, Werner: Zur Rolle von Sprache in Medien. Semiotische und. kommunikationsstrukturelle Grundlagen. In: Muttersprache 1, 1997, S. 64–75

Holtgrewe, Ursula: Flexible Menschen in flexiblen Organisationen. Berlin 2006

Holtgrewe, Ursula: Die Organisation der Ausblendung: Der „neue Geist des Kapitalismus" und die Geschlechterverhältnisse. In: FORBA Schriftenreihe 1, März 2007, 2007, S. 1–30

Holtgrewe, Ursula; Brand, Andreas: Die Projektpolis bei der Arbeit. Open-Source-Software-Entwicklung und der „neue Geist des Kapitalismus. In: Österreichische Zeitschrift für Soziologie 32, 3, 2007, S. 1011–1070

Holtgrewe, Ursula; Voswinkel, Stephan: Anerkennung und Subjektivierung von Arbeit (Vortrag für die Sitzung der Sektion Arbeits- und Industriesoziologie am 28./29.6.2002). 2002. http://soziologie.uni-duisburg.de/personen/holtgrewe/uhsvindsoz02.pdf, vom 29.6.2002, letzter Zugriff: 02.09.2010

Holtgrewe, Ursula; Voswinkel, Stephan; Wagner, Gabriele (Hrsg.): Anerkennung und Arbeit. Konstanz 2000

Hördt, Olga: Frauen in der Unternehmensberatung. Empirische Analyse zur geschlechterspezifischen Segregation. Wiesbaden 2002

Hornberger, Sonia: Individualisierung in der Arbeitswelt. Frankfurt a. M. [u. a.] 2006

Illouz, Eva: Die Errettung der modernen Seele. Therapien, Gefühle und die Kultur der Selbsthilfe. Frankfurt a M. 2009

Jäckel, Micheal: Ein Spiel zwischen Personen. Funktionen und Folgen der elektronischen Kommunikation in Unternehmen. In: Funken, Christiane; Schulz-Schaeffer, Ingo (Hrsg.): Digitalisierung der Arbeitswelt: Zur Neuordnung formaler und informeller Prozesse in Unternehmen. Wiesbaden 2008, S. 119–142

Jäger, Wieland; Weinzierl, Ulrike: Moderne soziologische Theorien und sozialer Wandel. Wiesbaden 2007

Jansen, Stephan: Coopetition als Form der Konkurrenz. Typen, Funktionen und Voraussetzungen von paradoxen Koordinationsformen. In: Jansen, Stephan A.; Schleissing, Stephan (Hrsg.): Konkurrenz und Kooperation. Beiträge zu einer interdisziplinären Theorie. Marburg 2000, S. 13–64

Jarvenpaa, Sirkka L.; Leidner, Dorothy E.: Communication and Trust in global virtual Teams. In: Organization Science 10, 1999, S. 791–815

Kalkowski, Peter; Mickler, Otfried (2002): Zwischen Emergenz und Formalisierung – Zur Projektifizierung von Organisation und Arbeit in der Informationswirtschaft. In: SOFI-Mitteilungen Nr. 30. http://www.sofi-goettingen.de/fileadmin/Peter_Kalkowski/Material/kalkowski._SOFI_Mitt_30.pdf

Kalkowski, Peter; Mickler, Otfried: Antinomien des Projektmanagements. Eine Arbeitsform zwischen Direktive und Freiraum. Berlin 2009
Kels, Peter: Arbeitsvermögen und Berufsbiografie: Karriereentwicklung im Spannungs-
feld zwischen Flexibilisierung und Subjektivierung. Wiesbaden 2008
Kels, Peter: Arbeitsvermögen und Berufsbiografie. Karriereentwicklung im Spannungs-
feld zwischen Flexibilisierung und Subjektivierung. Wiesbaden 2009
Keyl, Eberhard: Projektmanagement als Beruf: zu Prozessen und Strategien der Profilie-
rung einer neuen Organisationsfunktion. Dissertation, Universität Tübingen, 2007
Kieser, Alfred (Hrsg.): Organisationstheorien. Stuttgart/Berlin 2001
Kieserling, André: Interaktion in Organisationen. In: Dammann, Klaus; Grunow, Dieter;
Japp, Klaus P. (Hrsg.): Die Verwaltung des politischen Systems. Opladen 1994,
S. 168–182
Kiesler, Sara; Siegel, Jane; McGuire, Timothy W. : Social psychological aspects of compu-
ter-mediated communication. In: American Psychologist 39, 1984, S. 1123–1134
Kleemann, Frank; Matuschek, Ingo: Informalisierung als Komplement der Informatisie-
rung von Arbeit. In: Schulz-Schaeffer, Ingo; Funken, Christiane (Hrsg.): Digitali-
sierung der Arbeitswelt. Zur Neuordnung formaler und informeller Prozesse in
Unternehmen. Wiesbaden 2008, S. 43–68
Kleemann, Frank; Matuschek, Ingo; Voß, G. Günter: Subjektivierung von Arbeit. Ein
Überblick zum Stand der soziologischen Diskussion. In: Moldaschl, Manfred; Voß,
G. Günter (Hrsg.): Subjektivierung von Arbeit. München/Mering 2002, S. 53–100
Kleinberger Günther, Ulla: Kommunikation in Betrieben. Wirtschaftslinguistische As-
pekte der innerbetrieblichen Kommunikation. Bern/Berlin 2003
Klopotek, Felix: Projekt. In: Bröckling, Ulrich; Krasmann, Susanne; Lemke, Thomas
(Hrsg.): Glossar der Gegenwart.2004, S. 216–221
Knoblauch, Hubert: Arbeit als Interaktion. Informationsgesellschaft, Post-Fordismus und
Kommunikationsarbeit.In: Soziale Welt 47, 1996, S. 344–362
Knoblauch, Hubert: Wissenssoziologie. Konstanz 2005
Knoblauch, Hubert: Von der Kompetenz zur Performanz. Wissenssoziologische Aspekte
der Kompetenz. In: Kurtz, Thomas; Pfadenhauer, Michaela (Hrsg.): Soziologie der
Kompetenz. Wiesbaden 2010, S. 237–255
Koch, Gertrud: Auge und Affekt. Frankfurt am Main 1995
Konradt, Udo: Anforderungen an das Personal und veränderte Karrieren unter vernetz-
ter Arbeit. In: Konradt, Udo;Hertel, Guido (Hrsg.): Human Resource-Manage-
ment im Inter- und Intranet. Göttingen 2004, S. 16–32
Krais, Beate: Bildung als Kapital: Neue Perspektiven für die Analyse der Sozialstruktur.
In: Kreckel, Reinhard (Hrsg.): Soziale Ungleichheiten. Sonderband der Soziale
Welt 2. Göttingen 1983, S. 198–220
Krajewski, Markus: Über Projektemacherei. Eine Einführung. In: Krajewski, Markus
(Hrsg.): Projektemacher. Berlin 2004, S. 7–27
Krallmann, Dieter; Ziemann, Andreas: Grundkurs Kommunikationswissenschaft. Mün-
chen 2001
Kramer, Roderick Moreland ; Cook, Karen S.: Trust and Distrust in Organizations. Di-
lemmas and Approaches. New York 2004

Kriesel, Verena; Nja, Nicole: Projektarbeit als Qualifizierungsmethode für Nachwuchsführungskräfte. In: Mannheimer Beiträge zur Wirtschafts- und Organisationspsychologie 4, 1998, S. 23–36

Kuster, Jürg; Huber, Eugen; Lippmann, Robert; Schmid, Alphons; Schneider, Emil;
Witschi, Urs; Wüst, Roger: Handbuch Projektmanagement. Berlin, Heidelberg 2006

Legnaro, Aldo: Performanz. In: Bröckling, Ulrich; Krasmann, Susanne; Lemke, Thomas
(Hrsg.): Glossar der Gegenwart. Frankfurt a. M. 2004, S. 204–209

Lehmann, Maren: Karriere(n) machen? Organisationale und individuelle Grenzen der
Personalentwicklung. In: Becker, Manfred; Rother, Gabriele (Hrsg.): Personalwirt-
schaft in der Unternehmenstransformation. Stabilitas et Mutabilitas. München/
Mering 2003, S. 257–272

Lorber, Judith (Hrsg.): Gender Paradoxien. Opladen 1999

Löther, Andrea: Mentoring für Frauen – Programme an Hochschulen und Forschungs-
einrichtungen. In: CEWSNewsletter, 1, 2001, www.cews.uni-bonn.de

Luhmann, Niklas: Anfang und Ende: Probleme einer Unterscheidung. In: Luhmann,
Niklas/Schorr, Karl Eberhard (Hrsg.): Zwischen Anfang und Ende. Fragen an die
Pädagogik. Frankfurt a. M. 1990, S. 12–24

Mandl, Heinz: Die Blütezeit für Teamarbeit wird erst noch kommen! In: PSYCHOLOGIE
HEUTE AUGUST 1999, S. 36–39

Marks, Gloria; Gonzales, Victor M.; Harris, Justin: No Task left behind? Eximining the
Nature of Fragmented Work.2005. http://www.ics.uci.edu/~gmark/CHI2005.pdf,
vom 15.10.2005, letzter Zugriff: 03.04.2008

Marquard, Odo: Inkompetenzkompensationskompetenz? Über Kompetenz und Inkom-
petenz der Philosophie. In: Hans M. Baumgartner, Otfried Höffe, Christoph Wild
(Hrsg.): Philosophie – Gesellschaft – Planung. Kolloquium, Hermann Krings zum
60. Geburtstag. Bayerisches Staatsinstitut für Hochschulforschung und Hochschulplanung, München 1974, S. 114–125.

Mast, Claudia: Unternehmenskommunikation. Ein Leitfaden. Stuttgart 2002

Matzat, Uwe: Soziale Netzwerke und die Entstehung von Normen in akademischen Online Gruppen. 2002. http://www.uni-duesseldorf.de/~matzat/Soziale-Netzwerke-
Normen.pdf, vom 17.12.2002, letzter Zugriff: 01.04.2008

Mayrhofer, Wolfgang: Personalentwicklung. In: Mayrhofer, Wolfgang (Hrsg.): Personal-
management, Führung, Organisation. Wien 1996, S. 451–491

Mayrhofer, Wolfgang; Meyer, Michael; Steyrer, Johannes: Macht? Erfolg? Reich? Glück-
lich? Einflussfaktoren auf Karrieren. Wien 2005

Mayrhofer, Wolfgang; Meyer, Michael; Steyrer, Johannes; Iellatchitch, Alexander;
Schiffinger, Michael; Strunk, Guido; Erten-Buch, Christiane; Herrmann, Anett;
Mattl, Christine: Einmal gut, immer gut? Einflussfaktoren auf Karrieren in ‚neu-
en' Karrierefeldern. In: Zeitschrift für Personalforschung 16, 3, 2002, S. 392–414

Mayrhofer, Wolfgang; Steyrer, Johannes; Meyer, Michael; Erten, Christiane; Hermann,
Anett; Iellatchitch, Alexander; Mattl, Christine; Strunk, Guido; Dunkel, Amanda:
Towards a habitus based concept of managerial careers. Vortrag. 2000. http://www.
complexity-research.com/pdf/toronto_paper.pdf, vom 20.04.2001, letzter Zugriff:
06.03.2008

Mayring, Philipp: Qualitative Inhaltsanalyse. Grundlagen und Techniken. Weinheim/
Basel 2003

Mayring, Philipp; Gläser-Zikuda, Michaela (Hrsg.): Die Praxis der Qualitativen Inhalts-analyse. Weinheim/Basel 2005

McClelland: Testing for competence rather than for „intelligence". In: American Psycho-logist 28, 1973, S. 1–14

Meuser, Michael; Nagel, Ulrike: Experteninterview. In: Bohnsack, R.; Marotzki, W.; Meuser, Michael (Hrsg.): Hauptbegriffe Qualitativer Sozialforschung. Opladen 2003, S. 57–59

Michalitsch, Gabriele: Die neoliberale Domestizierung des Subjekts. Frankfurt a. M. 2006

Müller-Jentsch, Walther: Organisationssoziologie. Eine Einführung. Frankfurt a. M. 2003

Nalebuff, Barry; Brandenburger, Adam: Coopetition – kooperativ konkurrieren. Mit der Spieltheorie zum Unternehmenserfolg. Frankfurt a. M. 1996

Neckel, Sighard: Die Macht der Unterscheidung. Essays zur Kultursoziologie der mo-dernen Gesellschaft. Frankfurt a. M. 2000

Neckel, Sighard; Dröge, Kai: Die Verdienste und ihr Preis. Leistung in der Marktgesell-schaft. In: Honneth, Axel (Hrsg.): Befreiung aus der Mündigkeit. Paradoxien des gegenwärtigen Kapitalismus. Frankfurt a. M./New York 2002, S. 93–116

Neuberger, Oswald: Mikropolitik und Moral in Organisationen. Stuttgart 2006

Nickel, Hildegard M.; Hüning, Hasko; Frey, Michael; Braun, Susanne: Subjektivierung, Verunsicherung, Eigensinn. Berlin 2008

Nohria, Nitin; Eccles, Robert: Face-to-Face: Making Network Organizations work. In: Nohria, Nitin; Eccles, Robert (Hrsg.): Networks and Organizations. Structure, Form and Action. Boston Massachusetts 1992, S. 288–308

Nolte, Barbara; Heidtmann, Jan: Die da oben. Innenansichten aus deutschen Chefetagen. Frankfurt a. M. 2009

Ohlendieck, Lutz: Gender Trouble in Organisationen und Netzwerken. In: Pasero, Ursula; Weinbach, Christine (Hrsg.): Frauen, Männer, Gender Trouble. Frank-furt a. M. 2003, S. 171–185

Opitz, Sven: Gouvernementalität im Postfordismus. Macht, Wissen und Techniken des Selbst im Feld unternehmerischer Rationalität. Hamburg 2004

Opitz, Sven: Auf der Suche nach der Bedeutsamkeit. ‚Leidenschaftliche Verhaftungen' der subjektivierten Arbeitskraft. In: Weiß, Volker; Speck, Sarah (Hrsg.): Herr-schaftsverhältnisse und Herrschaftsdiskurse. Essays zur dekonstruktivistischen Herausforderung kritischer Gesellschaftstheorie. Berlin 2007, S. 117–132

Ortmann, Günther: Mikropolitik. In: Heinrich, Peter; Wiesch, Jochen Schulz zur (Hrsg.): Wörterbuch der Mikropolitik. Opladen 1998, S. 1–5

Ortmann, Günther; Sydow, Jörg; Windeler, Arnold: Organisation als reflexive Struk-turation. In: Ortmann, Günther; Sydow, Jörg; Türk, Klaus (Hrsg.): Theorien der Organisation. Wiesbaden 2000 [1997], S. 315–354

Pavitt, Keith: Innovation Processes. In: Fagerberg, Jan; Mowery, David C.; Nelson, Richard R. (Hrsg.): The Oxford Handbook of Innovation. Oxford 2005, S. 86–114

Peiperl, Maury; Arthur, Michael B.; Coffee, Rob; Morris, Timothy (Hrsg.): Career Fron-tiers: New Conceptions of Working Lives. Oxford 2000

Peiperl, Maury; Baruch, Yehuda: Back to Square Zero: The Post-Corporate Career. In: Organisational Dynamics 25, 4, 1997, S. 7–22

Peters, Sybille; Schmicker, Sonja; Weinert, Sybille: Flankierende Personalentwicklung durch Mentoring. München/Mering 2004

Pfadenhauer, Michaela: Rollenkompetenz. Träger, Spieler und Professionelle als Akteure für die hermeneutische Wissenssoziologie. In: Hitzler, Ronald; Reichertz, Jo; Schröer, Norbert (Hrsg.): Hermeneutische Wissensoziologie.Konstanz 1999, S. 267–288

Pfadenhauer, Michaela: Professionalität. Eine wissenssoziologische Rekonstruktion institutionalisierter Kompetenzdarstellungskompetenz. Opladen 2003

Pfadenhauer, Michaela (Hrsg.): Professionelles Handeln. Wiesbaden 2005

Pfadenhauer, Michaela; Kurtz, Thomas: Soziologische Kompetenzforschung. Wiesbaden 2010

Pfadenhauer, Michaela; Mieg, Harald (Hrsg.): Professionelle Leistung – Professional Performance. Positionen der Professionssoziologie. Konstanz 2003

Picot, Arnold; Neuburger, Rahild: Characteristics of Virtual Networks. In: Theurl, Theresia (Hrsg.): Economics of Interfirm Networks. Tübingen 2005, S. 79–90

Picot, Arnold; Neuburger, Rahild: Arbeitsstrukturen in virtuellen Organisationen. In: Funken, Christiane; Schulz-Schaeffer, Ingo (Hrsg.): Digitalisierung der Arbeitswelt: Zur Neuordnung formaler und informeller Prozesse in Unternehmen. Wiesbaden 2008, S. 221–238

Picot, Arnold; Reichwald, Ralf; Wigand, Rolf T.: Die grenzenlose Unternehmung. Wiesbaden 2003 [1996]

Pongratz, Hans J.: Vom Arbeitnehmer zum Arbeitskraftunternehmer. Zur Entgrenzung der Ware Arbeitskraft. In: Minssen, Heiner (Hrsg.): Begrenzte Entgrenzungen. Wandlungen von Organisation und Arbeit. Berlin 2000, S. 225–247

Pongratz, Hans J.; Voß, G. Günter: Erwerbstätige als „Arbeitskraftunternehmer". In: sowi – Sozialwissenschaftliche Information 30, 4, 2001, S. 42–52

Pongratz, Hans J.; Voß, G. Günter: Arbeitskraftunternehmer. Erwerbsorientierungen in entgrenzten Arbeitsformen. Berlin 2003

Pranz, Sebastian: Theatralität digitaler Medien. Wiesbaden 2009

Pribilla, Peter; Reichwald, Ralf; Goecke, Robert: Telekommunikation im Management. Strategien für den globalen Wettbewerb. Stuttgart 1996

Prisching, Manfred: Seelentraining. Über eine neue Dimension der Karrierepolitik. In: Hitzler, Ronald; Pfadenhauer, Michaela (Hrsg.): Karrierepolitik. Beiträge zur Rekonstruktion erfolgsorientierten Handelns. Opladen 2003, S. 53–70

Prisching, Manfred: Das Selbst – Die Maske – Der Bluff – Über die Inszenierung der eigenen Person. Wien/Graz/Klagenfurt 2009

Probst, Gilbert J. B.; Raub, Steffen P.; Romhardt, Kai: Wissen managen. Wie Unternehmen ihre wertvollste Ressource optimal nutzen. Frankfurt a. M./Wiesbaden 1998

Quinn, James Brian: The Intelligent Enterprise a New Paradigm. In: The Executive 6, 4, 1992, S. 48–63

Raabe, Babette; Schmitz, Ulrich: Personalentwicklung für virtuelle Arbeitsformen. In: Hertel, Guido; Konradt, Udo (Hrsg.): Human Resource Management im Intra- und Internet. Göttingen 2007, S. 294–312

Rammert, Werner: Technik aus soziologischer Perspektive. Opladen 1993

Rammert, Werner: Technik aus soziologischer Perspektive 2: Kultur, Innovation, Virtualität. Wiesbaden 2000 [1993]

Rastetter, Daniela: Kompetenzmodelle und die Subjektivierung von Arbeit. Verbindungslinien zweier arbeitswissenschaftlicher Ansätze. In: Schreyögg, Georg; Conrad, Peter (Hrsg.): Management von Kompetenz. Wiesbaden 2006, S. 163–199

Reckwitz, Andreas: Das hybride Subjekt. Eine Theorie der Subjektkulturen von der bürgerlichen Moderne zur Postmoderne. 2006

Reichwald, Ralf; Bastian, Christina: Führung von Mitarbeitern in verteilten Organisationen. In: Egger, Anton; Grün, Oskar; Moser, Reinhard (Hrsg.): Managementinstrumente und -konzepte. Stuttgart 1999, S. 141–162

Reichwald, Ralf; Möslein, Kathrin: Organisation: Strukturen und Gestaltung. Arbeitsberichte des Lehrstuhls für Allgemeine und Industrielle Betriebswirtschaftslehre an der Technischen Universität München 14. München 1997

Reichwald, Ralf; Möslein, Kathrin; Sachenbacher, H.; Englberger, H.; Oldenburg, S.: Telekooperation – verteilte Arbeits- und Organisationsformen. Berlin 1998

Remdisch, Sabine; Utsch, Andreas: Führen auf Distanz. Neue Herausforderungen für Organisation und Management. In: OrganisationsEntwicklung 3, 2006, S. 32–43

Resch, Martin: Die Handlungsregulation geistiger Arbeit. Bestimmung und Analyse geistiger Arbeitstätigkeiten in der industriellen Produktion. Bern [u. a.] 1988

Reuters Ltd.: Glued to the Screen: An investigation into information addiction worldwide covered 1,000 managers in the UK, the US, Germany, Singapore, Hong Kong and Ireland. London 1997

Rice, Ronald E.; Gattiker, Urs: New Media and organizational Structuring. In: Jablin, Frederic M.; Putnam, Linda L (Hrsg.): The new handbook of organizational communication : advances in theory, research, and methods. 2001, S. 554–581

Ridder, Hans-Gerd: Vom Faktoransatz zum Human Resource Management. In: Schreyögg, Georg; Conrad, Peter (Hrsg.): Theorien des Managements. Wiesbaden 2002, S. 211–240

Ridgeway, Cecilia L.: Interaktion und die Hartnäckigkeit des Geschlechter-Ungleichheit in der Arbeitswelt. In: Heintz, Bettina (Hrsg.): Geschlechtersoziologie. Wiesbaden 2001, S. 250–275

Riesenfelder, Andreas; Schelepa, Susanne; Wetzel, Petra: Karrieretypen im naturwissenschaftlich technischen Arbeitsfeld. Wien 2006

Roethlisberger, Fritz; Dickson, William: Management and the Worker. Cambridge 1939

Rosenfeld, Paul; Giacalone, Robert A.; Riordan, Catherine A.: Impression Management in Organizations. Theory, Measurement, Practice. London/New York 1995

Rotter, Julian B.: A new scale for the measurement of interpersonal trust In: Journal of Personality 35, 1967, S. 651–665

Rubin, Gayle: The Traffic in Women: Notes on the ‚Political Economy' of Sex. In: Reiter, Rayna (Hrsg.): Toward an Anthropology of Women. New York 1975, S. 157–210

Rudman, Laurie, A.: Self-promotion as a risk factor for women: The costs and benefits of counter-stereotypical impression management. In: Journal of Personality and Social Psychology 74, 1998, S. 629–645

Rudman, Laurie A.; Glick, Peter: Feminized management and backlash toward agentic women: The hidden costs to women of a kinder, gentler image of middle-managers. In: Journal of Personality and Social Psychology 77, 1999, S. 1004–1010

Runia, Peter: Soziales Kapital als Ressource der Karrierepolitik. In: Hitzler, Ronald; Pfadenhauer, Michaela (Hrsg.): Karrierepolitik. Opladen 2003, S. 149–158

Sanne, Christoph: Kompetenzmanagement mit dem Siemenskompetenzmodell. In: Rosenstiel, Lutz von; Pieler, Dirk; Glas, Peter (Hrsg.): Strategisches Kompetenzmanagement. Von der Strategie zur Kompetenzentwicklung in der Praxis. Wiesbaden 2004, S. 159–168

Sassenberg, Kai: Räumlich getrennt gemeinsam entscheiden. In: Boos, Magarete; Jonas, Kai J.; Sassenberg, Kai (Hrsg.): Computervermittelte Kommunikation in Organisationen. Göttingen/Bern 2000, S. 103–113

Sattelberger, Thomas: Karrieren im Wandel. In: Sattelberger, Thomas (Hrsg.): Handbuch der Personalberatung. München 1999, S. 20–36

Schade, Sigried: Körper zwischen den Spiegeln: Selbstinszenierungen in Videos, Filmen und Kunst von Frauen. In: Barz, Sabine; Fuchs, Sabine; Kaufmann, Margrit; Lauser, Andrea (Hrsg.): Körperbilder-Körperpolitiken. Bremen 1998 S. 37–54

Scheidegger, Nicoline; Osterloh, Margit: Karriere und Geschlecht – eine netzwerktheoretische Analyse. In: Funder, Maria; Dörhöfer, Steffen; Rauch, Christian (Hrsg.): Jenseits der Geschlechterdifferenz? München/Mering 2005a, S. 123–137

Scheidegger, Nicoline; Osterloh, Margit: Organisation und Geschlecht – Eine Netzwerkperspektive. Welche Netzwerkstruktur fördert die Karrieremobilität? In: Krell, Gertraude (Hrsg.): Betriebswirtschaftslehre und Gender Studies. Wiesbaden 2005b, S. 141–156

Scheitler, Christine: Soziale Kompetenzen als strategischer Erfolgsfaktor für Führungskräfte. Frankfurt a. M. [u. a.] 2005

Scherm, Martin; Kaufel, Sven: 360-Grad-Feedback. In: Jöns, Ingela; Bungard, Walter (Hrsg.): Feebackinstrumente im Unternehmen. Grundlagen, Gestaltungshinweise, Erfahrungsberichte. Wiesbaden 2005, S. 113–127

Schiersmann, Christiane; Thiel, Heinz-Ulrich: Organisationsentwicklung: Prinzipien und Strategien von Veränderungsprozessen. Wiesbaden 2009

Schmidtchen, Dieter: Wettbewerb und Kooperation (Co-opetition). Neues Paradigma für Wettbewerbstheorie und Wettbewerbspolitik? In: Zentes, Joachim; Swoboda, Bernhard; Morschett, Dirk (Hrsg.): Kooperationen, Allianzenund Netzwerke. Grundlagen, Ansätze, Perspektiven. Wiesbaden 2003, S. 65–90

Schmiede, Rudi: Wissen, Arbeit und Subjekt im „Informational Capitalism". In: Dunkel, Wolfgang; Sauer, Dieter (Hrsg.): Von der Allgegenwart der verschwindenden Arbeit. Neue Herausforderungen für die Arbeitsforschung. Berlin 2006, S. 45–66

Schneider, Iris; Fachkongress WomenPower; Helga-Stödter-Stiftung: Ansichtssache: Führung. Umfrage zu Führungskompetenz, Unternehmenskultur und Work-Life-Balance. Fachkongress WomenPower 2007. 2007. http://www.fif-stormarn. de/files/AnsichtssacheFuehrung.pdf, vom 11.09.2007, letzter Zugriff: 20.08.2009

Schonert: Interorganisationale Wertschöpfungsnetzwerke in der deutschen Automobilindustrie. Die Ausgestaltung von Geschäftsbeziehungen am Beispiel internationaler Standortentscheidungen. Wiesbaden 2008

Schrage, Dominik: Das „hybride Subjekt" – ein klassifikatorisches Modell kultureller Modernisierung. In: Soziologische Revue 31, 1, 2008, S. 34–42

Schraps, Ulrike: Frauen und Männer im IT-Bereich. Mehr Chancengleichheit durch neue Arbeitsformen? Dissertation, Freie Universität Berlin, 2006

Schütt, Peter: Reputation – die neue Währung des Wissensmanagements. In: Wissensmanagement 5, Juli, 2008, S. 10–12

Schütz, Alfred: Der sinnhafte Aufbau der sozialen Welt. Eine Einleitung in die verstehende Soziologie. Frankfurt a. M. 1974

Schützeichel, Rainer: Soziologische Kommunikationstheorien. Konstanz 2004

Schwarzbach, Freya: Entscheidungsfindung in Projektteams. Zum Umgang mit unterschiedlichen Perspektiven und Rationalitäten. München/Mering 2005

Sennett, Richard: Der flexible Mensch. Die Kultur des neuen Kapitalismus. Berlin 1998

Simpson, Ruth: Presenteeism, Power and Organizational Change: Long Hours as a Career Barrier and the Impact on the Working Lives of Women Managers. In: British Journal of Management 9, 1, 1998, S. 37–50

Sinus Sociovision: Frauen in Führungspositionen. Barrieren und Brücken. 2010. http://www.bmfsfj.bund.de/RedaktionBMFSFJ/Broschuerenstelle/Pdf-Anlagen/frauen-in-f_C3_BChrungspositionen-deutsch,property=pdf,bereich=bmfsfj,sprache=de,rwb=true.pdf, vom 16.08.2010, letzter Zugriff: 03.09.2010

SKP, Stoebe, Kern und Partner: Management-Summary der SKP-Studie 2008. 2008. http://hugin.info/139456/R/1267197/279548.pdf, vom 15.09.2008, letzter Zugriff: 03.09.2010

Soeffner, Hans-Georg: Auslegung des Alltags – Der Alltag der Auslegung: Zur wissenssoziologischen Konzeption einer sozialwissenschaftlichen Hermeneutik. Konstanz 2004

SofTrust Consulting: E-Mail-Nutzung im Unternehmen. Ergebnisse einer Umfrage von SofTrust Consulting bei deutschen, österreichischen und Schweizer Unternehmen. 2007. http://www.softrust.com/docs/E-Mail-Anwender-Studie_Mai07_V1.0.pdf, vom Mai 2007, letzter Zugriff: 03.05.2010

Spencer, Signe M.; Spencer, Lyle M.: Competence at Work: Models for Superior Performance. New York 1993

Sproull, Lee; Kiesler, Sara: Reducing social context cues: Electronic mail in organizational communication. In: Management Science 32, 11, 1986, S. 1492–1512

Statistisches Bundesamt: Klassifikation der Wirtschaftszweige 2008. 2008. http://www.destatis.de/jetspeed/portal/cms/Sites/destatis/Internet/DE/Content/Klassifikationen/GueterWirtschaftklassifikationen/klassifikationwz2008__erl,property=file.pdf, vom Dezember 2008, letzter Zugriff: 09.01.2009

Stegbauer, Christian; Jäckel, Michael (Hrsg.): Social Software. Formen der Kooperation in computerbasierten Netzwerken. Wiesbaden 2008

Stehr, Nico: Arbeit, Eigentum und Wissen. Zur Theorie von Wissensgesellschaften. Frankfurt a. M. 1994

Stehr, Niko: Wissen und Wirtschaften. Die gesellschaftlichen Grundlagen der modernen Ökonomie. Frankfurt a. M. 2001

Strauss, Anselm; Corbin, Juliet: Grounded Theory: Grundlagen Qualitativer Sozialforschung. Weinheim 1996

Strauß, Jürgen: Der unfertige Arbeitskraftunternehmer. In: Kuda, Eva (Hrsg.): Arbeitnehmer als Unternehmer? Herausforderungen für Gewerkschaften und berufliche Bildung. Hamburg 2002, S. 46–55

Stroisch, Jörg: GreenIT – Videokonferenzen als Klimahelfer. 2008. http://www.wiwo.de/unternehmer-maerkte/videokonferenzen-als-klimahelfer-266789/, vom 29.02.2008, letzter Zugriff: 17.03.2008

Strübing, Jörg: Grounded Theory. Wiesbaden 2004

Tacke, Veronika: Rationalitätsverlust im Organisationswandel. Von den Waschküchen der Farbenfabriken zur informatisierten Chemieindustrie. Frankfurt a. M./New York 1997

Tacke, Veronika: Neutralisierung, Aktualisierung, Invisibilisierung. Zur Relevanz von Geschlecht in Systemen und Netzwerken. In: Wilz, Sylvia Marlene (Hrsg.): Geschlechterdifferenzen – Geschlechterdifferenzierungen. Wiesbaden 2008, S. 253–290

Taylor, Frederick: Die Grundsätze wissenschaftlicher Betriebsführung. Weinheim 1977 [1913]

Thom, Norbert: Trends in der Personalentwicklung. In: Thom, Norbert; Zaugg, Robert J. (Hrsg.): Moderne Personalentwicklung. Mitarbeiterpotenziale erkennen, entwickeln und fördern. Wiesbaden 2008, S. 3–18

Traue, Boris: Kompetente Subjekte: Kompetenz als Bildungs- und Regierungsdispositiv im Postfordismus. In: Pfadenhauer, Michaela; Kurtz, Thomas (Hrsg.): Soziologische Kompetenzforschung. Wiesbaden 2010, S. 49–68

Tyler, James M.; McCullough, Jennifer Dane: Violating Prescriptive Stereotypes on Job Resumes: A Self-Presentational Perspective. In: Management Communication Quarterly 23, 2, 2009, S. 272–287

Umbach-Daniel, Anja: Ingenieure im Top-Management der Schweizer Wirtschaft. Präsenz in Geschäftsleitungen und Verwaltungsräten. Karrieren und Karrierechancen. Auftraggeber: IngCH Engineers Shape our Future, ETHRat; Auftragnehmer: Rütter + Partner (Sozioökonomische Forschung und Beratung). 2008. http://www.ee.ethz.ch/fileadmin/user_upload/d-itet/studium/maturandinneninfo/Ingenieure_im_Top-Management_Zf.pdf, vom 18.09.2008, letzter Zugriff: 16.06.2009

von Bismarck, Wolf-Bertram; Held, Markus; Schütze, Hans-Joachim; Alex, Alexandra: Die Verbreitung, Nutzung und Wahrnehmung von Medien in Organisationen. In: Mannheimer Beiträge zur Wirtschafts- und Organisationspsychologie. Themenheft: Medienvermittelte Kommunikation in Unternehmen 1, 1999, S. 68–89

von Jouanne-Diedrich, Holger: 15 Jahre Outsourcing-Forschung: Systematisierung und Lessons Learned. In: Zarnekow, Rüdiger; Brenner, Walter; Grohmann, Helmut H. (Hrsg.): Informationsmanagement. Konzepte und Strategien für die Praxis. Heidelberg 2004, S. 125–133

Voß, G. Günter; Pongratz, Hans J.: Der Arbeitskraftunternehmer. Eine neue Grundform der Ware Arbeitskraft? In: Kölner Zeitschrift für Soziologie und Sozialpsychologie 50, 1, 1998, S. 131–158

Weber, Max: Die protestantische Ethik und der Geist des Kapitalismus. Tübingen 1934

Weber, Max: Wirtschaft und Gesellschaft. Grundriss der verstehenden Soziologie. Tübingen 1980

Wegerich, Christine: Strategische Personalentwicklung in der Praxis. Weinheim 2007

Weick, K. E.; Berlinger, L. R.: Career improvisation in self-designing organizations. In: Arthur, M. B.; Hall, D. T.; Lawrence, B. S. (Hrsg.): Handbook of Career Theory. New York 1989, S. 313–328

Weick, Karl E.: Der Prozess des Organisierens. Frankfurt a. M. 1985

Weick, Karl E.: Enactment and the boundaryless Career. Organizing as we work. In: Arthur, Michael B.; Rousseau, Denise M. (Hrsg.): The Boundaryless Career. New York 1996, S. 40–57

Weick, Karl E.; Roberts, Karlene H.: Collective mind in organizations: Heedful interrelating on flight decks. In: Administrative Science Quarterly 38, 1993, S. 357–381

Weinert, Franz E.: Vergleichende Leistungsmessung in Schulen – eine umstrittene Selbstverständlichkeit. In: Weinert, Franz E. (Hrsg.): Leistungsmessung in Schulen. Basel 2001, S. 17–32

Wenger, Etienne; McDermott, R.; Snyder, W. M.: Cultivating Communities of Practice. Boston 2002

Westphal, James D.; Stern, Ithai: The other pathway to the boardroom: Interpersonal influence behaviour as a substitute for elite credentials and majority status in obtaining board appointments. In: Administrative Science Quarterly 51, 2006, S. 169–204

Wexler, Mark N.: Impression Management and the New Competence. In: Et cetera 20, 1986, S. 247–258

Willems, Herbert: Inszenierungsgesellschaft. In: Willems, Herbert; Jurga, Martin (Hrsg.): Inszenierungsgesellschaft. Opladen 1998, S. 23–80

Willems, Herbert: Identität und Moderne. Frankfurt a. M. 1999

Willke, Helmut: Organisierte Wissensarbeit. In: Zeitschrift für Soziologie 27, 3, 1998a, S. 161–177

Willke, Helmut: Systemisches Wissensmanagement. Stuttgart 1998b

Willke, Helmut: Wissensarbeit in intelligenten Organisationen. In: Universität Bielefeld, Forschungsmagazin, 18, 1998c, http://www.uni-bielefeld.de/presse/fomag/uni18_pdf/willke_s20_24.pdf

Willke, Helmut: Dystopia. Studien zur Krisis des Wissens in der modernen Gesellschaft. Frankfurt a. M. 2002

Willke, Helmut: Global Governance. Bielefeld 2006

Winker, Gabriele; Carstensen, Tanja: Eigenverantwortung in Beruf und Familie – vom Arbeitskraftunternehmer zur Arbeitskraftmanagerin. In: Feministische Studien 25, 2, 2007, S. 277–288

Winkler, Karin; Mandl, Heinz: Virtuelle Communities – Kennzeichen, Gestaltungsprinzipien und Wissensmanagement-Prozesse. In: Forschungsberichte des Instituts für Pädagogische Psychologie der Ludwig Maximilians Universität München 166, 2004, S. 1–30

Winkler, Karin; Mandl, Heinz: Wissensmanagement in Communities. In: Bellinger, Andrea; Krieger, David (Hrsg.): Wissensmanagement für KMU. Zürich 2007, S. 111–129

Wirth, Uwe (Hrsg.): Performanz. Zwischen Sprachphilosophie und Kulturwissenschaften. Frankfurt a. M. 2002

Zilian, Hans G.: Taylorismus der Seele. In: Österreichische Zeitschrift für Soziologie, 25. Jg. 2, 2000, S. 75–97.

If you have any concerns about our products,
you can contact us on
ProductSafety@springernature.com

In case Publisher is established outside the EU,
the EU authorized representative is:
**Springer Nature Customer Service Center GmbH
Europaplatz 3, 69115 Heidelberg, Germany**

Printed by Libri Plureos GmbH
in Hamburg, Germany